世界の教科書シリーズ ⑥

タイの歴史

タイ高校社会科教科書

中央大学政策文化総合研究所 監修
柿崎千代 訳

明石書店

SOCIAL STUDIES TEXTBOOK, So.605 Social Studies,

Secondary Education the 6th

Grade by Dr.Chanwit Kasetsiri, et al.

Copyright © 1994 by Chanwit Kasetsiri

Japanese translation published by arrangement with Dr.Chanwit Kasetsiri, et al.

through The English Agency (Japan) Ltd.

中央大学政策文化総合研究所監修
「世界の教科書」の刊行に際して

政策文化総合研究所所長　坂本　正弘

　このたび、当研究所の監修で世界の教科書シリーズの第一号としてタイの教科書の日本語訳を明石書店から刊行できることは極めて喜ばしいことであります。政策文化総合研究所は政策と文化の総合研究の発展を目標としていますが、世界の教科書を研究する「世界の教科書プロジェクト」は当研究所のプロジェクトとして極めて重要なものとなっています。それはまた、地域研究の出発点として、政策と文化の融合を目ざす当研究所の目的からも重要であります。

　すなわち、歴史教科書は各国の起源、発展、現状を記載していますが、当然に地勢、政治・経済、社会、文化の側面を述べるとともに、外交・対外関係についても、各国の主張を反映したものとなっています。歴史教科書は各国社会を総合的、歴史的に解明し、各国の政策とその底にある文化との関係を解明するには重要な研究対象であり、地域研究の出発点として適宜なものであります。

　当研究所では研究所第一周年記念行事として、1997年7月、「世界の教科書と日本」というテーマでシンポジウムを開催いたしました。アジア諸国が、歴史認識の薄いといわれている日本を、その歴史教科書でどのように扱っているかを知るのが中心課題でした。中国、韓国、台湾、タイ、インドネシア、マレーシア、フィリピン、アメリカの教科書をとり上げ、各国の専門家を招待して意見を聞きましたが、極めて実りあるものでした。

　詳細は「政策文化」創刊号に載せてありますが、日本に対するとり扱いかたも国によって差があることが、興味深い点でした。ただしこのシンポジウムでは、主に日本に焦点を当てたため、各国の教科書全体の立場や他の国と

の比較が十分ではありませんでした。また、アジア以外の地域は対象にしていませんでした。いつの日か、アジアのみでなくその他の地域についても教科書を翻訳し、日本の歴史認識を高めることと、これらの諸国の地域研究の出発点とすることは悲願でしたが、今回その第一号が刊行されることはまことに喜ばしい限りです。

| 社会科教科書 | **S605 社会科** | 中等教育6年 |

仏暦2524年後期中等教育カリキュラム（2533年改訂）に基づく

著者

チャーンウィット＝カセートシリ

カーンチャニー＝ラオーンシー

スパーポーン＝チャランパット

スウィモン＝ルンチャルーン

スポット＝チェーンレオ

ノパポーン＝プラチャークン

ソンヨット＝ウェーウホン

2537年第2刷
20,000部発行
印刷　タイワッタナーパーニット印刷社
（版権所有不許複製）
ISBN　974-08-1323-2

発行　タイワッタナーパーニット

10100バンコク　ポムプラープサットゥルーパーイ　マイトゥリーチット通り599
TEL　2210111-5　2217147-9　2210783　2219260　FAX　2256589

前言

　社会科教科書『S605　社会科』は、学問的知識を通じて、高校生が歴史、政治、経済、文化、そして国際協力など、様々な側面における人間社会の知識と理解を深めてもらうことを目的としている。これらの学習のために、高校生にとって最も身近なタイ社会の事例をあげ、さらに東洋と西洋の事例も加え比較を行い、さらなる理解を促すものとする。

　上のような目的のために、この本では内容を学習のテーマごとに10章に分け、それぞれの章に学習目標と自主学習のための章末問題を設けた。さらに発展的な学習を容易にするために、引用文献と参考文献のリストを付記してある。筆者一同、この教科書によって、読者が身の回りのタイ社会の事情についての知識と理解を深め、日に日にタイ社会への影響を強める世界全体について理解するための助けになることを希望してやまない。現代世界の科学と技術の進歩発展は情報化と交流の速度を高め、「世界は狭くなっている」と言われるほどになった。読者がその知識を活用して、現代社会に生きる際の問題解決の方向づけとすることを願うものである。

筆者代表　チャーンウィット＝カセートシリ
（タンマサート大学）

タイの歴史——目 次
—タイ高校社会科教科書—

「世界の教科書」の刊行に際して　*3*
タイ王国略図　*14*
凡例および本書を読むにあたって　*15*

序　章　人間、社会と歴史 ———————————— *17*
人間、社会と変化　*18*

第1章　タイ社会の変容 ———————————— *23*
伝統時代のタイ社会　*25*
社会単位の特徴　*25*
人びとの特徴　*28*
社会秩序の形成　*29*
近代のタイ社会　*35*
社会変化を導いた要因　*35*
社会単位　*40*
人びとの特徴　*40*
社会的秩序の形成　*41*

第2章　タイの芸術文化の変容 ———————————— *47*
古代の芸術文化　*49*
伝統主義の芸術文化　*50*
シュリーヴィジャヤ芸術　*51*
タワーラワディー芸術　*52*
ロッブリーあるいはラウォー芸術　*53*
スコータイ芸術　*53*
ラーンナー芸術　*55*
アユッタヤー芸術　*57*

ラッタナコーシン芸術　60
　近代の芸術文化　63
　　　ラーマ4世・ラーマ5世期（仏暦2411－2453年）の文学　66
　　　ラーマ6世期（仏暦2453－2468年）の文学　68
　　　仏暦2475年の統治変革以前の文学　70
　　　仏暦2475年の統治変革以後の文学　70
　　　プレーク＝ピブーンソンクラームのナショナリズム時代の文学　71
　　　第2次世界大戦以後の文学　72
　　　仏暦2501－2510年の文学　74
　　　舞踊と音楽　75

第3章　タイ経済の変容 ──── 83
　自給経済　85
　　　ムラ　85
　　　ムアン　88
　ラッタナコーシン時代初期の交易の発展と経済の変化　91
　　　交易の変化　91
　　　華人の移入　92
　　　税制の変革　93
　貨幣経済　94
　　　西洋諸国との通商条約締結　94
　　　貨幣経済の構造とタイ社会の変容　98
　様々な産業の変化　99
　　　稲作産業　99
　　　林業　100
　　　錫鉱業　100
　　　商業　101

財政の変革　*102*
　　　　収入　*102*
　　　　支出　*103*
　　　　財政危機　*104*
　　　民主主義体制下のタイ経済　*104*
　　　　ナショナリズム体制下の経済　*104*
　　　　国家経済計画　*107*

第4章　タイ政治の変容 ——————————— *115*
　　　スコータイ時代の政治的変容　*116*
　　　アユッタヤー時代の政治的変容　*121*
　　　トンブリー時代・ラッタナコーシン時代の政治的変容　*127*
　　　　プライ制度の復活と変革　*128*
　　　　王権思想の変革　*132*
　　　　西洋人の進出　*134*
　　　　ラーマ5世期の行政改革　*136*
　　　仏暦2475年の立憲革命　*138*
　　　仏暦2475年の立憲革命以後の政治的変容　*143*

第5章　西洋と東洋の社会と芸術文化の変容 ——————— *153*
　　　西洋の社会と芸術文化の変容　*154*
　　　　古代中東　*154*
　　　　古代ギリシャ　*156*
　　　　古代ローマ帝国　*159*
　　　　中世　*161*
　　　　近代　*166*
　　　東洋の社会と芸術文化の変容　*177*

中国の社会と芸術文化　*178*

　　　インドの社会と芸術文化　*188*

第6章　**西洋と東洋の経済的変容**──────── *205*

　西洋の経済的変容　*206*

　　　古代　*206*

　　　中世　*208*

　　　近代　*209*

　東洋の経済的変容　*212*

　　　西南アジア　*214*

　　　南アジア　*215*

　　　東南アジア　*217*

　　　東アジア　*218*

第7章　**西洋と東洋の政治的変容**──────── *223*

　西洋の政治的変容　*224*

　　　古代　*224*

　　　中世　*225*

　　　近代　*226*

　民主主義政治の基盤　*227*

　　　ルネサンス　*227*

　　　宗教改革　*228*

　　　民主主義に関する思想　*229*

　　　中産階級　*233*

　西洋における民主主義政治の発展　*234*

　　　イギリスの政治革命　*234*

　　　アメリカの政治革命　*235*

フランスの政治革命　*236*

東洋の政治的変容　*237*

　西南アジア　*237*

　南アジア　*239*

　東南アジア　*240*

　東アジア　*250*

第8章　近代における科学の進歩──────── *259*

科学革命　*261*

農業革命　*263*

産業革命　*264*

　産業革命の要因　*264*

　産業革命の効果　*266*

主な科学的進歩　*273*

　科学の進歩　*273*

　技術の進歩　*275*

社会科学と人文科学の進歩　*276*

　社会科学　*276*

　人文科学　*277*

科学の進歩の生活への影響　*279*

科学の進歩がタイにもたらしたもの　*281*

　農業の進歩　*282*

　産業の進歩　*285*

　交通・通信の進歩　*287*

　技術の進歩　*288*

第9章　国家間の協力と相互依存 ———————————— 293

対立と戦争　295
第1次世界大戦（1914－1918年）　296
　第1次大戦の要因　296
　第1次大戦の経過　299
　第1次大戦のもたらしたもの　299
第2次世界大戦（1939－1945年）　301
　第2次大戦の要因　301
　第2次大戦の経過　303
　第2次大戦のもたらしたもの　306
第2次世界大戦以降　307
　インドシナ戦争　307
　朝鮮戦争　308
　中東戦争　308
　アフリカ　309
協力、依存、平和　310
　平和維持の思想　310
　世界平和保持のための組織の形態　311
　国際連盟（League of Nations）　312
　国際連合（United Nations）　315
　その他の協力機構　322
まとめ　327

あとがき　331

参考文献　345

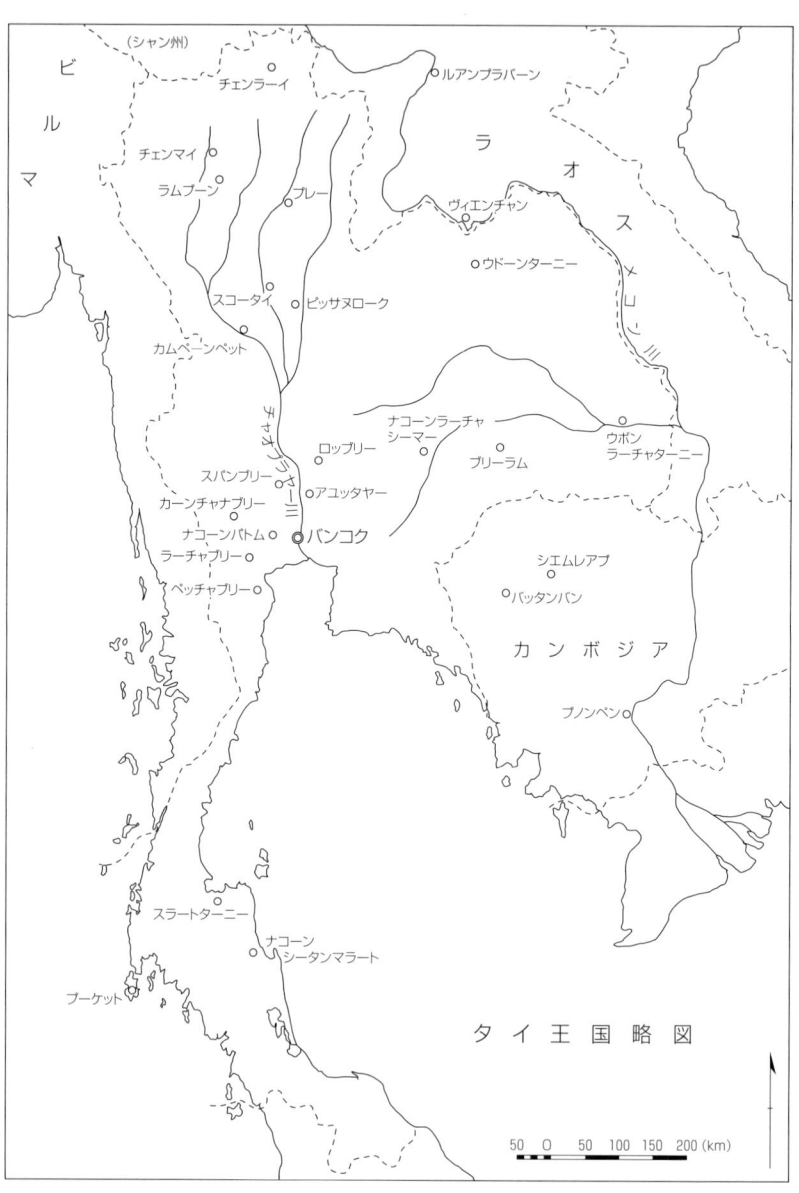

凡例および本書を読むにあたって

・タイでは、現在も多くの場合仏暦で年号を表している。本書でも原文は年号をすべて仏暦で表記しているため、タイ史の記述においてはこれをそのまま訳す。原則として、西暦へ換算するには仏暦から543年を減ずる。

　タイ以外の地域についての記述においては、この方法で、あるいは文献を参照し西暦に換算した。

・文中の用語には、必要に応じて ［　］ 中にタイ語を翻字して付した。
　　　例　ムラ［ban］
　なお、文中（　）内の欧文訳は、原文のままである。

・脚注は、とくに断りのない限り、訳者がつけたものである。

・本書のタイ語版原書は、1994年に出版されたものであり、初版はさらに前と考えられる。このため本文中で扱われている事項は、初版の時点での状況を反映している場合が多いということを踏まえる必要がある。また現状況に照らし合わせるとつじつまの合わない記述と思われた箇所には必要に応じて訳者が注をつけた。

・年代は、一般表記と異なる点もあるが、本文は原書を尊重し、必要に応じて訳者が注をつけた。

・本文中に頻出するタイの主要な王朝名と年代、主な王の在位年代を下に西暦で記す。（　）内は仏暦（David K.Wyatt, Thailand: A Short History, Yale University Press, 1984, pp.309-13 より抜粋。仏暦換算は訳者）。

スコータイ王朝　1240ごろ？－1438（1783？－1981）
　　第3代　ラームカムヘン　1279ごろ？－1298（1822？－1841）
アユッタヤー王朝　1351－1767（1893－2310）
　　第1代　ウートーン（ラーマティボディー）　1351－1369（1893－1912）
　　第9代　トライローカナート　1448－1488（1991－2031）
　　第21代　ナレースアン　1590－1605（2133－2148）
　　第30代　ナーラーイ　1656－1688（2199－2231）
トンブリー王朝
　　第1代　タークシン　1767－1782（2310－2325）
ラッタナコーシン王朝　1782－　　（2325－　）
　　第1代　ラーマ1世　1782－1809（2325－2352）
　　第2代　ラーマ2世　1809－1824（2352－2367）
　　第3代　ラーマ3世　1824－1851（2367－2394）
　　第4代　ラーマ4世　1851－1868（2394－2411）
　　第5代　ラーマ5世　1868－1910（2411－2453）
　　第6代　ラーマ6世　1910－1925（2453－2468）
　　第7代　ラーマ7世　1925－1935（2468－2478）
　　第8代　ラーマ8世アーナンタマヒドン　1935－1946（2478－2489）
　　第9代　ラーマ9世プーミポンアドゥンラヤデート　1946－　（2489－　）

・タイ人の人名表記は、次のような原則によった。
　　1.位階と欽賜名からなるもの、または頭文字による名や姓の短縮があるものは・でこれらを併記している。
　　　例　チャオプラヤー・プラクラン
　　　　　コー・スラーンカナーン
　　2.名と姓からなるものは＝によってこれらを併記している。
　　　例　プリディー＝パノムヨン

序章

人間、社会と歴史

学習目標 人間、社会と歴史の関係について理解する。

◇方針◇

1. 人間、社会と歴史の関係について理解し、説明できるようにする。

2. 社会は、政治、行政、経済、生活の各面において常に変化していることを理解する。

3. 社会変化は、内的要因、外的要因によって生じること、また双方の複合的要因によって生じることもあることを理解する。

人間、社会と変化

　人間は、社会的動物である。人間は単独で存在することはできず、集落、村落、都市、あるいはより大きな国家といった形態の集団を形成し存在する。人間社会は、常に変化している。こうした変化は、政治、経済制度、生活様式などの内的要因によって、また通商や文化交流、大規模な戦争などの、他の集団社会との関係といった外的要因によって生じる。時には、外的要因と内的要因の複合によっても変化は起こる。

　これらの様々な要因は、相互に関係している。交易が思想の交流を促し、文化や政治の変化をもたらすこともある。例えばタイ社会は、インドからのヒンドゥー・バラモン文化や仏教の影響を受け、有史時代に入った。これによってタイ社会は、分散状態にあった部族 [sangkhom phao] から、より大きなムアン社会 [sangkhom muang][1]へ、そしてアユッタヤー時代（仏暦1893－2310年）に見られるような、仏法王、神王[2]の思想に基づく王政 [sathaban Phramaha Kasat] という統治形態の王国へと変容した。

　これ以降もタイ社会はより大きく変容していった。特に、通商や外交などの西洋との交流によって、西洋の近代科学がタイに流入した。これは、布教にやってきた宣教師、近代科学を学ぶためにタイが雇った外国人、直接外国へ留学したタイ人たちによるものだった。これらの近代科学のタイ社会への普及は、ラッタナコーシン朝ラーマ3世の時代[3]にはじまり、ラーマ4世・ラーマ5世の時代[4]によりはっきりと表れ、現代に至っている。

　この時期には、ヨーロッパおよびアメリカは科学や産業の分野で成功をおさめ、経済面でも軍事面でも大国へと成長していった。そして世界中に影響力を及ぼし、アジアとアフリカを植民地化して、自国の工業を守るために天然資源を追い求め、同時にこれらの地域を工業製品を売るための市場にもし

た。タイに隣接するすべての国は、イギリスとフランスの植民地主義の手に落ちた。タイは独立を維持したが、植民地主義は当時のタイをも脅かした。

　西洋との交易や外交関係、植民地主義の脅威に触発され、国を近代化させるための改革運動がラーマ４世・ラーマ５世期に起こった。当時のタイの指導者は、西洋諸国と対等になること、そして植民地化を避けることを目ざしていた。この国家改革は、「改革［kan patirup］」の呼び名でよく知られている。ラーマ５世期、仏暦2435年の王国行政改革は、近代国家の統治秩序の基盤となり、仏暦2475年に起こった絶対王政から民主主義体制への統治形態の変化にも影響を及ぼした。

　改革は結果として、タイ社会の伝統や思想、文化に深く広範な変化をもたらした。従来の王国としての特徴を持っていたタイ社会は、「国民国家［rat prachachat］」（nation state）としての形態をとる近代社会へと変容した。このことはタイ社会の構造に影響を及ぼし、多くの人びとは自分の利益についてより考えるようになり、より広い社会というものを認識するようになった。そして、伝承［tamnan］や年代記［phongsawadan］[5]を歴史叙述の方式としてきた、社会に関する従来の研究方法にも変化をもたらした。研究は従来のように仏教や王朝についての伝説に関するものに限らず、多様化し、複雑になり、より人間社会を広く包括するようになった。

　タイ社会の変化は、内的要因と外的要因の複合から生じたと言えよう。政治や経済や社会における人間の様々な役割は、互いに密接に関係している。それゆえ、タイの歴史は世界全体の歴史の一部となる。

　これまで述べてきたことの要点は、社会変化に関する歴史は、タイ人としての自分の立場や世界共同体と自分との関係を学び、理解することにおおいに役だつということである。過去から得られる教訓は、われわれはどこからきたのか、現在どのような生活を営んでいるのか、そして将来どこへ向かうのか、ということを教えてくれる。

課題例[6]

1．人間、社会と歴史の関係について、説明させる。

2．様々な時代のタイの社会状況、特にラッタナコーシン時代について、写真やビデオを鑑賞させる。それぞれの時代に起こった変化について、共同作業によってまとめさせる。

章末問題

1．人間は社会的動物である、とはどういう意味か。人間社会は常に変化しているということは本当か。また、それはなぜか。

2．タイ社会に生じた変化は、世界情勢と関連しているか。また、それはどのようにか。

【注】

(1) ムアン［muang］は、国、都市、町などを意味するタイ語である。古くは、領主を擁しながら城壁で囲われた都市を指し、領主の権威が城壁を超えて及ぶ範囲をそのムアンの勢力域とみなしていた。本文で後述するように、ラーマ５世期の行政区分の設定によって、ムアンは現在の県として区切られた。その結果、もとのムアンの中心都市が県庁所在地となった所が多く、そのような県庁所在郡は「アンプー・ムアン（ムアン郡）」と呼ばれる。本書では、国、都市などいくつかの意味でムアンの語が使われているが、それらは上に示したように歴史的に連続した意味を持っている。このため日本語で言う「国」「都市」などとは若干ニュアンスにずれが生じるため、本書では多くの場合、訳さずに「ムアン」としている。

(2) ともに後述（p.120、122）。

(3) ラッタナコーシン朝は、現在の首都バンコクを王都として1782年に成立。バンコク朝とも呼ばれる。ラーマ３世はその３代目の王。

(4) ラッタナコーシン朝の４代目ならびに５代目の王。タイにおける近代化の時

代とされる。

(5) 伝承 [tamnan] は、一般に学識のある僧侶がパーリ語か土地の言葉で記した、仏教の影響を色濃く受けた古文書で、人物伝、国つくりの記、仏教や寺院の由来縁起などの内容がある。年代記 [phongsawadan] は、バラモン教の神王思想を反映した王朝史で、王をシヴァ神かヴィシュヌ神の生まれ変わりとする。一般に宮廷学者がタイ語で執筆し、王と王国の版図、王の立てた戦果や仏教に対し積んだ功徳などに言及し、王政の重要性を強調する。

(6) 日本の教科書における練習問題や課題とは異なり、教師に対し課題を例示するという形をとっている。

第 1 章

タイ社会の変容

学習目標 タイ国における社会的変容をもたらした主なでき事について、知識と理解を得る。

◇方針◇

1．それぞれの時代における、タイに社会的変容をもたらした主なでき事について、例をあげて説明できるようにする。

2．それぞれの時代における、タイに社会的変容をもたらした主なでき事を分析し、問題の解きかたを身につける。

3．ラーマ5世期の社会改革の重要性について、知識と理解を得る。

タイの社会的変容について学ぶこととは、村落［muban］レベルからムアン［muang］、領国［waenkhwaeng］、王国［anachak］、国民国家［prathetchat］にいたる社会単位の特徴について学び、人びとの役割、権利や人間関係といった社会的秩序の特徴について知ることである。このような学習は、大きく分けて二つの時代について行うことができる。つまり、先史時代から仏暦2400年までに当たる伝統時代の社会［sangkhom samai boran］（traditional society）と、仏暦2400年から現代までに当たる近代社会［sangkhom samai mai］（modern society）である。この分類は、経済、社会、政治の各側面における人びとの生活様式の違いによっている。つまり、この二つの時代の違いとは、人びとがどのような生活様式を適用していたかの違いである。伝統時代の社会ではインド、中国、モン、スリランカ、クメールの文明から、そして近代社会の時代には西洋文明から、影響がもたらされた。

伝統時代のタイ社会

社会単位の特徴

タイ国内の様々な地域で現在までに発見された文字などの遺物から、考古学者や歴史学者は、タイ国土には早くから人類が住んでいたと分析した。精巧さの度合いや模様、原料などの側面からこれらの遺物を詳細に調査すると、共同体の年齢や人びとの生活様式のレベルなどが特定できる。結論としては、タイ国土では石器時代から人が様々な地域に点在して暮らしており、部族、集落 [banruan]、村落、ムアン、領国、そして王国へと、次第に社会単位を発展させてきた、ということが言える。

部族レベルは旧石器時代、つまり人びとが移動しながら狩猟生活を送り、洞穴やがけ下に居住していた時代から出現した。

次に移動する狩猟や漁労から定住へと生活を変化させ、人びとは社会のなかで役割分担をするようになる。このような集落・村落レベルの状態は、石器時代中期から金属器時代まで続いた。

さらに多数の村落がまとまってムアンとなる。ムアンはひとりの指導者や、一つの信仰の下で結束してい

旧石器時代の生活では、石器を用い、狩猟によって生活を立てていた。

た。また、ムアン同士で互いに生産物や技術を交換していた。多くのムアンは、立地に適した河川沿いや平原に散在していた。ムアンは、金属器時代から仏暦16世紀まで続いた。

仏暦17－19世紀になると、多数のムアンが指導者の家系や交易、文化交流によってゆるやかにまとまり、領国となる。ハリプンチャイ、グンヤーン・チェーンセーン、スコータイ・シーサッチャナーライ、イサーンプラ、シーチャナーサ、ラウォー・アユッタヤー、スパンナプーム、ナコーンシータンマラートなどの領国が知られている。仏暦19世紀までに、ラウォー・アユッタヤーがナコーンシータンマラート、スパンナプーム、スコータイ・シーサッチャナーライを掌握して、王国という社会単位が発生した[1]。

王国は、一定の官僚制度の指令系統と、皇帝あるいは神の生まれ変わりとしての王の座す王都との結びつきによって、堅固にまとまったムアンの結合体である。王は、すべての属国の王を超越した王権を持つ。王権は、王としての才能、人力の掌握、新しい技術の導入のため、外地との交流を管理できる土地に王都を建設すること、などによって支えられる。これらのことによって、王都にいる王は属国の王たちを自らの権力下に掌握し、役割や特権を序列化し、社会的秩序をもたらすことができる。このような特徴は、アユッタヤー、トンブリー、ラーマ1世から5世までのラッタナコーシンの時代に見られる。

タイ国土内の社会単位は、部族、村落、ムアン、領国から王国へと発展していったが、ムアンから王国までの社会単位は、さらに細かな社会単位で構成されている。それは、タイ人にとっては身近な、「ムラ [ban]」と「ムアン [muang]」である。

ムラ [ban, muban] とは、所帯がいくつもに枝分かれし、近接した地域に居住している集落を指す。河川の両岸や、沼や池の周りに固まって住む。タイのムラは、古ムラ、新ムラ、北ムラ、南ムラ、丘ムラ、高丘ムラ、丘陵ムラ、細沼ムラ、などのように、地理的特徴に即した名称がつけられることが

多い。

　ムアンの成立は、ヴィシュヌ神や仙人の業(わざ)と説明され、「ムラを建て、ムアンにする［sang ban plaeng muang］」ということばのように自然発生的に生まれるものではなく、いくつかのムラをまとめてつくるものである。ムアンの成り立ちには、二つの形式がある。一つは、ムラの人口が出産や移入によって増加し、新たな居住地を探さねばならなくなり、所帯を分離して新しいムラのまとまり、つまりムアンとなるものである。古いムアンと新しいムアンは、「きょうだいムラ」として血縁や文化で結びついている。歴史的な例では、ムアン・ハリプンチャイはムアン・ケーラーンカナコーンを生みだし、合わせてハリプンチャイ領国となった(2)。

　もう一つの成りかたは、適当な土地の他のムラやムアンに侵略戦争をしかけることである。例えば、仏暦1900年代初頭のアヨータヤー領国(3)によるスコータイ領国の侵略は、森林の産物の交易経路の掌握に適した土地を手に入れるためであった。ムアンの立地は、防衛と他のムラやムアンとの交流の両方に適した場所である必要があった。史実に見られる例からは、ムアンが王国に成長するためには、河川や海に近接していなければならないということがわかる。例えば、チェンマイはピン川流域に、アヨータヤーはチャオプラヤー川とパーサック川、ロップリー川の流域にあった。また、山の際にムアンの立地を置くことも、防衛面での要点であった。さらにムアンを立てる際には、塔、仏足跡、仏像や聖樹など、ムアンの「魂［khwan］」(4)を安置する場所としても、高地が必要なのである。

　社会単位が王国、国民国家と変わってきたなかで、ムラとムアンは、古代から現在に至るまで末端の社会単位として存続している。重要なことは、王国と国民国家は、ムラやムアンを超えて人びとを結びつけるものをつくることができるということである。それは、血縁、共通の信仰の対象、統治者に対する信頼と忠誠心である。

人びとの特徴

　仏暦24世紀以前のタイに住む人びとは、民族的にも、文化的にも多様であった。このような多様性は、タイが陸路でも水路でも外部の人びとと交流することができる土地にあったことによる。この土地には、食料不足や自然災害、戦災や自分の土地での不都合から逃れた人びとが移住してきたのである。ユアン[5]、ラーオ、クメール、モン[6]、華人が、「王の庇護を求めて」やってきた。それ以外にも、タイのムラやムアンは近隣諸国と戦争をするほどまでに対立することがよくあった。戦争によって、人びとは強制移住させられた。例えば、トンブリー時代やラッタナコーシン時代には、チェンマイやヴィエンチャン、ルアンプラバーン、クメールなどを侵攻したときに、これらの土地から人びとを強制移住させ、ユアン村など、バンコクにこの人びとのための居住区をつくった。また、外地の人びとと交易や外交の関係を結ぶのにともなって、外の土地の人びとがタイに住まうようになった。例えば、華人、日本人、アラブ・ペルシャ・インド・パキスタン・マレーのムスリム、ポルトガルやイギリス、フランス、アメリカからの西洋人たちなどである。

　これらの人びとは、タイの「王の庇護を求めて」やってきた、つまり統治者の保護のもとに身を寄せた。王は、様々な人びとの信頼と忠誠の対象であった唯一の人物だった。王は、以下に述べるような政策をとり行った。

　第一に、異なる出身の人びとを分けて住まわせるようにした。日

タイにいた華人を描いた壁画。

本人村、オランダ人村、ポルトガル人村は、アユッタヤー時代、アユッタヤー川の両岸に並べられた。ラッタナコーシン時代には、ユアン村、サームペン（華人村）、パーククレットやパークラット（モン人村）などがあった。それぞれの居住区では、自分たちの首長を選び、それぞれの首長は王を頼り、自分たちの共同体の平穏を維持するようにした。

　第二に、手柄をたてた外国人に地位や称号を与え、その心をつかむようにした。例えば、徴税人や官僚顧問としての地位、義勇兵のなかでの取立て、王室貿易船のなかでの取立てなどである。

　第三に、華人やムスリムを港湾局の官吏としてとり立てるなどして、外国人どうしの権力の均衡をはかりながら彼らを管理し、外国人の権力の増長をおさえた。同時に、それぞれの外国人集団を制圧する際には、大胆な方法をとった。例えば、ラッタナコーシン時代に反乱を起こした中国人の秘密結社を鎮圧したことなどがあげられる[7]。

　最後に、タイ人との婚姻という方法によって、外国人をタイに同化させる政策をとった。特にアユッタヤー時代からラッタナコーシン時代の初期にかけての統治者は、このような政策をとった。外国人を同化させてしまうことは、外国との通商や国家統治のための新しい手法の導入に役だった。

社会秩序の形成

　社会秩序の形成とは、人びとの社会的義務や権利、人間関係をとり決めることである。その様相は、ムラ社会とムアン社会でははっきりと異なった。

　ムラ社会の秩序については、ムラは所帯から派生しているため、「母方の祖母の家系、父方の祖母の家系」などのことばに見られるように人間関係が親族関係と切り離せないという特徴を持っていた。父方と母方双方の血縁を含め、さらに祖先信仰もあったので、親族とは広範なものだった。親族関係であるということは、「力と心を合わせて助け合う」関係にあるということである。「結 [kan long khaek]」ということばでも知られるようにみなで生

活を支え合い、田を耕したり、収穫をしたりした。ともに雨乞いの儀式をとり行い、自然災害からムラを守ろうとした。強盗が侵入すればみなが武器をとって協力して戦い、ムラの内部で事件が起これば、住民はこぞって加害者を罰し、その者を悪霊だとののしって制裁を加えた。

　ムラの概況は上に述べたようなものであったが、さらにムラの内部でも、通常人びとの役割分担が定められていた。役職や権威よりも、年齢や性別の差の方が重要であった。壮年や高齢にある者なら、ムラのリーダーとして敬意を集めていた。ムラの伝統を守るものは、ムラオサ［pho ban, mae ban］の地位にあった。また、他の人びとはムラ子［luk ban］となった。このように年齢差を根拠に役割分担がなされると、個々人の権利や生活条件は不平等になり、人間関係も不平等だった。ただし、ムラ社会の人間関係はムアン社会に比べれば厳密なものではなかった。さらに年齢以外に、性差も社会的役割分担を形づくった。男は重労働をし、女は軽い労働をした。田植えの作業は協力して行うが、男が耕し、女が苗を植えた。強盗を退治するときは、男は武器をとって戦い、女は財産を持って子供や年寄りを避難させた。

　年齢差や性別による役割分担によっても、ムラ社会の人間集団の秩序は厳密なものにはならなかった。年齢差と性別にしたがって、人びとの役割分担は変化した。社会的立場も流動的で、特にムラオサになるためには、信仰を根拠にする口実より実経験がものをいった。

　前述のように、ムアン社会はムラ社会が寄り集まって生まれたものである。したがってムアンの人口は、親族のつながりから形成されていたムラよりも大きい。人びとは「民［phonlamuang］と呼ばれ、民集団のなかにも様々な民族や文化のまとまりがあった。そして社会的役割分担は明確で、重要性に差があった。特に、社会を災害や危険から守る統治者の責務は、他の人びとよりも重く、より高い社会的地位と権力を伴った。それゆえに、社会の内部には格差が生じた。社会の上位に位置する人びとは、王族や貴族［chao, nai］となり、チャオ、クン、ナーイ、ナールアン（ナイルアン）[8]などと呼ばれ、

社会全体を危険から守る立場にあった。そして、社会全体を危険から守る支配階級に仕える立場にある人びとは、プライ、カー、タート、バーウなどと呼ばれた。

　このような社会秩序の特徴は、ハリプンチャイにせよ、ラウォー・アユッタヤーにせよ、ナコーンシータンマラートにせよ、タイの歴史上の領国に見られるものである。チャーマテーウィーウォンの伝承には、「ラウォーの王は、ラーマン人をとらえてタートにし労働を課した」という記述がある[9]。ロップリー県のサーン・スーンほこらの八角塔 [sao paet liam] の碑文には、ムラオサがタートを寺に献上したことが書かれている。スコータイの碑文 [kotmai laksana chon] にも、カー、プライ、ムーンナーイといった身分のことや賠償・罰金規定 [kotken kanprap mai] のこと、カー頭という地位があったことなどが書かれている。

　これらの史料によって、人びとが義務や権利で区別されていたことが知られるようになったが、明確なことを記した史料はまだ発見されておらず、詳細は不明である。アユッタヤー時代からラッタナコーシン時代のラーマ５世期までは、人びとを役割や権利で明確に分ける原則があったことがわかっている。この原則は、「文民と軍人の地位に関する地方位階田法 [Phra Aiyakan Tamnaeng na Phonlaruang lae Phra Aiyakan Tamnaeng na Thahan Huamuang]」として知られている。トライローカナート王の時代（仏暦1991－2031年）に発布されたこの法規は、人はみな義務と出自に応じた位階田 [sakdi na] を持っていることを規定している。義務とは、政府に対する義務である。位階田は、政治制度、経済、文化、人間関係の秩序などの面で人びとを包括的に規定するものとなった。ここでは、位階田が人間関係をどのように秩序づけていたのかを説明する[10]。

　位階田法は、アユッタヤー時代からラーマ５世期までの社会において、人びとを秩序づける基盤となった。位階田が規定する数字によって、人びとを大きく二つの社会集団に分けることができる。位階田が400より上10万まで

の人びとは、統治者としての役割を課せられ、400から5までの人びとは労働を担った。このように位階田法は、王・王族・貴族・僧侶にあたる支配階級と、平民 [phrai] と奴隷 [that] に当たる被支配階級の二つの階級に、社会を大きく分割した。

　支配階級は、人びとを集団にまとめて管轄下におさめ、平時や戦時にその人びとを指揮して役だてた。また、人びとから税や貢ぎ物を集めて利益を得た。支配階級は、王・王族・貴族・僧侶から成った。

　王は、最も偉大な人物とみなされていた。タイにおける王の権威は、人びとを自ら指揮する有能な武人であると同時に、平時に人びとをうまく働かせることのできるリーダーであることから発していた。また、神王 [Thewaracha] や仏法王 [Thammaracha] などと言われるように、各時代で信仰に基づく聖なる力を持っているとされたことも、王の権威であった。政治的には、王は王国の元首であり、あらゆる人びとの命を支配する王 [Chao Chiwit]、すべての権力の帰するところであり、発するところである。そして王族や貴族が、王の国の統治を助け、軍事を司った。

　王族は、王の親族である。王族は全員、出自により位と特権を持っている。位には、出自を示すサクンヨットと呼ばれるものと、官位を意味するイサリヤヨットと呼ばれるものがある。統治業務をとり行う王族は、チャオ・ソンクロムと呼ばれ、なかでも最高の10万の位階田を持つ者は、副王 [Phramaha Upparat] である。統治業務につく王族は、公務につかない王族よりも位階田を多く受ける。

　貴族は、支配階級のなかでは少数派である。しかし、王の権力を人びとに浸透させる重要な媒体である。貴族も、王の統治を助ける。とり立てられた貴族は、位、欽賜名と位階田を受け、特権を手に入れる。また、本人と家族は賦役労働と税を免除され、平民を自分に仕えさせることができる。

　僧侶は、人びとに道徳心を養わせ、社会を一定の方向へ導く役割を果たす。また、様々な社会集団を結びつけ、結束させる役割も持つ。仏教の徳と業の

教えは、人びとに支配階級の権力を受け入れさせるためのものである。僧侶は僧位と位階田を受け、それに応じて王から常施食［nittayaphat］を授けられている。僧侶の人口は多くはないが、王国中の各地にいて、人びとを保護し、芸術や学問を養い、社会の重要な隠れたリーダーである。

　位階田が30から400の被支配者層の人びとは、賦役労働を課せられるために管理されている。この階級は、平民と奴隷から成っている。

　平民［phrai］は、自由民と呼ばれる一般人で、人口の大部分、およそ80-90％の人びとがこれに当たる。これはアユッタヤー社会の基盤であり、経済、政治、文化の諸側面において、支配階級の権力基盤でもある。より多くの平民を抱える統治者は財に富み、権力を保持し、より敬意を集めた。また、主人や国のために建設労働に携わったり、戦時には兵力となった。女性も平民として登録された。女性は賦役労働は課せ

貴族は、重要な政治的地位にあって労働力を管理し、大きな政治的役割をもっていた。

王室の賦役労働を課される平民。バンコク・ラーッチャシッタラーム寺の壁画。

られなかったが、課せられた場合でも男性よりも軽い労働だった。

　奴隷［that］は、平民よりも数が少ない。タイにおける奴隷は、多くが主人からの借金のかたに自分自身や妻子を売って奴隷となった者たちである。このようなことから奴隷になった者たちは、もし借金が返済できれば奴隷の身分から逃れられる。戦争捕虜と、身請け金を返済できない奴隷は、身分を解消することができない。これらの奴隷は地位が最も低く、主人の財産の一部とみなされる。奴隷の役割は主人に仕えることだが、戦時には平民と同様、兵力とならねばならない。王の賦役につく平民［phrai luang］が身売りして奴隷となった場合は、身請けした主人と王の両方に仕える。

　このような社会秩序のもとの人間関係に着目すると、保護と支えの関係にあることがわかる。これを保護システム［rabop uppatham］（patronage system）と呼んでいる。互いに平等でない二者の間で、片方がより大きな権力をもって相手を保護し、保護された方は相手に仕え労働をもって応えるというものである。平民が兵力となったり平時に賦役を課されたりするのがこれに当たるが、これを「王への奉仕［kan tham ratchakan］」[11]という。

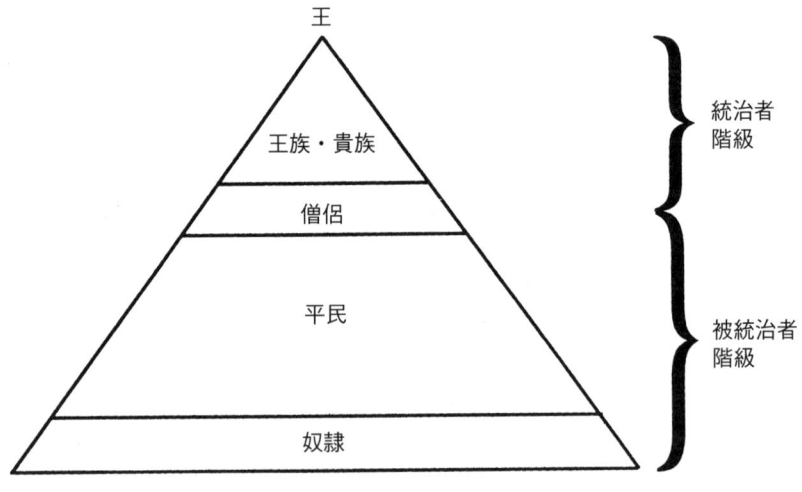

アユッタヤー時代の階級構造を示す図

この保護システムの人間関係では、支配者は指揮官・先達・上司のような立場にあり、統治し、指揮し、王を支え、人びとの行いを見守り、道徳と正義の原則をつくる役割を持っている。一方、被支配者は部下や使用人のような立場にあり、支配者に仕え、貢ぎ物を課され、支配者を信頼して敬い従い、目上の者に対しては慎み深くしていなければならない。このような人間関係は、仏教的な温情の思想によって支えられているので、人びとに受け入れられた。このためタイ社会の人間関係は相互依存的で、温情に満ちたものとなったが、その反面仲間意識が強く、弱者は自由にふるまえないなど、負の点も多かった。

　このような社会秩序のなかでも社会的地位の移動はあった。特に、貴族が権力を奪取して王になったり、平民が奴隷に身を落としたりなど、同じ身分階級のなかで地位の移動はあった。しかし、支配者と被支配者の階級差を越えて地位が変わることはあまりなかった。戦争による立場の激変と出家は別であるが、出家し仏僧になるには教養が必要だった。還俗し統治業務につく場合には、宗務局［Krom Thammakan］や僧務局［Krom Sangkhakari］など平民管理とは関係ない部所に勤めた。平民から貴族への階級を越える場合は、高級官僚［senabodi］の家系の者でなければならなかったので、平民が貴族になることは極めて困難であった。

近代のタイ社会

社会変化を導いた要因

　ラーマ4世期以降は、タイ社会が経済、科学、文化のあらゆる面で西洋と交流した時期である。次に述べるように、西洋との交流は、タイ社会の経済システムや社会システム、統治制度、そして社会秩序に影響を及ぼし、大き

く変容させた。

　西洋との経済的交流がはじまると、タイの経済構造は貿易のための生産システムへと変わった。生産の重要な要素である土地と労働力は、重要性を増した。世界市場における重要な商品は、米であった。米の生産需要が増し、政府は平民や奴隷の労働力を解放する必要に迫られた。つまり、社会の大部分の労働を、自由意志に基づくものにするのである。国内の政治的安定とあいまって、ラーマ5世によって平民と奴隷の身分の解消が実施された。

　ラーマ5世による身分制度解消は、社会的変容を促し、古い時代の道徳的な問題を解決した重要なでき事なので、詳細に検討することにする。

　身分制度の解消は、次のように行われた。

　前兵局［Krom Thahan Na］を開設し、様々な任務にある平民たちが、この局で5年間兵役につけば、退役後、賦役労働と諸税を免除される証書［Tra Phum Khum］を授けられ、役務から解放された。

　また仏暦2430年の布告によって、王室の兵役につかない場合は年18バーツ、物税の代わりに年6－12バーツ支払うことが定められ、賦役労働の対価としての現金の支払いが認められた。

軍務省前兵部隊の行進。

　仏暦2431年の布告では、平民が王室の兵役につく年齢を限定した。例えば、兵士の子が満18歳になると、21歳まで軍事訓練の義務を課された。22歳以降は50歳まで年に3か月間兵役につくが、息子が1人以上兵役についた場

合は、50歳以前に役を解かれた。

　仏暦2439年の布告により、王室の賦役につく平民プライ・ルアン[12]が賦役の代わりに支払わねばならなかった年18バーツの税を、プライ・ソムと同じ6バーツに減額した。

　ラッタナコーシン暦[13]124年（仏暦2448年）の兵役に関する布告［Phraratcha Banyat Laksana Ken Thahan］では、満18歳の男子は兵役部［Kong Phrachamkan］で2年間の兵役についたあと、予備兵役部［Kong Nun］に入ることになる。予備兵役部で役についたあとは生涯、税を払う必要はなくなった。

　兵役に関する布告が王国全土に行きわたり、身分制度に束縛された経済システムと社会システムは終焉を迎えた。平民身分は自由民となり、資本主義的生産システムに応じる自由労働力となった。政府は、人びとを身分制によって管理することなく統治することになった。国内政治は安定し、国家は発展の方向へ向かっていった。

　ラーマ5世期の奴隷解放は、漸進的に進められた。重要事項としては、次のようになる。

　奴隷子弟の年齢限定に関する布告により、ラーマ5世が即位した仏暦2411年に生まれた奴隷の子は、7－8歳のときに最も身請け金を高く設定し、その後は年々身請け金を減額していくことを定めた。21歳になると、奴隷身分を解消した。したがって仏暦2411年に生まれた奴隷の子は、仏暦2432年に自由民となった。

　また仏暦2488年4月1日をもって、奴隷身

奴隷解放の布告の図。

分を解消した。

　これらの布告以外にも、ラーマ5世は奴隷を自由民にする様々な奨励策を講じた。例えば、同じ身請け主のもとに25年間いた奴隷には、ラーマ5世の24歳の誕生日を記念して王室費を払って解放したし、学校に通わせるためにに奴隷を買い上げたりもした。身売りして身分を奴隷に落とすきっかけとなるからと、賭場の数を減らしたりもした。さらに、地方の奴隷身分を解消する布告も発した。

　これらを実行した結果、ほとんどの平民と奴隷は近代社会の農民となり、王族や貴族はこぞって土地を買って地主に変わった。

　身分制度の解消は、タイ社会に変化をもたらした重要なでき事であるが、貿易と産業にも大きな影響が及んでいた。自由主義による新しい商業スタイルの影響で、資金のある人は外国との貿易におおいにとり組んだ。そのような事業にとり組んだのは、前述のような古い社会で王族や貴族といった身分にあって、政治的権力や通商を独占していた人びとである。また、商業や工業に投資をする外国人が、西洋や東洋からタイへやってきた。投資の拡大は、新しい人間集団を形成した。それは、商業資本家である。彼らのなかにはタイ人もいたし、外国人の血を引いている者もあった。第2次世界大戦後の工業の拡大によって、労働者階級も拡大した。従来労働者階級は中国人などの外国人であったが、自然災害や生産上の問題に直面した農民や米業者が、都市に移入し労働者となっていった。

　西洋との交流によって、科学と技術がタイにもたらされた。支配者層では西洋の科学と技術の重要性や可能性に気づき、タイでもまず王族や官吏にこれらの教育を施そうとした。ラーマ5世は西洋旅行の経験があり、国が官吏にする人材を必要としていたために、本格的に西洋式教育を施すことにした。仏暦2414年にタイ語を教える学校が、仏暦2415年には英語学校が開かれた。宮廷

や寺院での教育とは異なる新しい人材育成手段となったのは、仏暦2424年に開校したスアンクラープ宮学校［Rongrian Phratamnak Suan Kulap］であった。仏暦2425年には製図学校［Rongrian Phaenthi］、仏暦2430年には陸軍士官学校［Rongrian Nairoi Thanan Bok］、仏暦2440年には法律学校［Rongrian Kotmai］、仏暦2449年には海軍士官学校［Rongrian Nai Rua］が開かれた[14]。ラーマ5世期には、よくできた学生に王室が奨学金［thun laorian luang］を与え、海外留学させることもあった。この時期の教育は上流階級の人びとに限られていたが、一般人にも次第に拡大していった。例えば、政府が寺院と協力して、地方に一般人のための学校を開いた。ラーマ5世以降の指導者層はこの政策を維持していった。初期の段階では、子供が兵隊にとられるのではないかという一般人の誤解や、教育整備のための資金や人材の不足という問題に直面したが、新しい教育形式によって男女ともに教育の機会が得られ、知識人層という新しい社会集団が生まれた。そして、教育は社会的地位を規定する手段となった。

　また西洋列強との接触は、統治制度にも変化を及ぼした。西洋列強はタイの属領を脅かし、これらの土地を細かく切り離していった。例えば、メコン川の右岸と左岸やマレー半島の属領などである。その他にも、西洋列強はタイの司法権を脅かした。タイの司法制度は遅れていると主張し、領事館の外交官に訴訟の判決権を与えさせられたのである。統治者層は、統治制度も時代に合わないと考えるようになった。業務は系統だっておらず、指揮系統がいくつもあった。特に、中心部から遠く離れた地域には、首都にいる王の権力は及ばなかった。

　ラーマ5世はこの問題を熟慮し、仏暦2435年から統治改革をはじめた。省庁の下に局を設置し、義務と責任を明確に分担した統治機構を打ち立てたのである。周辺部の統合には中央政府としての最善を尽くした。統治改革は、国家［chat, prathet］と呼ばれる新しい政治体をつくりだした。様々なムア

ンが寄り集まっていた政治体が、国境線でくくられ確固たるものとなったのである。国家の内部には、中央政府が唯一最高の指導部として存在し、人びとは全員直接中央権力の下に置かれることとなった。統治改革によって統治業務は増大し細分化した。この業務に当たる人びとは、官僚集団［klum kharatchakan］と呼ばれ、教育ある人びとでなければならなかった。

　上に述べたような改革は、タイ社会に次に述べるような大きな変化をもたらした。

社会単位

　統治改革によって、国家と呼ばれる新しい政治体が発生した。これは、国境線で守られた一つの主権を持つ政治体で、主権と指揮権がバンコクと国王ただ一か所に集中していた。そのため地方各地の統治もバンコクの指揮系統につながっていた。シャム国、仏暦2482年からはタイ国と呼ばれる、一つの政治体の発生である。ムラは村［chonnabot］[15]、ムアンは市［muang］あるいは県［changwat］と呼び名を変えて、この国家という社会単位を構成していたが、村の人びとは以前よりも都市や国との結びつきを強く感じるようになっていた。

人びとの特徴

　国家と呼ばれる社会基盤が主体となっても、どの地域にも多様な民族や文化が混在していた。それゆえラーマ5世以降の指導者層は、国民のなかに統合性と結束を築く政策をとった。それは、法律や教育、交通や通信の諸制度を通じてなされ、文化政策の面にまで及んだ。

　仏暦2456年に発布された国籍に関する布告は、シャム国土内で生まれた者、あるいは一時期でも居住した者は、シャム人あるいはタイ人とみなすことを定めている。人口調査に関する規定も定められ、政府は国民がどこに住んで、どこへ移動し、人口がどのくらい増減したかを知ることができるよう

になった。これは政府が、国民個人の出生から死亡までを把握していなければならなくなったということを示している。法律が、税をおさめ、政府の法律を遵守し、政府に忠実でいることなどの、国民の政府に対する義務を明示した。

寺院での教育。寺院は教育改革初期の一般のタイ人のための主な教育施設だった。

バンコク政府による教育制度づくりは、多様な国民が「国家を愛する」ようにすることを目的に掲げる要綱づくりに努めることだった。歴史や地理、タイ語や宗教、国民の義務を教える教科が設けられた。

また鉄道、道路、電信、電話、無線、テレビなどの交通通信網の建設は、バンコクからはじまり、地方のあちらこちらの県をつなぐ網の目となった。交通、通信、教育の諸制度は、文化的枠組み[baepphaen thang watthanatham]をバンコクから農村へ伝えるものとなった。文化的枠組みとは、宗教的儀式、服装、話しことば、社会的礼儀、歌や音楽、様々な芸術などである。そして何より、人びとがみな意識せぬ間に国家を愛し、国家のもとで結束しているという意識を持つようになった。人びとは、国歌、「シャムを想う歌[Phleng Sayamanusati]」、国王賛歌をともに歌うことで、民族、宗教、国王を共有するという意識を強めたのである。

社会的秩序の形成

上に述べたような経済、社会、統治制度の変容は、社会秩序にも影響を及ぼした。従来の社会的役割分担は、経済面でも社会面でも、統治的側面でも

新しいものに変わった。最終的には、社会階層は四つになった。資本家、官僚、知識人、農民と労働者である。

　タイにおける資本家層の特徴は、かつて華人資本家と提携して外国との通商を独占していた統治者層から派生しているということである。彼らは地主や商人になったり、産業を興したりした。同時に、東洋からも西洋からも資本家がタイに移入してきた。こうしてタイにおける資本家層は、もと貴族階級の資本家（あるいは特権資本家 [nai thun sakdina]）華人資本家、西洋人資本家を内包することとなった。

　官僚層は、政府に仕える義務を持つ集団である。王政業務の増加により、官僚の人数は増え、主体性も増し、より中央集権的になった。近代的官僚層は、教育を受け、専門分野の知識を備えていなければならなかった。上流階級の人びとだけでなく、一般の人びとも官僚として登用されるようになった。

　知識人層とは、先進的な思想と知識を持ち、社会が何を必要としているかを分析し、社会の発展と変化の方向を予見しようとする人びとのことである。タイの知識人は、上流階級だけでなく徐々に一般階級からも出るようになった。彼らは医師や新聞記者、研究者などの職業についた。

　農民とは身分解消される以前の平民と奴隷で、農業を営むことを望んだ者たちである。一方労働者層は、産業分野における労働力需要に応えるべくして生まれた。タイにおける最初の労働者層は、移民華人であった。やがて産業分野の成長につれて、タイ人の労働者層も生まれた。彼らは、農業経営に問題を抱えたもと農民たちであることが多かった。

　以上のことから、近代タイの社会秩序は三つの階層が形成されたことがわかる。上位層 [chon chan sung] は、国家の政策を考えだし判断する義務を持つ人びとであり、王族や高級官僚、実業家たちがそれに当たる。中間層 [chon chan klang] は、社会に奉仕する役割を持つ人びとで、中小の実業家、商人、役人、知識人や自由業につく人びとがそれに当たる。下位層 [chon chan tam] の人びとは、生産業などで肉体労働をする人びとで、農民や労働

者を指す。このような役割別による階級区分は厳密で固定的なものではなく、社会的地位は個人が受ける教育や富によって上下した。

　この三つの社会階級の間の人間関係に着目すると、新たな変化が生じていることがわかる。一つの指揮系統のなかでの上司と部下の関係、実業界での資本家・商人と顧客の関係、あるいは雇主と被雇用者の関係、これらの人間関係は、伝統的な人間関係のスタイルと切り離せないのである。つまり、保護システムの人間関係と血縁関係である。

課題例

　1．ラッタナコーシン時代前期以降のタイ社会の変容に関するスライドを鑑賞させ、解説する。その解説の内容をレポートにまとめさせ、提出させる。

　2．タイ社会の変容に関するテーマ学習のための史料を紹介し、生徒に5冊ずつ選ばせ、内容をまとめ提出させる。

　3．グループごとに、各時代のタイ社会の発展に関する展示・パネル発表をさせる。

　4．現在に至るまでのタイ社会の変容について専門家を招いて講義を聴き、生徒が質問する機会を持つ。

　5．教師も交えて、各時代のタイ社会の特徴について議論する。社会に影響を与えた主な事例をあげ、そのでき事の因果関係を議論し、板書してまとめる。

章末問題

　1．タイ社会において、ムラからムアンへの変化の過程はどのようなものであったか。

　2．なぜ、タイは民族、言語、文化の面で多様性をはらんでいるのか。

　3．古代のムラ社会とムアン社会の間の人間関係や役割のちがいを比較せ

よ。

　4．タイが、中央集権体制や国民の結びつきの面で統一性を確立する過程には、どのような要因があったか。

　5．タイにおける中間層の発生と特徴はどのようなものであったか。

【注】

(1) （原注）仏暦19世紀のラウォー・アユッタヤー領国による諸領国の併合とは、アユッタヤー王国の成立を指す。一部の研究者は、現在のタイ国土内で最初に興った王国は、スコータイであると信じている。このようにタイ人の最初の王国に関する考えかたは明確にまとまってはおらず、今後の史跡調査の成果が待たれている。

(2) ムアン・ハリプンチャイは、仏暦14世紀ごろに現在のラムプーンに建てられたとされる。その際、モン族の都市であったロップリーから統治者が招かれた。ムアン・ケーラーンカナコーンは、現在のラムパーンに当たるとされる。

(3) 「アヨータヤー」はインド古典『ラーマーヤナ』に典拠のある地名。ある説では、14世紀半ばに王都が建設された当時、アユッタヤーはアヨータヤーと呼ばれており、16世紀半ばにビルマ軍の占領から解放されたあと、はじめてアユッタヤーと呼ばれるようになった。

(4) 精霊信仰の一種で、国や村を建てる際には政治的統合のシンボルとして、土地の中心となる場所に塔やほこらが建立される。人びとはそれを土地の守護神のよりしろとして信仰を寄せた。

(5) ベトナム人のこと。

(6) モン・クメール語族に属する民族。古くからインドシナ半島に居住し、ペグーなどいくつかの王国を成立させた。現在はビルマ（現ミャンマー）南部、タイ中西部に散在。

(7) ラーマ3世期、移民華人の流入が激増したタイでは、移民の間でのアヘンの売買に暗躍し、華人の徴税請負人を裏で利する秘密結社が現れた。南部では、

錫産業に従事する華人労働者の管理と鉱山の護衛に、この種の組織が利用された。後にバンコクなどでも結社どうしの縄張り争いが激化し、政府当局はたびたびこれを鎮圧することで、華人の勢いをおさえた。

⑻　いずれも現在は、偉い人、主人などを意味する語。

⑼　チャーマテーウィーウオンは、ムアン・ハリプンチャイ建国の際に招かれたロップリー統治者の娘。彼女の到来とともに北部タイの仏教は盛えはじめたため、ラーンナー王国の時代に、仏僧によってその伝承がまとめられた。

⑽　位階田を表す数字の単位は、土地の面積を示すライ（1ライ＝1600㎡）である。かつては、位階田の数字を実際に各人に割り当てた土地の面積と考えた学者もいたが、近年ではこれを抽象的な身分の上下関係を示した制度であるとする見かたが有力である。

前近代的身分制度の形態をとる位階田制は、1973年に発生した民主化運動前後、旧体制を批判する学生たちに「封建制的身分制」の同義語として用いられた。本書でも、特に19世紀末以降の歴史に関する文章では、しばしばそのような語義を含んで用いられている。

⑾　現在でも、行政、教育、治安維持などを含む国家公務のことを「カーンラーチャカーン」と言い、公務員のことを「王に仕える人」を意味する「カー・ラーチャカーン」と言う。

⑿　プライ・ソムとともに p.126参照。

⒀　ラッタナコーシン王朝の創始者ラーマ1世が即位した1782年を元年とする暦法で、王政期に用いられていた。

⒁　p.138では、海軍士官学校の設立は仏暦2438年となっている。仏暦2449年ごろは軍務省の予算状況が悪かったという指摘があり、このことなどから推測すると、2438年の方が妥当と思われる。

⒂　chonnabot は農村の意。ここでは行政区分を指すので村と訳す。

第 2 章

タイの芸術文化の変容

学習目標 タイの芸術の変容を促した主なでき事に関して知識と理解を得る。芸術は、国家の発展の度合いを反映する民族的アイデンティティー［ekkalak］であるため、その保護、復興、発展の重要さを知る。

◇方針◇

1．タイの芸術の変容を促した主なでき事について、例をあげ、説明できるようにする。

2．タイの芸術の変容を促したでき事を分析し、問題の解きかたを身につける。

3．文化的遺産がどのように継承されてきたか、また民族の重要な遺産であるタイ文化の保護と復興がいかに重要であるかを説明できるようにする。

4．国家の発展の度合いを映しだすタイ文化を、変化発展させる重要性について説明できるようにする。

5．自分の出身地の芸術文化を保護、復興、発展させる方法を、提示できるようにする。

芸術文化とは、人間の創造物のことで、思想や愛着、信仰から生まれるものである。それは、敬意の対象となる建築物などの建造によって表現される建築、敬意の対象となる塑像や金属の像などをつくる彫刻、素材の上に線を引いたり削ったりしてものを描く絵画、石・銀・金・貝葉[1]・紙などの上に文字で物語を記す文学、体の各部分をリズムにあわせ優美に動かす舞踊、道具をたたいたり、はじいたり、こすったり、息を吹き込んだりしてリズムをとりながら高い音や低い音を出す音楽、などがある。

　上の芸術文化の定義は、文化の発生が人間と切り離せないということを示している。タイの地には、旧石器時代・中石器時代・新石器時代・金属器時代・青銅器時代から、ムアンや領国、王国や国民国家を形成した有史時代を通じて大変古くから人が住んでいた。そのためタイで発見された創造物は、その製作年代が長い期間に分散している。同時に、この地域は遠方や近隣の国々との交流に適した土地であり、諸外国の文化を模倣したりそれらからの影響を受けて、自分の創造にいかしたりすることもあった。タイの芸術文化面での変化については、以下の三つの時期に分けられる。

　1．古代の芸術文化
　2．伝統主義の芸術文化
　3．近代の芸術文化

古代の芸術文化

　古代とは、石器時代から金属器時代の少なくとも1万年から2500年ほどの長さに及ぶ、有史以前の時代を指す。この期間には、人びとは部族やムラ、小さなムアンを形成して暮らしていた。この時代の人びとは、ある程度優美で精巧な造形をする力を持っていた。これらの造形物は、日用品であったり、儀礼に使用したり、自分で記念につくったりしたものであった。例えば土器をこねたり、土器や儀礼に使う太鼓の表面に様々な紋様を描いたり、洞窟に壁画を描いたり、崖の壁面に動物や自分の絵を描いたり、岩を円形や列に並べ、たて岩 [hin tang] と呼ばれる死者を鎮魂する儀礼的象徴を形づくったりした。これらはタイ国内のあらゆる場所で見られる。例えば、ウドーンターニー県ノーンハーン郡のバーンチアンで多数発見された、赤い染料で指紋様を描いた土器。中部、東北部や南部全域に見られる、星や太陽、カエルの図が描かれた青銅鼓。カーンチャナブリー県サイヨーク郡ルムスム区の

紋様の描かれた土器。ウドーンターニー県ノーンハーン郡バーンチアン。金属器時代。

カオキアオ壁画窟には、幾何学紋様や人、動物の絵が描かれている。そして最も大規模なものは、ウボンラーチャターニー県コーンチアム郡バーンクムのメコン川岸の壁面に、幾何学紋様や人、手形、動物などを描いた壁画である。

　これらの創造物の根底にある思想や信仰に着目すると、人びとの生活と結びついたものであることがわかる。人びとの生活は、自然や暮らす場所、使う道具、着るものなどと切り離すことはできず、これらはすべて自然のなかに存在するものでつくられていた。生きるための食べ物も、野性の動植物に頼らねばならず、土と水なしでは農耕もできなかった。自然と切り離すことのできない生活ゆえに、人は自然の形を模倣したり自然の物質をまぜこんだりした物をつくりだした。動物や人体の様々な部分、幾何学紋様や指紋様などの表現が、それを物語っている。自然と密着した生活は、自然のなかに精霊を見いだし、それを敬う信仰（アニミズム）を生みだした。親族とともに暮らす生活形態ゆえに、先祖の霊に対する信仰も生みだされた。そこから、先祖の霊のよりしろであるとする建造物、たて岩のような信仰上の儀礼と結びついたものが生まれたのである。

伝統主義の芸術文化

　伝統主義の芸術文化とは、有史時代、もしくはムラや大小のムアン、領国、王国などの社会単位が形成されるようになった時代の芸術文化を指す。時代はおよそ仏暦5－6世紀から24世紀までに当たる。この長い時代のなかで、創造物は多様に発展した。この時代の芸術を、シュリーヴィジャヤ式、タワーラワディー式、ロップリーもしくはラウォー式、スコータイ式、ラーンナー式、アユッタヤー式、ラッタナコーシン式というように区分し、後に詳しく解説する。

第2章　タイの芸術文化の変容──51

　なによりも興味深いものは、伝統主義の芸術文化の基盤となる思想である。この時代の芸術文化は、外の地域からの影響を受け、まざり合っている。特に、インド・スリランカ・モーン・クメールからの仏教・ヒンドゥー教・バラモン教を基盤とした文明の影響は強かった。統治者層が中国と通商関係を結んでいたことに伴い、中国から芸術文化の思想も入ってきた。外部地域の芸術の影響が、タイの伝統的芸術とまざり合い、特に大きなムアン、領国の中心部にある中心都市、王国の首都などにおいて、芸術様式は発展した。小さなムアンやムラでは伝統にしたがって芸術品を制作する考えが根強かった。この両者の間での芸術文化のちがいによって、王室芸術［sinlapawatthanatham luang］と民衆芸術［sinlapawatthanatham ratsadon］という呼び名が生まれた。過去の芸術について学ぶには、王室と民衆両方の芸術の特徴をイメージさせる根拠が必要である。しかし、民衆の芸術様式についての根拠となるもので、現代まで残存している物はあまりない。時間とともに朽ち果てたか、あるいはもとから芸術を生みだす思想は生まれなかったかもしれない。したがって、以下に述べる芸術の様式は、ほとんどが大きなムアンのものである。

シュリーヴィジャヤ[2]芸術

　およそ仏暦9－18世紀に、タイ南部スラーターニー県（チャイヤー郡）とナコーンシータンマラート県あたりに生じ、中部や他の地域に広まった美術様式である。シュリーヴィジャヤ美術はヒンドゥー教と大乗仏教から発生したもので、建築や彫刻が残っている。チャイヤー郡に残るヒンドゥー式仏塔やほら貝を手に

シュリーヴィジャヤ式の観音菩薩像。現在はバンコク・国立博物館が所蔵する。

したヴィシュヌ像、ヒンドゥー教信仰に基づくシヴァリンガ、装飾を身につけた大乗仏教式の観音菩薩像などである。

タワーラワディー⁽³⁾芸術

タイ各地で見られる美術様式である。中部では仏暦12－16世紀、東北部では14－16世紀、北部では16－19世紀の遺跡に多く残っている。タワーラワディー美術は、上座部仏教の信仰から生まれたものである。注目すべき物として、ナコーンパトム県の大型法輪、スパンブリー県ウートーン郡に見られる青銅仏像、土像、無数のせん仏［phra phim］⁽⁴⁾などがあげられる。タワーラワディー式仏像に一般に見られる特徴は、長くつながった眉、体に密着した法衣などである。また、ラーチャブリー県のクーブア洞窟には、音楽を奏でる女性の土像も見られる。東北部ではカーラシン県ムアンファーデート

タワーラワディー式の楽器を奏でる女性のレリーフ。ラーチャブリー県のクーブア窟で発見された。現在はバンコク・国立博物館が所蔵する。

スーンヤーンにあるような、仏教説話をかたどった結界石も多く見られる。また興味深い物として、ガラス、石、素焼きや金の美しいビーズ玉が、スパンブリー県ウートーン郡をはじめ各地で多く見つかっている。

ロップリーあるいはラウォー芸術

　ロップリー県、プラーチンブリー県などチャオプラヤー川東岸域や東北部の、仏暦16−19世紀の遺跡に多く見られる芸術様式である。ロップリー美術はクメール美術の影響を受けており、大乗仏教の混交したヒンドゥー教の色合いが強い。多くの建造物は岩、レンガ、ラテライトでつくられている。仏塔ではロップリー県の三仏塔 [Phra Prang Sam Yot]、ナコーンラーチャシーマー県のピマーイ遺跡、ブリーラム県のパノムルン遺跡、プラーチーンブリー県のカオノーイ遺跡などがあげられる。彫像では、冠を着けた仏陀を七つ頭の竜がその首で上から覆い、仏陀はそのとぐろの上に座す型の石像が、多く好まれてつくられた。

スコータイ[5]芸術

　ヨム川とナーン川流域のスコータイ・ウッタラディット・プレー・ピッサヌロークと、カムペーンペット県南部のピン川流域の各地で起こった芸術様式である。時代はおよそ仏暦18−19世紀で、建築物や彫像、文学などが残されている。多くはスリランカ仏教の信仰から発生したものである。

　建築では、スリランカ風の丸い仏塔や、儀礼をとり行う本堂や布薩堂のある寺院が多く建てられた。スコータイ県のプラパーイルアン寺、マハータート寺などがそうである。特にマハータート寺は、王族の遺骨をおさめる仏塔や、仏像を安置するための11間 [hong] の大規模な本堂がある（１間は柱と柱の間の長さ）。

　彫像は、それまでの石像とは違い多くは青銅でつくられている。スコータイ仏像の優美なスタイルは、現代もなお好まれている。丸みを帯びた体、盛

ロッブリー式の竜の上に乗った仏陀像。

スコータイ県マハータート寺の11間の本堂。スコータイ芸術。

り上がった胸部や腕、炎のように上へ立ち上るまげ、巻貝型の髪の束、弧を描いた眉、高いワシ鼻、尖ったあごなどが、その特徴である。多くの仏像が、普通の人間の身体的特徴を越えた、理想的な美しさを備えている。ピッサヌローク県のプラシーラッタナマハータート寺のチンナラート仏、バンコクのボウォーンニウェート寺のチンシー仏などが代表的である。これ以外にも、サンカローク焼と呼ばれる土器や陶芸品がある。高い品質と精巧さを誇っており、ペルシャ、日本、フィリピン、ジャワなどに輸出されていた。

　文学の面で特に学ぶべきは、タイ文字の発明である。この時代、文書は石碑と呼ばれる石の上に刻まれたものであった。なかでも、スコータイ周辺の領国のあった場所で発見された石碑には、それまで使われていた文字とは違う文字が書かれている。ラームカムヘン王の時代にタイ文字が発明されたと考えられている。クメール文字を崩して、母音が子音の上や下や後ろに置かれていたのを子音の前だけに置くというように、改造がなされていた。この

スコータイ芸術。左：ピッサヌローク県プラシーラッタナマハータート寺のチンナラート仏。右：茶色のうわ薬のサンカローク焼。

文字は広く使われており、スコータイの様々な石碑には当時の政治や経済、社会に関することが記されている。特に、スコータイ第1碑文と第2碑文は、スコータイ時代初期に記されたものと考えられている。

石碑以外にも、タンマラーチャー王時代（仏暦1890－1911年）に書かれた貝葉文書には、仏教の三蔵経を題材とした著名な作品がある。『三界経』がそれである。スコータイ時代の文章は散文型の教本で、世の中の人びとが平穏に暮らせるように道徳を教え説くために書かれている。

ラーンナー[6]芸術

タイ北部のピン川流域において、およそ仏暦18－21世紀に起こった美術様式で、やはり上座部仏教信仰から生まれたものである。北部で美術が最初に発展した場所はラムプーン周辺であり、タワーラワディー芸術の様式が見られる。しかし独自の特徴も見られ、ラムプーン県のマハータート塔のような、仏舎利と四角形の仏塔をおさめる宮殿型の建造物もある。仏像では、青銅製の瞑想座像のスタイル、四角い顔、つながった眉、髪の生え際を表す線、髪の束が小さいことなどが特徴である。

北方のチェンマイに中心が移ると、美術に独創性が生まれてきた。スアン

ラームカムヘン王の第1石碑。現在はバンコク・国立博物館が所蔵する。

ラーンナー式の青銅製の塔。高さ167cm。現在はバンコク・国立博物館が所蔵する。

ドーク寺にあるような、山型や蓮のつぼみ型の仏塔を建てたり、パガン国[7]に広まっていたインドのパーラ美術にならって仏塔や本堂の屋根をつくったりした。チェンマイ県ムアン郡のウモーンアーラヤモントン寺がその例である。

　彫像では、様々な様式のものがつくられたが、大きく二つに分けることができる。前期チェンセーン[8]式彫像はラーンナー独自のもので、がっしりとした体が特徴である。バンコクのベンチャマボピット寺のソムデット堂に安置されているものがそれである。また、後期チェンセーン式彫像は、スコータイやアユッタヤーの影響を受けて均整のとれた体つきをしており、顔や髪の束は小さく、三角形の額飾りと炎型の後背がある。バンコクの国立博物館プッタイサワン宮に安置してある仏像がそうである。

仏像のほかに、ラーンナー美術には陶器があり、つやのあるものやないもの、白色、茶色、黄緑色や茶黄色のものなどがある。食器や水瓶、壺、小型の動物像など様々な陶器がつくられ、日用品や装飾品として利用されたと考えられている。

アユッタヤー芸術

仏暦19－24世紀、チャオプラヤー川流域に興ったアユッタヤー王国[9]の美術である。この長い期間に、アユッタヤーでは独自の芸術作品が多分野にわたって生まれた。その様式は、今日まで財産として受け継がれている。アユッタヤーの芸術は、次のようなものである。

建築物の遺跡は、かなりいい状態で残っている。仏教の信仰に基づいた建築や、王族の遺骨を安置する寺院が建てられた。プラシーサンペット寺には、十二角仏塔［chedi yo mum mai sipsong］と呼ばれる、四つの角をそれぞれ三つに細分した仏塔がある。

また本堂は、柱や壁をレンガを積み上げて建てる方法がとられ、外部から光線が入る隙間があまりなかったが、徐々に側面に開閉式の窓がつくられるようになった。布薩堂は風通しの悪いつくりであったが、窓がない代わりに前面に入り口を2－3

アユッタヤー県バーンパイン・チュムパラニカーヤーラーム寺の十二角仏塔。

か所つくった。最奥部には仏像を安置する台座をレンガでつくった。アユッタヤー後期には、堂の礎部の中央をジャンク船の甲板のようにゆるやかに湾曲させる工法が生まれた。ペータラーチャー王の時代に建立されたボロムプッタターラーム寺がそれである。そのほかにも、タイ式家屋と呼ばれる住居も建造された。これは竹を組んで建てる物と、貴族らが住む、より丈夫に木材を組み合わせる物の2種類に分けられる。

　仏像は多くの場合青銅で鋳造された。石像も見られたが、多くはなかった。アユッタヤー時代の仏像は、その制作年代によって二つに分けられる。前期は、タワーラワディーとロップリーの特徴が混交しているウートーン期である。仏像の顔は四角く、髪に生え際線があり、あごは尖り、鼻は引き締まっていて、髪の毛は細かく、後背は丸い炎の形をしている。仏は座禅を組み、台座の真ん中には溝が入り溝の両側は盛り上がっている。後期の仏像はスコータイの影響を受けているが、徐々に独自の様式に変

結束式住居［ruan khruang phuk］の模型。

かみ合わせ式住居［ruan khruang sap］。

農村に見られる結束式住居。

化しておりアユッタヤー式と呼ばれる。宝冠や豪華な飾りを施した法衣をまとった王形の仏像が多くつくられた。

絵画は数多く残存しており、ほとんどが仏陀伝を主題としたものである。マハータート寺やラーチャブーラナ寺、チャイワッタナーラーム寺の壁画のような、十界についての物語絵もある。アユッタヤー様式の絵画は各地に広まっていて、ペッチャブリー県コ・ケーオスッタターラーム寺やバンコクのチョンノンタリー寺などにも見られる。アユッタヤー様式の絵画は、赤や黄、緑や黒を多く使用する。

アユッタヤー式の青銅製装飾仏像。現在はバンコク・国立博物館が所蔵する。

文学の面では、実に多様な書物が存在する。儀式に関するものでは、仏教の因果応報や自然に対する信仰が説かれた、『欽定大生経[Mahachat Kham Luang]』、『大生経[Kap Mahachat]』、『欽定ナントーパナンタスート[Nanthopananthasut]』、『欽定マーライ経[Malai Kham Luang]』、誓忠式で詠まれる『聖水詩[Ongkan Chaeng Nam]』などがある。その他、『チェンマイ征伐[Lilit Yuan Phai]』など王をほめたたえるもの、『ドゥッサディー・サンウーイ・クローム・チャーン』など儀式で詠まれる

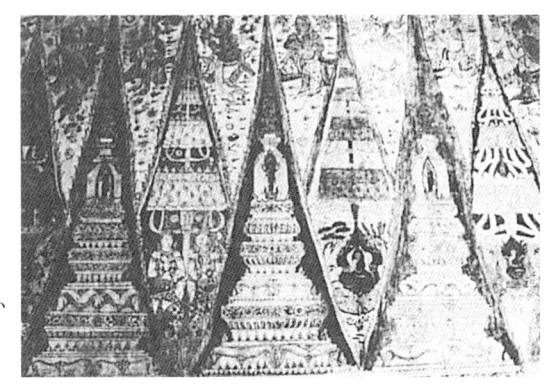

アユッタヤー式壁画。ペッチャブリー県コ・ケーオスッタターラーム寺。

もの、『プラロー物語 [Lilit Phra Lo]』、『ニラート・プラバート』、舟こぎ歌 [kap he rua]、『トーンデーン紀行 [Kap Ho Khlong Praphatsathan Thong Daen]』、『ソーク紀行 [Kap Ho Khlong Praphatsathan Sok]』などの娯楽作品、『ダシャラタ王の教え [Thotsarot Son Ram]』、『パーリーの教え [Phali Son Nong]』などの教訓物、『チーンダマニー』などの教本がある。

今に伝えられる文化的遺産・影絵劇の上演。

その他、アユッタヤー様式の芸術には舞踊と音楽がある。「ナン」と呼ばれる影絵劇には、ナン・ヤイとナン・タルンがある（南部でよく演じられる）。コーン仮面黙劇、チャートリー劇、宮廷外舞踊劇、宮廷内舞踊劇[10]（南部ではノーラーと呼ぶ）、人形劇などがある。これらの演劇は、同時期に存在した物語を題材としており、弦楽器、打楽器、吹奏楽器などでタイ楽曲を同時演奏した。よく演じられた物語は、『ラーマキエン』、『サムッタコート王子物語 [Samutthrakot Kham Chan]』、『アニルッダ王子物語 [Anirut Kham Chan]』、『プラロットセーン』などであった。

ラッタナコーシン芸術

仏暦2310年にアユッタヤーがビルマとの戦いに敗北すると、アユッタヤーの統治者層はトンブリーとバンコクに移り、新しい権力の拠点を築いた。その後ラーマ2世、ラーマ3世の時代まで、芸術文化の面でも復興にいそしんだ。ラッタナコーシン時代の芸術は、アユッタヤーとスコータイの影響を受けながらも形を変えていき、独創性も備えている。次に述べるように、この

時代の芸術品の特徴はアユッタヤーの様式とおおむね一致する。

　建築物は、アユッタヤー様式の家屋、寺院、仏塔、本堂、布薩堂などが建てられたが、より装飾が多くなっている。ラーマ3世期には、中国から陶器を求めて中国風の紋様を施した宗教施設を建てた。また、王室趣味［ratchaniyom］といって、建物の前面と後面に屋根がせりださないかわりに、石灰像や、黒・赤・白・緑（藍）・黄などの陶器のかけらを織りまぜて飾りを施し、屋根枠には飾りを施さない、特殊なデザインもあった。それは、ラーチャオーラサーラーム寺、チノーラサーラーム寺、テーパティダーラーム寺、トーンノッパクン寺、スタットサナテーパワラーラーム寺などに見られる。またこの時代の建築には、仏塔をヒンドゥー式に建てることが流行した。ラカンコーシッターラーム寺やアルンナラートワラーラーム寺の仏塔などがそうである。

王室趣味の建築・バンコクのクローンサーン区にあるトーンノッパクン寺本堂。

ラッタナコーシン建築の粋を集めたラカンコーシッターラーム寺仏塔。

絵画では、アユッタヤー式のスタイルや技法で描かれた、布薩堂や本堂の壁画が著名である。ただし、構図のとりかたや高所からの視点、色数の多さなどに発展が見られる。豪華に見せるため金色を使うことが流行した。ほとんどが仏陀伝、三界経や本生経による物語を題材としている。プラチェートゥポンウィモンマンカラーラーム寺、スワンナーラーム寺、クルアワンワラウィハーン寺などの壁画がそうである。

　文学も、やはりアユッタヤー時代の様式を継承している。ただし、いくつかの変化も見られる。王室文学に民衆の文学の影響が入り、儀礼的なものより娯楽指向のものが多くなったことである。チャオプラヤー・プラクラン（ホン）の『ソムバットアマリン物語 [Ruang Sombat Amarin]』、スントーンプーの『スパン紀行 [Nirat Suphan]』などである。儀礼的なものも存在したが、神通力や法力を強調する内容よりも現実に即した内容叙述が増えていた。チャオプラヤー・プラクラン（ホン）の『シーウィチャイ本生経 [Lilit Siwichai Chadok]』は、トンブリー王がビルマ、ラーオ、クメール、ユアン、チェンマイを制圧した業績をたたえたものである。また、スントンプーの『プラプ

ラーマ3世紀ラッタナコーシン式の仏陀伝彫刻。現在はバンコク・国立博物館が所蔵する。

バンコク・プラチェートゥポンウィモンマンカラーラーム寺のラーマ3世期の壁画。

ラトム紀行［Nirat Phraprathom］』は、庶民の生活を描いた王室文学として知られる。その他、アユッタヤー時代に書かれたものを演劇用に編纂し直したものがある。例えばラーマ2世の手による『ラーマキエン』、『イナオ［Bot Lakhon Inao］』、『クンチャーンクンペーン物語［Sepha Ruang Khunchang Khunphaen］』などがそうである。外国文学の翻訳ものとして、『三国志演義［Sam Kok］』、『王中の王物語［Rachathirat］』などもある。

ナンヤイ、ナンタルン、コーン仮面黙劇も、やはりアユッタヤー時代のものを継承している。が、この時代に発展したものは舞踊劇［lakhon ram］である。宮廷内舞踊劇と宮廷外舞踊劇があり、女性の演じ手が楽曲に合わせて舞い物語を演じる。

近代の芸術文化

ラーマ4世期以降現代まで、仏暦25世紀以降の芸術文化を指す。この時代は、西洋列強が東南アジアの地に勢力を広めていたせいもあり、西洋文明の影響をおおいに受けている。このため芸術文化の伝統は、様々な方面で変化していった。信仰に根ざした芸術表現は、もはやそのままのスタイルを保つことはできなくなった。信仰から離れた日常生活のためや、普通の人びとが感情を表現するための芸術が生まれるなかでも、信仰は人間にとって大切であり、そこから生まれた芸術品もつくり続けられ、ますます人気を高めていた。

建築技術については、家屋や公共のための建物が重視された。当時の王宮建築を見ればわかるように、西洋のスタイルがまねられた。ラーマ4世期に建てられたペッチャブリー県カオワンのプラナコーンキーリー宮、ラーマ5世期に建てられたペッチャブリー県バーンプーンのラームラーチャニウェー

ト宮、アユッタヤー県
バーンパイン離宮のワ
ローパーサピマーン宮
や、アナンタサマーコ
ム宮、ドゥシット宮、
アムポーンサターン宮、
ウィマンメーク宮など
がそうである。

西洋式建築ワローパーサピマーン宮。アユッタヤー県バーンパイン離宮。

同時に、西洋の様式と伝統的な美術様式を折衷したものも見られる。例えば、チャックリーマハープラサート宮は、屋根はタイ様式であるが建物本体は西洋建築である。また、マルックターイワン宮、サナームチャン宮、ワチラーウット学校の講堂と文学部棟、義勇兵記念塔［Anusawari Thahan Asa］などが折衷型である。貴族たちだけが、このような西洋風や折衷型の建物を重要視していたのではなかった。中流階級の人びとも木造ではなく、今日見られるような西洋式のコンクリート住宅を建てるようになった。

彫像では、プラサヤームテーワティラート像などのような、神型の仏像が流行したほか、肖像づくりも盛んだった。塑像や銅像が装飾などに使われた。これらの肖像は、「ラーマ5世騎馬像」、

西洋とタイの折衷式サナームチャン宮。ナコーンパトム県。

第2章　タイの芸術文化の変容 ── 65

「タークシン王像」、「ラーマ１世像」などの歴代の王の肖像のように、表現されているものが明確な題で示されていた。また、シン＝ピーラシー[11]、ミーシアム＝イップインソーイなどの著名な彫刻家がいた。

　絵画では、陰影のある写実的な三次元の絵画が流行しはじめた。油絵、チョーク画、線描画などが、寺院や民間の事務所、役所や一般家屋の壁画として、また紙やカンバスに描かれた。題材は伝統的なもの、仏教的なもの、人びとの日常を描いたもの、風景画、写生画など様々であった。

　文学にとって、この時期は変化に富んでいた。人びとが実生活を重視するようになったことに加え、西洋人が印刷技術をもたらし、文字で書かれたものを速く大量に生産することを可能にした。ラーマ５世期には教育改革も行われ、人びとは文字を読み書きできるようになったため、書物を読むことはますます流行した。この時期の文筆家たちは国内だけでなく海外へも学びに出かけ、たいへん高い教育を受けていたので、世界観が非常に広かった。同時期には、新しい娯楽、つまり喜劇やステージショー、歌唱劇やせりふ劇などの新しいスタイルの演劇や、映画などが入り込んできた。これらは、文学創作のありかたを変化させる要因となった。

　文章のスタイルは、韻文より散文が重視されるようになった。外国のスタイルをまねて外国の物語を翻案し、外国語を使うことが流行した。恋愛物や復讐物、愛憎物、教訓話、ノンフィクションに近いものや政治的啓蒙物な

バンコク・ウォンウィアンヤイに立つタークシン王像。

仏足跡を参拝する群衆を描いた、ペッチャブリー県サマナーラーム寺の布薩堂壁画。作者はタイで最初に三次元の絵画を描いた僧侶カラワ＝インコーン。

どがあった。これらの物語の根底には、仏教的な業や因果応報の思想があった。

　文学の形態には、翻訳や短編、小説、新聞や詩がある。これらを時代ごとに区分すると、次のようになる。

ラーマ4世・ラーマ5世期（仏暦2411－2453年）の文学

　ラーマ4世期は、西洋諸国と公に交流をはじめた時期である。この時期はタイの文学の転換期であった。この時代の特徴は、タイ人がはじめて触れる新天地・西洋について記したものが出現したとである。代表的な最初の作品は、『ロンドン紀行［Nirat London］』である。これは、ラーチョータイ殿下（クラターイ＝イッサラーンクーン殿下）が、イギリスとの友好関係を深めるため仏暦2400年に派遣された使節に通訳として同行した際の、ロンドンの様々な場所での見聞を書き記したものである。宣教師ブラッドレーがこの作品の著作権を400バーツで買ったことから、タイではじめて著作権を所有し広く出版された作品とみなされている。

　ラーマ5世は、アジア、インド、ヨーロッパへ視察旅行を行っていた。仏

暦2450年の2回目のヨーロッパ視察の際、王は『欧州旅行記(Klai Ban)』を記した。これは、王の秘書役であったニパーノッパドン親王にあてて、視察の行程や諸外国の風土や風習を説明するために書かれた散文であった。ラーマ5世のもう一つの著名な作品は、『王室行事12か月[Phraratchaphithi Sipsong Duang]』で、タイの王室が昔から行ってきた様々な儀式について書いたものである。仏教やバラモン教の風習についてよく伝えており、文学協会[Wannakhadi Samoson]は解説文が秀逸であると評している。

　この時代、英語の知識のある者は外国の文章を翻訳するようになった。『アラビアンナイト[Nitrachakhrit]』や『ダルノーワート』紙に掲載されたアメリカ合衆国憲法、1冊にまとめられた『詳解イギリス年代記第1巻』や娯楽物としての『イソップ物語』などである。ラーマ5世期の終わりごろ、海外留学を終えたタイ人たちが帰国し、西洋風「小説」の形で「娯楽作品」を翻訳するようになった。メーワンがマリー＝コレリの『ベンデッタ』を訳し『復讐[Khwam Phayabat]』を書いた。この作品はタイではじめての長編作品とみなされており、その後タイ人が長編外国文学を翻訳する流行をつくった。この時代の人びとが「娯楽読み物」あるいは「慰み読み物」と呼んでいた翻訳小説は、タイ人が古くから親しんできた伝承物語とはちがった文体を提示するという点で、タイ文学界に重要な地位を築きはじめた。

　西洋文学の翻訳のほかに、ラーマ5世期には自分で小説を書こうとする人も現れた。ピチットプリーチャーコーン親王は、ボウォーンニウェート寺の僧侶の生活を描いた『思えば楽し[Sanuknuk]』を書き、仏暦2448年、新聞『ワチラヤーンウィセート』紙に掲載した。しかし、これはまだ西洋的な小説とは程遠いものであった。その後しばらくして、リアムがタイ人としてははじめての小説『復讐にあらず[Khwam Mai Phayabat]』を書いた。この時期のタイ人による小説は「半タイ半洋」で、西洋小説の構成を借りてきたものが多かった。一方この時代に書かれた物語の内容は、ほとんどが恋愛物、しかも悲恋物が多かった。教訓物や社会性のあるものはわずかであった。そ

のなかでも、ノー・モー・ソーの『ラム式部長官の手紙 [Chotmai Changwang Ram]』は、海外で学ぶ子供にあてた父親の忠告を著述したものである。

政治や社会についての評論文では、ティアンワン⑫あるいはトー・ウォー・ソー・ワンナーポーが、雑誌『トゥラウィパークポチャナキット』、『シリポチャナパーク』を発行している。

新聞は、ラーマ4世期に6紙が発行された。ラーマ5世期には、タイ語と外国語を合わせて52紙が発行された。なかでも代表的な『ダルノーワート』は、内外のニュースや論文、告知、詩、小説などを掲載していた。これらは、ラーマ3世期に宣教師らが印刷出版をはじめたころのやりかたを受け継いでいた。

ラーマ6世期（仏暦2453-2468年）の文学

ラーマ6世期には、翻訳や散文はますます広まった。タイ語に訳されたシェークスピアの戯曲のほとんどは、ラーマ6世の手になるものである。『ヴェニスの商人』『ロミオとジュリエット』『お気に召すまま』などである。また、ナラーティッププラポンパン親王は、『蝶々夫人』の翻案『サーオクルアファー』を書いた。そのほかに映画のストーリーを細切れに訳したものがあり、短編翻訳小説のはしりとなった。この形式が模倣されて、ナラーティッププラポンパン親王が「消えた首飾り [Soi Kho Thi Hai]」などを含む短編小説集『ナンスークロームチット』を書いた。

散文作品は数多い。ラーマ6世が『プラルアン旅行記 [Ruang Thiao Phra Ruang]』『エジプトの風習 [Prapheni Iyip]』『車輪の泥 [Khlon Tit Lo]』『タイよ目覚めよ [Muang Thai Chong Tun thoe]』『東洋のユダヤ人 [Yiu haeng Buraphathit]』『スアパー訓話 [Thetsana Suapa]』『ブッダは何を悟ったか [Phraphutthachao Tratsaru Arai]』などを著した。その他戯曲では、舞踊劇『サーウィットリー』『マッタナパーター』、せりふ劇『犠牲 [Sia Sala]』『マイナムボーナー』『戦士の魂 [Huachai Nakrop]』『袋網 [Phongphang]』『子

煩悩 [Hen Kae Luk]』『チャムニアン氏旅行記 [Luang Chamnian Doenthang]』などがある。なかでも秀逸なのは、『マッタナパーター』、またの名を『ばらの花の伝承記 [Tamnan haeng Dok Kulap]』で、最初のカムチャン形式[13]の話劇である。

ラーマ6世期には、優れた文学作品を選りすぐるために仏暦2457年に文学協会が設立された。最優秀作品と評された物には、『団結 [Samakkhi Phet Khamchan]』『王室行事12か月』などがある。

散文でも韻文でも、この時代にはおおいに盛んになり、タイ文学史の黄金期とみなされるほどである。韻文では、思想や見解を表現しようとする短詩が流行した。この時代の詩は「叙情詩」ではなく「思想詩」であった。例えば、クルーテープは以下のような詩を書き、読者に思想を提示した。

「ムチ」
ムチは棚にしまっておこう
手におえない子供やら
けんかっぱやい子供は
愛のことばで包んであげよう

一般的に、詩は様々な新聞や雑誌に掲載されることが多かった。これはラーマ4世期から見られたことだったが、ラーマ6世期により盛んになった。

この時期、新聞の発行はますます盛んになっていた。ラーマ6世は、新聞発行の自由を広く認めていた。自ら『タイ』紙を主宰し、詩や官公庁の情報、スポーツ情報、社会の話題、ルポルタージュ、娯楽的な話題や読者からの手紙まで掲載した。王はラーマチッティ、アッサワパーフなどの筆名で新聞に投稿もした。また、民主主義的制度の実験区ドゥシッタニーを設置していた期間には、『ドゥシットサミット』という週刊紙も発行した。

仏暦2475年の統治変革以前の文学

ラーマ7世期、翻訳文学や小説はさらに流行したが、詩の人気は徐々に衰えていった。娯楽物や文学は以前よりもタイ的な特徴を帯びるようになり、発展を遂げた。この時期は、明らかに短編小説の最初の時代であった。著名なものでは、仏暦2459年に雑誌『ルーンロム』に掲載されたソン＝テーパーシットの「人のまごころ」がある。長編には著名な作品が多く、シーブーラパーの『じゃじゃ馬ならし [Prap Phayot]』『闘争 [Songkhram Chiwit]』、ヨット＝ワッチャラサティアンの『男らしく [Chat Chai]』、ポー・インタラパーリットの『哀れの極み [Yot Songsan]』、ドークマーイソットの『彼女の敵 [Satru khong Chao Lon]』『ニット』、アーカートダムクーンの『人生の劇 [Lakhon haeng Chiwit]』などの作品が有名である。

この時期の娯楽作品の手法は、実生活に近い描写をすることであった。作家たちは実際の人間の生活を表現し、問題の解決のしかたや個人個人の社会的状況を示そうとした。物語の進行は速く、会話も実際のものに近かった。物語の舞台も実際の場所を模したものだった。したがって、ラーマ7世期のタイ文学の一般的特徴は、最も「現実近似」であったと言える。同時に、作家たちは自分の作品のなかに自由主義的思想を盛り込むことをしはじめた。それは、外国の作家たちから進歩的な思想の影響を受けたことと、学校教育、新聞の内容、そして絶対王政から西洋的民主主義体制への統治変革を要求する国内の状況に、感化されたことによった。

仏暦2475年の統治変革以後の文学

仏暦2475年の統治変革以後は、タイ文学は西洋文学の構成や西洋的思想の模倣の域を脱し、独自の特徴をさらに強めていった。娯楽作品のオリジナリティーも増したが、オリジナリティーの内容はいくつかに分けられる。一つは、ドゥアンダーオの作品のような、上流階級出身であるが社会的地位を喪

失した作家によるもの。二つめは、ドークマーイソットのような、読者に「過去への探究」を促すもの。三つめは、シーブーラパーの『絵の裏 [Khang Lang Phap]』やメーアノンの『われわれの大地 [Phaendin khong Rao]』のような、統治改革以前の腐敗した旧社会制度を告発したもの。ポー・インタラパーリットや、リアオ＝シーサウェークが「オラワン」の筆名で書いた『四話 [Si Ruang]』のような作品もある。最後に、コー・スラーンカナーンの仏暦2480年の作品『悪しき女 [Ying Khon Chua]』のような、農民や零細漁民、売春婦など下層階級の生活状況を描いたもの。このジャンルには、マイムアンドゥームやマナット＝チャンヨンなどの作品もある。

プレーク＝ピブーンソンクラームのナショナリズム時代の文学

　仏暦2481－2488年のピブーン政権時代には、第２次世界大戦とナショナリズム高揚政策という重要なでき事があった。全12号のラッタニヨムと呼ばれるナショナリズム文化政策が出された。ラッタニヨムが文学に及ぼした影響は、文字のいくつかが廃止されたことであった[04]。代名詞や応答の語も１種類に限定された。文化的な面では、文学を書く際に基準が設けられ、公序良俗に反する内容は禁じられた。

　ラッタニヨムの影響は社会的危機をもたらし、政治状況がタイの文学創作に衝撃を与えた。文学界には、二つの傾向が見られた。一つは、文筆活動を休止してしまったり、メーアノンのように社会状況に応じて自分のとる方法を変えたりする作家が出たことである[05]。もう一つは、風刺や批判で政治や社会の状況に不満を表明し社会的理想を求める傾向で、この時期の文学の特徴であった。例えば、ダーウハーンの『パッタヤー』は、タイで最初の政治風刺小説とみなされている。また、ニミットモンコン＝ナワラットの『幻想の国 [Muang Nimit]』、プラヤー・サーパイピパットの『我が悪夢 [Fang Rai khong Khaphachao]』『我が正夢 [Fang Ching khong Khaphachao]』『我が１万マイル [Munmai khong Khaphachao]』、ドークマーイソットの『これが世

シーブーラパー　　　　マナット＝チャンヨン　　　ポー・インタラパーリット

ドークマーイソット　　　　　　　コー・スラーンカナーン

の中［Ni lae Lok］』などである。物語の内容も、政治物や、外国で自分の理想を追求するものになっていった。ソット＝クーラマローヒットの『世の中が必要としない善人［Khon Di thi Lok Mai Tongkan］』『思い出の都　北京［Pakking Nakhon haeng Khwamlang］』、セーニー＝サオワポンの『敗者の勝利［Chaichana khong Phu Phae］』などである。

第2次世界大戦以後の文学

　仏暦2488年は、ピブーンソンクラームが一時的に権力を失い、第2次大戦が終結した時期である。戦時中は不足していた紙などの印刷資材が供給を満

ソット＝クーラマローヒット　　セーニー＝サオワポン　　ロー・チャンタピムパ

たすようになり、ラッタニヨムの時代もすぎ去った。だが、仏暦2489－2500年の文学界は、戦後の経済的精神的疲弊による危機にあった。一部は現実から逃避し、生きかたの転換をはじめた。タイ文学の特徴は、次のような二つの傾向が表れだした。

　①生活や社会の現実をはっきりと投影したもの。この傾向は、以後徐々に発展していくことになる。ロー・チャンタピムパの『運命をひらく［Rao Likhit］』『ワーシッタティーの墓穴［Lum Fang Sop khong Wasittathi］』など。

　②娯楽物は、実生活から乖離していった。この傾向は市場での要求が高かった。コー・スラーンカナーンの『サーイトーンの家［Ban Sai Thong］』『ポッチャマーン＝サワーンウォン』『天の花［Dok Fa］』『強気な女［Dom Phu Chong Hong］』、ウォー・ナ・プラムアンマーロックの『謎［Pritsana］』『アナンの嫁［Chaosao khong Anan］』、ポー・インタラパーリットの『ポン』『ニコーン・キムグアン』などがある。また、ルアン・ウィチットワータカーンのサスペンス物やナショナリズム的歴史物、『愛の谷間［Huang Rak Weo Luk］』『チャムパーサックの天の花［Dok Fa Champasak］』『血盤［Phan Thong Rong Luat］』などもある。

　仏暦2500年以後のタイ文学は、第2次大戦期の流れを受け継いで発展していった。物語の内容は、「現実派」と「夢見派」に分かれるが、特徴は多様

であった。コ・スラーンカナーンは『天の花』『強気な女』で愛敬のある恋愛物を書いていた。同時期に、多数の作家たちが出現した。恋愛物以外にも、リアムエーンの『大王が原 [Thung Maharat]』など、農村の生活や自然と人間の戦いを描いた読み物もある。

娯楽作品が広く人気を呼ぶなかで、思想を表現し、社会状況を改革しようとする意欲を見せる作品もあった。シーブーラパーの『再びめぐり逢うまで [Chon Kwa Rao cha Phop Kan Ik]』『未来を見つめて [Lae Pai Khang Na]』、セーニー＝サオワポンの『ワンラヤーの愛 [Khwamrak khong Wanlaya]』『妖魔 [Phisat]』、シーラッタナ＝サターポンナワットの『この国は誰のものか [Phaendin Ni khong Khrai]』『奴隷の国 [Muang That]』、ソット＝クーラマローヒットの『青い血 [Luat Si Namgoen]』『ラヤー』などがある(16)。

仏暦2501－2510年の文学

①甘美な悲恋物や、特定の家族の内情や問題を描きだすもの。ブッサヤマートの『刻印 [Salak Chit]』、クリッサナー＝アソークシンの『人間の舟 [Rua Manut]』などがあった。

②男性の作家による超現実的なアクション物、英雄譚など。主役は超人的な英雄で、アウトサイダーとして描かれていた。この時期のよく知られているヒーローに、チープ＝チューチャイ、ローム＝ルッティクライなどがいる。

③普通の親しい関係にある男性どうしや女性どうしが、異常な愛情に陥る愛欲物。

④社会の各階層の人びとの実態を描写しようとするもの。著名な作家としては、『チャン・ダーラー物語 [Ruang Chan Dara]』のウッサナー＝プルーンタム、『さびた首飾り [Sanim Soi]』のロン＝ウォンサワンがことばの使いかたや構成の点で際だっていた。どちらの作品も特定集団の情愛生活の実態を描きだすことに力を置いていた。ほかに、シーラット＝サターパナワットの『天からの答えはなかった [Mai Mi Khamtop Chak Sawan]』『血の色の空

[Fa Si Luat]』が、農民の正義のための闘いを描きだしている。またダーウサワイ＝パイチットの『第8刑務所［Khang Paet］』のなかの「無法者の親分［Chaothin Anthaphan］」は、腐敗した刑務所制度と女囚の闘いを描いている。ロム＝ラティワンの『ポンと焼きあひる［Chao Pong kap Pet Yang］』は貧困層の生活を描写し、チェーン＝チェータナタムの『ケーンカンディー』は労働者の生活を描いている。

　このような、生活の実態を描写する手法は、現在に至るまで発展し続けている。この手法でオリジナリティーのある作家たちとして、ニミット＝プーミターウォン、カムプーン＝ブンタウィー、カムマーン＝コンカイ、スワンニー＝スコンター、ブンチョーク＝チアムウィリヤらがいる。

　ラーマ4世期以降、タイの文学の特徴はスタイルも内容も変化を続けてきた。変化の要因で重要なことは、西洋の影響である。そして、明らかな変化は、韻文より散文の方が好まれるようになったことである。文学の形態も、エッセイ、戯曲、物語、短編と多様である。近代的スタイルに準じた文学は、内容もそれまでとは異なっていた。物語構成は、神や仏よりはむしろ普通の個人としての人物の役割を重視するようになった。近代的物語は、物語描写が「現実的」であれ「空想的」な悲現実的なものであれ、あらゆる社会階層の人びとを描きだしていた。そして、近代のタイ文学をつくりだしたのは、王族、僧侶、農民に限らず、書くというあらゆる行為に関して、知識と関心と愛着を持つ人びとであった。

舞踊と音楽

　ラーマ4世は、演劇をおおいに奨励し支援した。またラーマ5世期には、王室行事や重要な行事において、王室演劇［lakhon luang］が演じられ、人びとはこれを鑑賞した。この時代は西洋演劇の影響が強く、新しい演劇の種類がいくつも生まれた。例えば、ドゥックダムバン劇［lakhon dukdamban］、

パンターン劇 [lakhon phan thang]、歌唱劇 [lakhon rong]、せりふ劇 [lakhon phut]、リケーなどである。

　ドゥックダムバン劇は、西洋のコンサートやオペラが混交したものである。考案者はナリッサラーヌワッティウォン親王で、上流階層の人びとが好んだ。宮廷内舞踊劇と同様、女性のみで演じられ、歌唱と台詞があり舞踊はない。

　パンターン劇の考案者は、チャオプラヤー・マヒンタラサックタムロンである。様々な民族の舞踊をタイ舞踊と折衷したもので、宮廷外舞踊劇に似ている。劇の題材は、伝承物語や外国の物語であることが多い。最もよく演じられるのは『王中の王物語』のサミンナコーンイン海軍挙兵の巻 [Ton Saming Nakhon' in Yok Thap Rua] とサミンプララームの志の巻 [Ton Saming Phraram Asa]、『プラアパイマニー物語』などである。

　歌唱劇は、ラーマ5世期に西洋の影響を受けはじまった。歌唱が主なものに、『プラルアン』『サクンタラー』『サーウィットリー』などがある。また、歌唱と話劇がまざったものに、『サーオクルアファー』『最愛の人形 [Tukkata Yot Rak]』などがあり、これはナラーティップラパンポン親王が考案者である。演じ手は普通の衣装を着て、踊りは踊らず、歌を歌って脚本に応じた動作をする。

　せりふ劇は、西洋の影響を受けたもので仏暦2415年に最初に演じられた。物語を展開させるのは、話術の妙である。台詞のみの劇に『マッタナパーター』『戦士の魂』があり、舞踊が入るものもある。話劇はラーマ6世期に最も盛んだった。

　リケーは、ムスリムのタイ人から受け継がれたもので、ラーマ4世期に現れた。イスラムの神をたたえる歌がもとになっており、タイの風土に合うように変えられている。ディケーというペルシャ語がリケーになった。演じる際はまずイスラム教徒が出てくる。踊りあり、歌ありで、ピーパート楽曲を用いる。即興で演じられ、物語の内容にそって即興で台詞を言う。よく演じられるのは、『ラックサナーウォン』『いかさま師ナーン・ケーオ [Nang Kaeo

Na Ma]』などの宮廷外舞踊劇である。

　現在の音楽は、ギター、ピアノ、エレクトーン、ヴァイオリン、太鼓、サクソフォーンなど、弦楽器も打楽器も吹奏楽器も西洋音楽の楽器が受容されている。歌謡も、ブルース、ジャズ、ロックなど西洋のものである。リズムも楽器も演奏スタイルも、現代はみな西洋の模倣である。徐々に、恋愛や悲劇などをタイ語の歌詞を乗せて歌うようになってきた。これは都会っ子の歌［phleng luk krung］と呼ばれている。一方、農村の生活を朗らかに、タイ独特のリズムに乗せて歌うものを農村の子の歌［phleng luk thung］と呼んでいる。音楽も歌も、西洋のものや西洋風のものをまねしていることが好まれるなかで、古典的なタイの歌謡［phleng thai doem］は人気を失っており、王室行事や宗教行事、名士が主宰する行事などでしか生き残らないと思われる。演劇や音楽の創作は、今日の社会のなかで、このような方向へ進んでいるのである。

課題例

　1．各時代におけるタイの芸術文化的作品を、各種集めるか調べさせ、グループごとにパネル発表させる。
　2．様々な芸術文化に関するスライドや写真を見せ、それらの保護、復興、発展についての意見発表をさせる。
　3．バンコクや他県の国立博物館を見学し、実際に芸術文化に触れる。見学から得たものや学んだ知識について、生徒に議論させる。
　4．教師もまじえ、芸術文化に関するテーマを決め、過去から現在に至るまでの変容について、また変容の因果関係について議論させる。

章末問題

　1．各時代における様々な芸術の発生は、その時代の人びとの生活と関連

しているということは本当か。またそれはどのようにか。いずれかの時代をあげ、一つ例を示して答えよ。

　２．仏暦19－24世紀におけるタイ社会の芸術作品は、どのような影響を受けてつくられたものか。

　３．現代のタイ国土に見られる、仏暦12－24世紀に作られた彫刻は、なぜ仏像や神像の形をとっているのか。

　４．アユッタヤー時代の文学的作品は、どのようなねらいをもったものであったか。

　５．芸術作品に、西洋文化の影響と混交はどのように見られるか。いずれかの芸術分野をあげ、一つ例を示して答えよ。

【注】
(1)　ヤシ科コリファ亜科に属するラーン（Corypha lecomtei Becc.）の葉。これを一定の大きさに切り揃え、片面に鉄筆と墨で文字を書き込んだものは、タイの伝統的な書物の形態であり、仏教典籍のほかに歴史、民俗、占星、民間医療関係の書物もある。

(2)　7世紀後半に台頭し14世紀後半にジャワのマジャパヒト朝に倒されるまで、マラッカ地域において東西交易を支配し栄えた交易国家とされる。スマトラのパレンバン、ジャンビに首都があったと考えられているが、マレー半島のケダーや南部タイのチャイヤーにあったとされる説もある。

(3)　7世紀以降、タイ中部にいくつかの大きな都市を形成してきた古代国家。モン語の碑文が残され、住民はモン人とされている。タイ中部のナコーンパトム、ロップリー、プラーチーンブリーが中心都市とされているが、タワーラワディーの影響を受けた仏教遺跡は、タイの南部、東北部の各地に見られる。その芸術文化は12世紀まで継承されたと見られている。日本では、ドヴァーラヴァティとも言う。

(4)　型に粘土や金属を流し込んでつくる小型の仏像。お守りとして身につけて使

用する。

(5)　スコータイはバンコクの北約440キロメートルにある県。13世紀初期、アンコール朝の勢力圏にあったクメール太守が統治する城市として栄えたが、アンコール朝の支配力が弱まったとき、二人のタイ人土侯がクメール勢力を駆逐し、1287年に最初のタイの王朝を建てたとされる。3代目の王ラームカムヘンは版図を広げ、北方のチェンマイやパヤオの王と同盟を結び、スコータイの安定を確保した。また南部タイから高僧を招き、いく多の寺院を建立するなど仏教の興隆に熱心であった。しかし14世紀には周辺の属国が次々独立し、南方のアユッタヤーの進撃を受け、やがてアユッタヤーに服属。15世紀半ばには王位継承者が絶え、アユッタヤーに吸収された。

(6)　ラーンナーは「百万の水田」の意。チェンセーンの王家に生まれたマンラーイが、北部タイ各地に版図を広げ、築き上げた王国。1296年に王都チェンマイを建設。16世紀半ばにビルマに破れるまで、マンラーイ王家の血筋にある王がチェンマイを統治した。18世紀半ばまでラーンナーはビルマの統治下にあり、統治法はタイの慣習にのっとったものであったが、美術・建築・信仰・服装など文化的な面ではビルマの大きな影響を受けた。18世紀末から19世紀にかけて、バンコク王朝と協力してビルマの排除に成功。ラーマ5世の時代の行政改革を受けて、タイ王国の一部となる。

(7)　12－13世紀にイラワディ川流域を中心として栄えた、ビルマ族の最初の統一国家。12世紀末ごろから本場スリランカの上座部仏教の流れを直接くむようになり、イラワディ川中流の東岸にある王都パガンでは、仏像がつくられ、堂や塔などの仏教建築物が盛んに建立されるようになった。

(8)　チェンセーンは北部タイの古いムアンの一つ。チェンマイ王国の創始者マンラーイ王の出身地。

(9)　アユッタヤーは、バンコクの北72キロメートル、チャオプラヤー川をはじめとする三つの川の合流地点に位置する都市。初代ウートーン王が都と定めた1351年からビルマに滅ぼされる1767年までの400年余、タイの王国として栄

えてきた。本文中にあるように、バラモン教と仏教による王権思想に支えられ、サクディナー制を柱とする秩序規定によっておさめられてきた。また王室は華人の商船であるジャンク船貿易を管理、自ら交易を行い、王朝の財政を潤してきた。王都は政治経済の中心のみならず、王族貴族の豊富な財力によっていく多の寺院が建立され、宮廷には文学や舞踊などのきらびやかな宮廷文化が花開いた。

⑽　宮廷内舞踊劇と宮廷外舞踊劇のちがいは、宮廷の内側で王族向けに演じられたものと、宮廷の外側で従者や一般の民衆に向けて演じられたものという点による。

⑾　シン＝ピーラシーはイタリア出身の彫刻家で、本名を Corrado Feroci。本書でも述べられる19世紀末から20世紀にかけての統治改革のなかで、数多くの外国人がタイ政府に請われて来訪、行政執務を担い、人員の育成や計画の任務に当たった。その分野は法律、財務、外交、教育、土木技術など多岐にわたった。その流れのなかで、政府による西洋式芸術の導入、国家レベルのモニュメント設置などの方針が浮上。シン＝ピーラシーは1923年に芸術局に請われて来訪し、西洋美術の教育や西洋式彫像の制作に当たった。後に創設される芸術大学の教授を務めた。

⑿　ティアンワンは、ラーマ５世期の思想家・評論家。本文中の二著には、タイ社会・法律・哲学・文学等に関する評論が盛られ、一夫一婦制、議会の創設、戸籍の創設などを提案し、政治改革を訴えている。

⒀　カムチャンはタイ語の詩の形式の一種。タイの韻文には、カープ、クローンなど様々な形式のものがあり、それぞれ韻の踏み方や語数などに厳密な規定がある。主に宮廷文化において栄えた。それぞれの形式の規定を踏まえた上、情緒豊かに詩を詠むことが、かつての教養人のたしなみであった。

⒁　タイ語では頭子音と母音、末子音の組み合わせで語ができる（場合によりさらに声調記号がつく）。子音字は44あり、一つの子音に複数の文字が対応しているものがいくつかある。例えば、「人 [khon]」の kh と「もの [khong]」

のkhでは、文字が異なる。また母音aiの表記は3種類あり語によって違う。このように必ずしも同じ音が同じ文字で表記されるわけではなかったので、ピブーン政権では繁雑さを避けるために音の重複するいくつかの文字を廃止したが、この政策はピブーン政権の没落とともに無に帰した。

⑮ メーアノン（本名マーライ＝チューピニット）は、数多くの小説・評論を記す作家活動の傍ら、多くの新聞の編集にも携わり、その他、国会議員や大学講師などの公職にもついた。代表作はリアムエーンの筆名による『大王が原』など。

⑯ 国家主義ラッタニヨムの時代の共産主義への警戒は、戦後のピブーン政権時代、そしてサリット元帥の軍事独裁時代になおも強まり、マルキシズムの影響を受けた作家や学者たちは、両政権の言論統制に苦しめられた。多くの知識人たちが筆を折るなかで、本文にあげられたシーブーラパーは獄中でも創作活動を続けた。政府の言論統制に反対し、人間の平等、社会の公正を掲げて民衆の心をうたい続けた詩人・歴史家であるチット＝プーミサックは、サリット政権の反共政策のなかで粛清され、命を落とした。タイの小説の多くを恋愛物が占め、政治小説のジャンルに含まれる物が少数派であるのは、政権によるこうした体制批判の封じ込めが原因といわれる。吉岡みね子『タイ文学の土壌－思想と社会－』（1999年、渓水社）参照。

第 3 章

タイ経済の変容

学習目標 タイ経済の変化を促した、主なでき事について知識と理解を得る。

◇方針◇

1．現代に至るまでのタイの経済構造について理解し、説明できるようにする。

2．タイ経済の変容を促した主なでき事の例をあげ、説明できるようにする。

3．タイ経済の変容を促したでき事を分析し、問題の解きかたを身につける。

4．絶対王政期と民主主義の時代のタイ経済の変容について説明できるようにする。

経済とは、生産、消費、交換など、重要な人間社会の基盤となる活動を指す。人間社会の経済は、簡素で単純で自然に依存した状態から、複雑多様で自然への依存が減り、自然に打ち勝とうとする姿勢を持つものへと変化し続けてきた。

　タイ社会も同様であった。タイの経済も、簡素で生産も生活も自然に依存した状態から、生産も消費も交換も複雑な状態へと、大昔から現在にかけて変化してきた。タイの経済史は大きく二つの時期に分けることができる。一つは自給経済［setthakit baep yangchip］（self-sufficient economy）の時代で、古代からラッタナコーシン朝のラーマ4世期（仏暦2394－2411年）に外国との自由貿易を開始するまでの経済を指す。もう一つは貨幣経済［setthakit goen tra］（money economy）の時代で、外国との交易が社会における重要性を大きく増した時期がはじまりに当たる。そして、タイが、現在のタイ経済の原則である資本主義に適応しはじめた時期であると言える。

自給経済

　タイの政治社会の特徴については、ムラ、ムアン、領国、王国、国家というタイ人の共同体を思い浮かべることができる。それぞれ、バーンチアン、バーンカオ、タワーラワディー、ロップリー、スコータイ、アユッタヤー、トンブリー、ラッタナコーシンがそういった共同体である。一方経済面では、生産、消費、交換といった基準で共同体をとらえなければいけない。古代のタイ社会では、生産単位として最も重要であったのはムラであった。消費と余剰生産物の交換を担当するのはムアンであった。したがってここでは、自給のための生産を行うムラと、古代経済の中心であったムアンについて言及する。

ムラ

　ムラにおける自給経済は、たいへん広い意味を持っていた。それは、以下のようである。
　①大昔のタイのムラにおける生産は、売るためではなく、家族あるいは共同体の消費を支えるという目的があった。北部、東北部、中部、南部のどの地域でも、スコータイ時代以前の大昔から、タイの村落では主食である稲を植え食料にするという基本的な生産の形があったことがわかっている。したがって、古代のタイ人共同体を農耕社会と呼んでもまちがいはないであろう。生産の目的は自分たちを養うことだけであったから、生産量は限られており大量ではなかった。限られた労働力や、位階田制による土地支配という政治的社会的条件が、生産量を少ないものにしていたのである。
　②自給経済の農耕は、原則として自然に依存していた。水は雨水や河川の水を使った。農民たちは、水を田に引き入れるために水路を掘ったり、北部

にあるような水を蓄える堰をつくったりした。また、雨に恵まれなかった年は収穫が少なかったなどと、農耕がいかに自然に依存せねばならなかったかに言及している歴史的史料もある。

　田畑を起こすのには人や動物の労働力が必要だった。開墾したり、耕したり、籾や種をまいたり、収穫したりするほか、脱穀にも水牛を使った。機械はまだなかった。それでもタイの農民は、自然に適応して農耕技術を進歩させてきた。品種を選び抜いたり、収穫や脱穀や植えつけの道具を工夫したり、土地に合うように植えつける作物を入れ替えたりした。人間の労働力は農耕においてたいへん重要だった。しかしタイ社会には身分制度のもとで労働力には限りがあり、人口も少なかった。それゆえ、農耕は共同体が協力する形へ発展した。結 [ao raeng, long khaek] と呼ばれ、共同体のなかで労働力の配分を行ったのである。このような方法によって、村落共同体ははっきりとした特色のあるものとなり、生産にもはっきりとした目的が現れた。共同体を養うという目的である。

　また自然に依存しているということは、米以外の食物についても言える。人びとの食物は、イノシシ、シカなどの大型動物を狩ることによっても賄われた。肉のほか皮や角は道具として使われた。また、野鳥や虫、川や沼の生物も食料にした。森や水源は、人びとの大切な食料供給地だったのである。また森からは、病気やけがを治療する薬草や、燃料もとれた。ほかにも森には、貴重な天然資源がたくさんあったのであ

稲作は自給経済におけるタイの生活の基盤であった。当時は主に人間や動物の労働力と自然に依存していた。

る。

　要するにタイの農民の生産と生活は、自然に依存し、適応することで存続してきた。また別の言いかたをすれば、彼らは共同体と自然環境との均衡を最大限に保つよう心掛けていた。必要以上の生産はせず、共同体と自然との均衡は保たれていた。

　③自給経済では、農民たちは生活に必要な道具はすべて手づくりした。衣服をつくるために、綿を植えて機(はた)を織ったり、土をこねて土鍋や瓶をつくったり、鎌や鋤(すき)、鉈(なた)、スコップなどの農具もつくった。魚をとるための大網や引き網、たも網や、かごやざるなどの日用品、大小の動物をとらえる道具もつくった。つまり、農民は職人でもあった。自給経済では、明確な職業分けは存在しなかった。農民は作物も、生活に必要な道具もつくらねばならなかった。農民はあらゆるものをつくったが、残したりためておく必要はなかったので、大量につくることはなかった。

　このような生産様式からは、それぞれの共同体は、外の社会と接触せずとも生活することができるように見える。だが実際は、近隣や遠方の共同体どうしの接触はあった。北部では古くから交易による接触があった。自給経済における交易は、次のような条件によって行われていたと考えられている。一つには、雨の恵みがあるなど気候のよい年は、共同体の内部で消費しきれないほどの収穫があったので、外へ持っていき不足しているものと交換するということである。例えば、米を持っていって、魚がとれすぎて交換用に干魚にしている土地で塩や干魚と交換する。

自給経済のもとで、農民が耕作以外の作業として日用品を作製する様子を描いた壁画。

もう一つには、消費しきれないものを持っていって、塩など自分の所にはない品物と交換するということである。あるいは、自分の所よりもその場所でつくられた方がよい物と交換する。例えば、刃物などの日用品である。つまり、自分の所で余った物と、自分の所でつくるよりも品質のよい物や、自分の所にはないが必要な物とを交換するのである。

タイ人と華人商人との物物交換の様子を描いた壁画。

④交易とは交換である。大昔の交易には、品物の価値を決める貨幣というものはなかった。したがって、交易は物物交換（barter system）であった。どれほどの米とどれほどの塩、あるいは何本の刃物とが交換できるかなどというように、交換し合う双方が、品物の価値をとり決めるのである。

つまり、自給経済のもとでは、生産物が共同体の間を移動しても、貨幣はかかわることはなかった。品物の交換の際の双方の取決めは、決して固定的なものではなく、仲介する貨幣は存在しなかった。

ムアン

仏暦1893年のアユッタヤー建都以前の経済状況については、人類学者たちがなにからも束縛を受けない自由な村落共同体の存在を指摘している。だが実際は様々な村落が互いに対立したり侵攻したりし、実力のあるムラの長が、ムラを大きくし、他のムラを掌握してムアンをつくっていたとも考えられている。ムアンは、ムラを掌握し統治する役割を持ち、ムラどうしの対立や侵攻を解消した。

ムアンには、ムラを保護する役人[munnai]がいた。いくつかのムアンの中心には、それぞれのムアンを管理する中央権力である王都[muang luang]があった。王都の王は、位階田制における最高位の役人だった。

役人がムラを保護すると、村民は役人に、労働力や品物など様々な形で税を支払わなければならなかった。位階田制における農民あるいは平民は、毎年一定の期間、役人に仕えて働く[khao wen rap ratchakan]ことが義務づけられていた。この賦役労働は、役人の土地の農耕作業であったり、宮殿、寺院、道路、城壁、水路の建設などの土木工事、象狩り、王族の休息所や火葬場の建設などであった。

位階田制のもとでは、平民は毎年一定期間、役人に労役を課された。

平民がなんらかの理由で労働奉仕ができない場合でも、平民は代わりに役人に物納をすることが法律で決められていた。この物税をスワイ、このような物税をする平民をプライ・スワイという。こうしておさめられるスワイは、特定の地域でしか手に入らない物であることが多い。役人は、平民から地元の産物をスワイとして集めた。元来スワイは、役所の業務に役だてるための制度であると考えられていた。火薬にするための硝石をおさめさせたり、宗教的な物や飾りに使うために金をおさめさせたりするなどである。

やがて余剰生産物ができ外国と交易をするようになると、スワイは役人が輸出したり、王都アユッタヤーや他のムアンにやってきた外国の商人に売るための品物となった。硝石、鉛、香木、獣皮、象牙、米、鉄、銅、燕の巣、錫などのスワイは、重要品目として王室が独占してとり扱うことを言い渡し

た。

ラッタナコーシン時代初期、中国との交易が盛んになり、なかでもスワイとして集められた森林の産物が好まれた。したがってスワイは、貴族や王族にとって重要な収入源であった。またラッタナコーシン時代には、米、砂糖、胡椒などの重要性が増したので、政府は米、胡椒と砂糖きびの生産を奨励した。生産量は伸びはじめ、この時点でそれまでの自給経済は変化をはじめた。

自給経済のもとでは、村落は生産の基盤であった。一方ムアンは、村落の余剰生産物をスワイの形で供出させ消費した。

昔のタイでは、税は物で支払われていた。例えば稲で支払う水田税 [akon kha na] は、毎年決められた量の米を役所におさめなければならないものである。また、果樹税 [akon suan] は、収穫した木の数に応じて徴収された。

徴税期には、各ムアンの下級役人が村落から税を集め、王都へ送らせた。スワイや税を集めると、役人はその一部を自分のものにし、残りを外国へ輸出した。この意味において、自給経済構造のもとでは村落が生産の基盤だった。村落では自給が目的であったが、余剰生産物や自然から収奪したものをムアンの役人に送らねばならなかった。役人はこれらの余剰物を外国へ輸出したり、外国の商人に売ったりした。ムアンの役人は、農民から集めたスワイや税によって暮らしていたのである。

ラッタナコーシン時代初期の交易の発展と経済の変化

　貨幣経済あるいは資本主義経済以前のタイで、ラッタナコーシン時代の初期（ラーマ1世からラーマ4世まで）にきわめて重要な変化があった。それは、交易の変化、華人の移入、税制の変革の3項目に分けられる。

交易の変化

　ラッタナコーシン時代、交易相手は中国に限られていた。アユッタヤー時代の輸出品は森林の産物であったのに比べ、この時代の中国への輸出品は、生産過程を経ているという点でアユッタヤー時代とは異なっていた。アユッタヤー時代の主要輸出品目は、重量が軽く船荷として場所をとらず高価なものであった。一方、ラッタナコーシン時代は、重量は重いが価格が低いものを輸出するようになった。したがって、高収入を得るには大量のものを輸出しなければならなくなった。飢饉が多く収穫の少ない中国は広大な市場であり、タイの輸出品は需要が高かった。このような事情は、タイ社会に深い影響を及ぼした。当時の貿易は、上流階層による独占貿易であったが、生産基盤は農村であった。生産を増やすならば、スワイを増やさねばならなかった。もう一つ役人が行ったのは、生産物を農民から買いとることであった。

アユッタヤー時代からラッタナコーシン時代にかけて、ジャンク船が主に外国との交易に使用された。

ラッタナコーシン時代、タイの農民は、はじめて売るための生産に駆り立てられるようになったと言えよう。一部の学者は、当時のタイの経済構造を、輸出のための生産と自給のための生産が一つの構造に混在していた、と評している。余剰生産物の売買規模は、まだ大きくはなかった。タイの貿易は、プラクラン・シンカー[1]、つまり王と上流階層による独占体制のもとにあったからである。このため、二つの生産分野が位階田制社会のもとに混在していた。だがこのような状況は、やがて独占が廃止された時に消滅した。

華人の移入

ラーマ2世のころ（仏暦2352－2367年）以降、タイや東南アジア地域に移り住む華人の数が増えていった。多くの華人が、大規模な砂糖きび農園、精糖工場、胡椒農園などの新しい産業を興した。また、ナコーンチャイシー、チャチューンサオ、チャンタブリーなどの中部の地域やチャオプラヤー川沿岸域に入り込んでいった華人も多かった。彼らは、米や農産物を買いとり交換する仲介人としての役割を担うようになった。また一部の華人は、王室倉庫[rong phrakhlang singkha]の役人になったり、王室貿易船[rua samphao luang]の船員になるなど、王室の貿易事業に参入していった。これらの華人移民は、タイの上流階層の商業を効率のよいものにしていったばかりか、新しい生産様式をも切り開いていった。

ラッタナコーシン時代、農業や運河掘削、道路建設に従事する労働者として、華人が数多く移入してきた。図は商売をする華人。

税制の変革

　ラーマ2世期以降の上流階級による貿易の拡大によって、貨幣という、より確固たる形の収入が必要となってきた。そのことが、ラーマ3世期（仏暦2367－2394年）の税の徴収方法の変革を引き起こした。徴税請負人制度が導入されたのである。もともと役人には様々な階級があって、下級の役人が徴税を受け持ち税を王都へ送った。だがこの徴税システムでは、中央政府は完全な額の税を受けとることはできなかった。古い時代の役人には給料が支払われなかったため、どの階級の役人も税の一部を着服していたのである。王室の倉庫に入るまでに、税額の不足が生じることがたびたびであった。税の滞納も慢性的であった。

　徴税請負人制度とは、役人の代わりに民間人に税の見積りと徴税をする許可を与え、徴税をした者に毎年税金の総額を政府に供出させるものであった。徴税請負業務の希望者がそれぞれ税の見積りを役所に提出し、その額が最高だった者が、徴税請負人の地位を得ることができた。プーケットのアヘン税、クルンカオの酒税、ナコーンチャイシーの賭博税などは、こうしてできた税金であった。この徴税請負人制度によって、政府は毎年安定した収入を得ることができたばかりか、民間人に徴税業務という重荷を押しつけてしまうことができた。当時の史料は、政府の収入は大幅に増え、王室財政に富をもたらしたことを物語っている。

　徴税請負人制度の設置と同時に、ラーマ3世は、新しい税を38種目創設した。これは、ラッタナコーシン朝初期における重要な財政改革とみなされている。

　徴税方法の変革と多くの新税設置は、徴税請負人にも直接的な変化をもたらした。蓄財を重ねた者が、新たに徴税請負人としての役割を担うことができるようになったのである[2]。だが、タイ人が徴税請負人になることはできなかった。タイ人は多くがまだ自給的な生産に従事しており、蓄財などして

いなかったからである。その上、このような課税の経験も少なかった。こうして、徴税人としての任務についたのは、商業活動によって財を成し、徴税業務のなかで商業経験をいかすことのできる華人であった。このため、華人は、タイ社会における資本家の第一世代へと成長する、重要な機会を得ることができたのである。

　仏暦24世紀末、タイ経済の内部では明らかに変化が生じていた。それは、外国との交易の拡大、華人の移入、政府の財政改革から起こったものであった。これらは、平民たちにも一定の影響を与え、やがて大きな変化をもたらすのである。

貨幣経済

　タイの経済構造を自給経済から貨幣経済へと変化させた最も重要な要因は、仏暦24世紀末、諸外国と通商条約を結んだことであった。仏暦25世紀になるとタイ経済はより広範な影響を受けるようになり、適応というよりむしろ変革を強いられるようになった。

西洋諸国との通商条約締結

　ラーマ2世期以降、バンコクにはかつてないほど多くの西洋人が流入し、商業に携わるようになった。当時のタイの統治者層は、それらの西洋人たちにはたいした注意を払ってはいなかった。その理由は、次のようなものであった。

　①諸外国との交易を独占していた上流階層の人びとは、巨額の利益をあげられる中国との交易にもっぱらいそしんでいた。このため彼らは、基本的に中国関係の商売だけを発展させることを考えていた。例えば、交易に便利なように中国の貿易船［rua samphao chin］を利用する、貿易船の乗組員に華

人を登用する、華人資本家と提携して、砂糖、胡椒など中国市場での需要の高い品物の生産を奨励する、などである。

②西洋人との交易は、文書による契約が必要で煩雑であった。また、当時のタイの統治者層は、東南アジア地域で存在感を強めはじめていた西洋人に対し、不信感と脅威を感じていた。

一方、西洋人側も当時のタイの交易のやりかたに不満を覚えていた。

①タイの交易は、プラクラン・シンカーと呼ばれる王室の部局によって独占的に行われていた。このため、西洋人はプラクラン・シンカーを通じて商品を売り買いせねばならず、不便であった。商業における自由主義（laissez-faire）が、当時の西洋における主要な経済思想であり、彼らは市場システムが自由で介入が少ないほど、商業が発展すると信じていた。この原則に反するタイの交易方法は、彼らにとって廃すべきもの同然であった。

②当時タイ王室によって課されていた輸出税と輸入税は、税率も税額も不安定で不平等なものであった。西洋人商人は、華人商人よりも高い税率を課せられたのである。

③タイ王室は、高い収入をもたらすと予想した商品を先に買いつける権限を持っていた。また、商人から安い値段で買い上げることもできた。王室が関心を寄せず残った商品を、商人に売らせたのである。

西洋人商人が抱いた不満は、ある重要な問題から発していた。その問題とは、華人や上流階級のタイ人との交易競争に参入できないというものであった。シャム[3]での交易を経験した西洋人商人は、この問題を解決するように自国の政府に請願した。こうしてイギリスは仏暦2364年にジョン＝クロウファード（John Crawfurd）を、続いて仏暦2368年にヘンリー＝バーネイ（Henry Burney）を派遣してきた。だが、この二つの使節は、交易の障壁を完全にとり払うことはできなかった。バーネイとの条約では、ラーマ3世は王室が持つ商業上の特権を縮小することに同意したが、独占を完全に廃止することはしなかった。

一方、アメリカはラーマ3世期末にジョセフ＝バレスティアー（Joseph Ballestier）を派遣してきた。同時期にイギリスは、ジェイムズ＝ブルック（James Brook）を派遣し、条約の改正を申し入れた。だがラーマ3世は応じず、交渉は決裂した。

仏暦2394年にラーマ4世が即位したころ、国際関係はおおいに変化した。中国はアヘン戦争（仏暦2382－2385年）[4]に敗北し、ビルマもイギリスとの戦いに破れ、領域の一部をイギリスに奪われた。ラーマ4世は、西洋人がタイに望んでいることは自由貿易であると考えた。当時、売るための生産ということがタイ人にもある程度意味を持つようになってきていた。身分制の厳密さも弱まりはじめ、上流階級も平民も、商業経済によって利益を得ることができるようになっていた。ラーマ4世は、自由主義商業はそれまでの商売の方法よりも大きな利益をもたらすと考えたのである。

イギリスが、通商条約の改正のために仏暦2398年にジョン＝バウリング（John Bowring）を派遣するまで、タイとイギリスは緊張関係にあって、タイは独立を脅かされそうになっていた。だがラーマ4世は、近隣諸国の状況を調査し、イギリスや他の西洋諸国がどのような商業的利益を望んでいるのかを理解した結果、緊張関係を軽減する方向へ事態を改善していった。そしてバウリングが到着し、条約改正交渉は成功した。バウリング条約と呼ばれる条約が成立したのである。

この条約の経済的側面の要旨は以下のようなものである。

①独占貿易を廃止し、イギリス人商人がタイ

ラーマ4世に謁見するジョン＝バウリング。

人と直接商売をすることを許可する。ただし、武器類は王室のみに売却すること。

②イギリス人商人は、あらゆる商品をタイ国外へ輸出することができる。ただし、タイ国内で米、塩、魚の不足が生じた場合には、政府は輸出を差しとめる権限がある。

③輸入税は3％と定める。また輸出税は条約で定めた税率とする。また、タイ政府による税の徴収が済んだ商品には、その後いかなる税も課すことはできない。

この条約は、失効期限が定められていなかった。条約の改正、および廃止は、条約相手国の同意を得て、調印後10年以上たってからでなければならなかった。その他、この条約はイギリスの治外法権を認可していた。例えば、イギリス保護民とタイ人との間で訴訟が起きた場合には、イギリス法廷で裁判を行うこととされた。これは、タイ政府にとっては重要な政治的問題であった。タイ政府は、イギリスの治外法権を放棄させるまでにたいへん長い期間を要したのだった[5]。

経済面では、この条約ははじめてタイに自由主義商業をもたらしたと言えるものだった。プラクラン・シンカーは廃止され、一般の平民にも商売のために生産する機会が開かれた。税制の面では、条約によってタイの財政には規制が設けられた。税率を上げるには条約相手国の同意を得なければならなかった。このため、やがてタイ経済が発展したとき財政面での問題に直面することとなった。

仏暦2398年のバウリング条約のもたらした重要なでき事は、その後タイ政府が諸外国との同じ内容の条約の締結を促したということである。諸外国とは、アメリカ、フランス、デンマーク、ポルトガル、オランダ、ロシア、そして日本である。バウリング条約は、諸外国が次々にタイと関係を結ぶきっかけとなった。さらにこの条約は、その後長期間にわたって、タイ政府に経済的問題を突きつけることとなったのである[6]。

貨幣経済の構造とタイ社会の変容

　西洋諸国との通商条約締結後、タイの経済構造は明らかに変化した。まず、貨幣経済の特徴を定義しよう。貨幣経済とは、貨幣が交換、売買、投資の媒体となり、人びとの関係を規定する要素となる経済制度のことである。
　貨幣経済は、タイ社会にも次のような変化の要因をもたらした。
　①最下層民である農民は、自分で消費すること以外に市場へ売りだすという生産の目的を持つようになった。このため生産量は増え、労働時間も増えた。米を売り金を稼ぐと、衣類や薬、道具など日常の必需品の購入にそれを当てた。現金が必要なために生産量を増やし、そのために農薬や肥料、機械などの技術に頼ることが必然となった。これらの農業用品は現金で購入できるようになり、自然に依存することは少なくなっていった。中部では自分で布を織ることをやめ、廉価な機械製の衣服を買うようになっていった。
　村落共同体は、市場システムと村落の外部に依存しなければ存在できなくなった。農民は、自分たちの生活維持に必要なものをすべて自給できなくなったからである。生産物の品数は少なくなり、数種類の品物を大量に生産するようになった。一部の学者はこの状態を自給経済の崩壊とみなしている。
　②ムアンは、農村が国内外へ売りだすために生産した商品を吸い寄せる場所となり、新しい構造を持った都市になった。都市社会は農産物を生産しない代わりに農村から購入し、それを王都へ送りだすという、産品の集積所であった。バンコクは、輸出の玄関口であった。また都市は、ほかで生産された商品を農村で売るための商品集配所でもあった。したがって都市は、農村から外部へ、また外部から農村へ商品を流すことで利益をあげる場所であった。
　③タイの経済は、適材適所の生産分業を行う世界経済の一部に組み込まれた。タイの場合は、米、チーク材、ゴムなどの一次産品の生産国となった。世界経済に参入することで、タイは外部の変動に敏感に反応するようになっ

た。例えば、米が豊作になり世界市場での価格が下落すると、農民も低価でしか米を売れず、借金が増えることになった。

　仏暦25世紀初頭から、タイの経済は大きく変容した。新しいシステムのもとでは、貨幣は非常に重要な意味を持ち、富の源泉となり、社会的地位を規定する新しい目安となった。

様々な産業の変化

稲作産業

　米の生産量の拡大は産業のなかでも最大だった。米は、自由貿易がはじまって以来、国の主要な輸出品となったからである。耕地面積の拡大により米の生産量は増えた。ラーマ4世期初頭には580万ライ[7]でだった耕地面積は、ラーマ5世期末には1150万ライ、ラーマ6世期が終わるころには1810万ライとなり、この数字からも耕地面積の拡大は読みとれる。主要な開墾方法は、運河の掘削である。特に、チャオプラヤー川の東岸と西岸は、国内で最も重要な稲作地帯となった。

　耕地面積の拡大からは、土地の所有権の発生という問題が生じた。それまでタイ社会では、土地は王のものとみなされていた。米が主要輸出品となり、土地は重要な生産の一要素となった。新しい生産構造に対応するために、一般人にも所有権というものが発生し、それが稲作の拡大を促す起爆剤になった。チャノート・ティーディンという、開墾した土地の所有を証明する文書が、新しい経済構造とともに生まれた。土地所有の権利を得る方法は、土地を買うことであった。一般人よりも上流階層の人びとがこの方法で土地を手に入れることが多かった。一般人は、それまで蓄財をする機会がなく、多くの農民は生産性の低い土地しか持っていないか、小作農民であった。

生産方法の点では、農耕機械を導入する試みもあったが粗悪なものが多く、まだ人や家畜の労働力に依存していた。

稲作の拡大とともに、ラーマ4世期以降精米業も成長した。華人や西洋人の商人が精米業に投資し、中国人移民が苦力となって精米所で働きはじめた。当初は精米所の多くはバンコクにつくられたが、徐々に他県にも広まっていった。

運河掘削は耕地拡大の重要な手段だった。図はラーマ5世期の主な灌漑事業である、ランシット運河の一部ラピーパット運河掘削の様子。

林業

木材は元来、北部の領国の首長が掌握していた商品であった。彼らが華人やビルマ人に伐採権を与えて利益を得ていたころ、林業は小規模なものであった。だが、バンコクが中央集権を確立したラーマ5世期の時代、北部の森林伐採権付与の権限は中央政府に帰することになった[8]。そのころ、ビルマで林業に従事していたイギリスの会社が、バンコク政府に伐採権を申請してタイの森林へ投資の拡大をしてきた。林業は近代的な技術を必要としたため、タイの林業は全面的に西洋人が主導権を握るようになった。しかし、実際の肉体労働に従事していたのは、カム族などの現地民たちであった。

錫鉱業

錫鉱山は、タイ南部のプーケット、パンガー、タクアパーなどに多く分布しており、ラッタナコーシン時代初期から、外国商人が南部の錫を買いつけ

るようになっていた。そのころは、人力を主とする簡素な方法による生産だった。ラーマ5世期、錫鉱業が重要性を帯びてくると、大勢の華人やイギリスなど西洋人の資本家たちが、プーケットの錫鉱脈の調査を申し入れ、

ラーマ5世期、バンコクの製材所で働く苦力。

鉱山を開きはじめた。錫鉱業は多額の投資と先進的技術を必要とする事業だったので、タイ人がこれに参入することはまったくできなかった。当初、錫の事業に従事していたのは、主に華人資本家たちであった。彼らは、本国から安い労働力を鉱夫として呼び寄せることができたからである。徐々に西洋人が、採掘船などの先進的な機械を導入しはじめ、錫の事業では華人に代わって西洋人が果たす役割が次第に大きくなっていった。

商業

およそラーマ4世期からラーマ5世期にかけて貨幣経済が成長し、タイが世界市場に商品を供給する役割を担わされるようになるにつれ、タイでも商業分野が発達するようになっていた。米売買業、米

錫精練工場の西洋人経営者と華人労働者。

輸出業、木材売買業、錫売買業、商社、銀行などである。これらは、それぞれの業界で取引きの便宜をはかるための事業だった。これらの事業は、資本と経験を必要とした。このため、蓄財が可能で、下層から上層までのタイ人と人間関係を築き上げていた華人が、商人としてタイ社会に参入し、生産者と海外市場をとり結ぶ仲介人としての役割を担うことになった。

財政の変革

　ラーマ5世期以前の政府の財政経営と歳入歳出には秩序がなく、複雑であった。その理由は、
　①歳入歳出の予算というものが存在しなかった。
　②徴税制度は効率が悪く、物納と金納の両方があった。また徴税方法は、徴税請負人を介した方法や役人に支払う方法などいく通りもあった[9]。
　③王室は、集まった税の全額を手にできるわけではなかった。一部の王族や貴族が税の一部を着服していたため、収入は分散した。
　ラーマ5世の統治改革は、中央権力の確立を目ざしていた。そのなかで、税収入を一つの部署で掌握するために会計検査院［Ho Ratsadakonphiphat］が設けられ、国家の財政経営と徴税、予算管理を行う大蔵省［Krasuang Phrakhlang Mahasombat］が設置された。

収入

　新しい財政経営を目ざした改革を開始した当初の政府の財源は、国内で徴収する税金であった。なかでも重要だったのは、アヘン税・賭博税・酒税で、税収入の40％を占めていたと言われる。このような財源構造はラーマ7世期まで続いた。政府は社会的悪習を税収源にすることの問題性を理解してはいたが、当時の政府にはこれに代わる税収源を見いだすことはできなかった。

タイ社会の貨幣経済はまだ未熟で、生産にかかわる多くの人びとは現金で納税することはなかった。このため政府は、このような税収源を認めざるをえなかったのである。

　また政府は、必要に応じて輸出税や輸入税の税率を引き上げることができなかった。税率の引き上げには、西洋諸国と新たに条約を締結することが必要であったからだった。当時の政府は、自らの財政を改善する自由を欠いており、このような不平等条約を改正する努力を、タイ人は長きにわたって強いられていたのであった。

支出

　仏暦25世紀初頭以後、タイ政府は西洋帝国主義の脅威に直面していた。タイの指導者層では、この危機を脱するために近代化に向けての国家体制を整えていた。近代化の方針は、政府の金の使い方から見てとることができる。ラーマ5世期からラーマ7世期にかけて、政府は予算の大部分を国防に注ぎこんでいた。省庁の序列は、その重要度順に軍務、内務、交通、大蔵、法務、農業、教育、商業と続いた[20]。国家安定のための予算は、中央政府の地位安定にとって重要だったとはいえ、政府が金を使っても国全体の経済成長には結びつかなかった。農業、商業、教育などの多くの人びとの生活に影響力を持つ省庁に対しては、指導者層の関心はあと回しになり、これらの省庁への予算配分も小さかったのである。

　政府は、国家の安全と安定を促進することをもくろんで投資をしたのであった。国内の安定を目ざした軍事力開発と鉄道建設などである。それでも当初は、政府が大きな経済的問題に直面することはなかった。国土は豊かで、耕地に適した土地はふんだんにあり、農地や生産の開発に対する政府の投資は小額ですんだので、問題は生じなかったのである。

財政危機

　自然に依存した従来の生産様式は、不安定な生産の原因となった。3年間連続して干ばつと洪水に見舞われたタイでは、仏暦2462年、稲の凶作がもとで政府の税収は赤字になり、農民は借金に苦しんだ。加えて第1次大戦後の不況が原因で物価は下がり、政府は米を売れなくなった。これらは政府の財政に打撃を与え、その後何年も予算は赤字続きだった。
　この財政破綻の原因は、次のようなものである。
　①タイ政府は、国の経済基盤を整えることに関心を払っていなかった。特に、自然に依存した農業には無頓着だった。
　②官僚制度が拡張し続けており、政府の出費は増え続けていた。
　③自国の財政に主体的にとり組めなかったため、政府はそれまでに新しい財源を見いだしていなかった。
　財政危機は、絶対王政に大きな衝撃をもたらした。人民党[11]はこれを政権の重要な問題点であると指摘し、やがて絶対王政を終焉へと導いたのである。

民主主義体制下のタイ経済

　仏暦2475年の立憲革命から今日までは、経済政策の観点から次のように大きく二つの時期に分けることができる。
　①ナショナリズム体制下の経済の時代（仏暦2475－2500年）
　②国家経済開発計画の時代（仏暦2501年－現在）

ナショナリズム体制下の経済

　タイの経済が西洋世界の経済体制に組み込まれ、資本主義経済の体制が生まれた。西洋人や華人の資本家が、タイ経済において大きな力を持つように

なった。仏暦2475年の立憲革命以降は、これら外国人資本家の影響力をおさえ、タイ人による投資を奨励しようとする動きが政府のなかに出てきた。人民党が政権についてから発した布告は、経済の原則として、人民が仕事を持って豊かに暮らし、国家が経済的自主性を維持することを目ざす経済計画を立てることとしていた。このことからも、外国人資本家の進出を阻止し、タイ人資本家の成長を促進するねらいが見てとれる。この原則を実現させるため、二つの政策が策定された。

①プリディー＝パノムヨンの経済計画［Khaokhrong Setthakit］

　プリディー＝パノムヨンは、人民党を結成したメンバーの一人であった。彼は、経済問題の解決方法を、共同組合を形成することとして提示した。彼は、政府が土地改革を行い多くの人が自作できる土地を所有できるようにすることや、政府が土地を買い上げ、人民に分け与えることなどを提案した。だがこれらの提案は、一部の人民党員の反対にあって退けられた。

　また、人民党政府は、それまですべての男子に課せられていた年6バーツの王政への人頭税［goen kha ratchakan］を廃止し、個人の所得によって額を定める税を導入した。これは、社会的な公正を意図した徴税方法であった。

②ナショナリズム経済政策

　これは人民党の政策であった。特に、第一次プレーク＝ピブーンソンクラーム内閣（仏暦2481－2487年）は、ルアン・ウィチットワタカーン[12]をブレーンに迎え、外国の経済的影響を規制し、タイ人を商業に従事させようとした。そうすることで、タイを諸外国と対等な地位に立たせることができると考えたのである。人民党は、この政策の実現のためには政府が国家経済に介入することが必要と見て、タイ人の間で資本主義を振興し、なんらかの形で政府が資本を投下することを考えた。この政策の実行にあたっては、次の二つのプロセスがあった。

　Ａ．ナショナリズム経済政策の初期段階　　タイが仏暦24世紀末から引きずっていた諸外国との不平等条約を廃止し、新たな原則や法律を定めたこと

を指す。特許年数を短くすることで西洋人の工業分野の独占を抑え、政府がたばこ産業や石油産業などを買収した。

　B．ナショナリズム経済の拡大と政府資本　　第一次ピブーン内閣の時代から、政府は、タイが経済的自主性を保てるようにするため、国家を支え国家に協力する民衆の力を培おうとし、このことをスローガンや宣伝で盛んに呼びかけた。タイ人のみがつける職業を規定する法律を定め、外国人の事業を買収した。

　このためピブーン政権時代は、多数の政府公社が設立された。タイ米公社 [Borisat Khao Thai]、アジア銀行 [Thanakhan Echia]、タイ漁業公社 [Borisat Pramong Thai]、タイ船舶公社 [Borisat Doenrua Thai]、モントン銀行 [Thanakhan Monthon]、農業種子公社 [Borisat Phut Kasikam] などである。それ以外にも、タイ・ナコーンルアン銀行 [Thanakhan Nakhon Luang haeng Prathet Thai]、タイニヨムパーニット社 [Borisat Thainiyom Phanit] など、人民党員関係の事業がいくつかあった。これらの会社は人民党が管理していたが、経営は華人の手にあった。このほかにも、人民党員が管理する華人資本の事業は存在した。

ナショナリズム経済政策のスローガン「農民は因であり、農業は果である。農業は基部にあり、工業は上部にある」。

このような経済政策の目的は西洋人の力をおさえ、タイ人の手に経済の主導権を戻すことにあった。同時に華人商人の力もおさえる必要があった。だがもくろみは完全には実現せず、華人商人への依存状態は存続した。このため華人商人は経済的影響力を保ち続けた。第

2次世界大戦が勃発し、西洋人がタイから退いていくと、この政策は効を奏してきた。だが、日本軍の進駐がインフレやバーツ貨下落などの様々な経済問題を引き起こした[33]。こうして戦争不況は、政府が緊急に対処すべき問題となった。

ナショナリズム経済政策は、西洋人資本をある程度抑制することには成功した。しかし、土地所有権などのタイ社会の基本的な問題に対しては、人民党はあまり動かなかった。このため、タイの経済的主導権は、従来のような一部の集団とナショナリズム経済によって勃興した新しい資本家層にあった。

ナショナリズム経済政策の目ざしたものは、完璧には実現しなかった。だが、タイの経済構造には影響をもたらした。その影響は、商人と官僚が協力して利益を追求する構造に現れている。この現象から、新しい資本家のことを「貴族資本家」（もしくは官僚資本家）と呼ぶようになった。

国家経済計画

仏暦2490年代後半、タイ政府は経済成長と国家運営に関する様々な問題を顧みて、国家を近代化、進歩させる必要性を感じはじめた。この改革のために、タイ政府は、第2次世界大戦後の東南アジア地域で影響力を持つようになったアメリカ合衆国からの援助を求めた。

仏暦2499年、アメリカは大蔵省の経済顧問として専門家を派遣し、タイ政府の経済計画作成に助言を与えるために経済調査団を送った。調査団は、農業・灌漑・工業・社会福祉の専門家からなり、1年間の調査を終えたのは、サリット＝タナラットの首相時代であった。

調査団は仏暦2501年に、「タイ国家開発計画［Khrongkan Phatthanakan khong Rat samrap Prathet Thai］」と題した報告書をまとめた。これは後に、第1次国家経済開発計画（仏暦2504－2509年）となった。

この報告書の重要性は、官僚が民間の商業や事業に恒常的にかかわることの問題を指摘したことにあった。報告書は、政府が様々な事業に介入するナ

ショナリズム経済政策に異を唱えるものであった。そのような政策は、経営能力のない官僚層の懐を潤すばかりで効率が悪いという理由であった。

このほか、報告書はタイが将来的に経済開発計画を作成し、予算を立て、国家運営の効率性の向上を促す調査研究を支援することの必要性を提示していた。タイ政府にとって、このような提案をされたことははじめてのことであった。つまりこれらの提案は、末端官僚や研究者、専門家の重要性を指摘しており、テクノクラート（technocrat）の役割を重視する経済開発計画の提示であった。

サリット＝タナラット元帥。国家経済開発計画を策定し、国の経済開発を開始した人物。

サリット政権はこれらの提案を受け入れ、タイ社会の大規模な変革を遂行した。これが、第1次国家経済開発計画［Phaen Phatthana Setthakit haeng Chat Chabap Thi Nung］と呼ばれるタイではじめての経済計画であった。そのなかで重視されていたものは、自由主義商業政策、工業成長、外国資本の誘致、道路建設・発電用ダムの建設などの工業成長に応じたインフレ整備、新しい経済体制に応じられる教育制度の創出、様々な分野の専門家育成、チェンマイ・ソンクラー・コーンケーンなど地方の高等教育拡充、などである。そして、国内総生産の増大、中産階級の育成も重要な目標であった[04]。

第2次（仏暦2510－2514年）と第3次（仏暦2514－2519年）の国家経済社会開発計画［Phaen Phatthana Setthakit lae Sangkhom haeng Chat］では、国内総生産の増大と共産主義防衛のための農村開発[05]である。だが政府内の部署が連携を欠いていたために、工業成長と国内総生産の増大は、都市と農村の間での所得格差を生じさせた。

第4次国家経済社会開発計画（仏暦2520－2524年）では、所得格差の問題に立ち帰り、社会的公正を確立することをめざした。だが、社会問題や経済問題は急速に増加した。多数の農民が職を求めて都市に移動し、発電用ダム建設や工場の廃棄物による環境汚染などによって自然環境の破壊が起こった。干ばつ、凶作、物価低迷などの問題もあった。これらの問題に対応するため、第5次（仏暦2525－2529年）と第6次（仏暦2530－2534年）の国家経済社会開発計画では、農村経済を顧みることとなった。ここでは、資本主義の拡大から生じた、農村の自給生活の破壊と農村の貧困問題の解決を急いだ。しかし、所得格差の問題は、今日のタイ社会においても深刻な問題として残されている。

第7次国家経済社会開発計画（仏暦2535－2539年）では、3項目の目標をたてている。持続的かつ効率的な経済成長率の維持、所得格差の軽減と地方の開発促進、生活水準の向上と自然環境・天然資源の保護である。

課題例

1．ラッタナコーシン時代、資本主義時代、国家経済社会開発計画の時代の経済の変容についてのスライドと写真を鑑賞させる。生徒に解説を促し、さらなる例を示させレポートにして提出させる。

2．グループごとにテーマを決め、各時代の経済の変容について学習させる。例としては、ラッタナコーシン時代の徴税請負人制度、バウリング条約締結後のタイ経済の変容など。

3．現代に至るまでのタイ経済の特徴について、グループごとに議論させる。

4．「国家経済社会開発計画の内容と効果」について専門家を招いて講義を聴き、生徒が質問する機会を持つ。

5．グループごとに、各期の国家経済開発計画の図表を作成させる。

6．教師もまじえ、将来のタイ経済の方向性について議論する。

章末問題

1．古代社会における主な生産単位であるムラの生産形態は、どのようなものであったか。

2．ムラとムアンは、どのような関係を持っていたか。説明し、なぜそうであったかを示せ。

3．仏暦24世紀（西暦19世紀半ば）のタイ経済の変容は、西洋の脅威が促したものであり、ラッタナコーシン時代初期から続くタイ経済構造を発展させていった。ラーマ4世期の変容を促した、ラーマ1世期からラーマ3世期時代の経済の変容を分析せよ。

4．タイ経済が西洋を中心とする世界経済に組み込まれたことは、タイ経済にどのような変化をもたらしたか。

5．仏暦2475－2500年の国家主義経済と、それが立憲革命以後の社会に与えた影響について分析せよ。

6．経済開発計画の策定は、その後各時代のタイ社会にどのような効果をもたらしたか。またそれはなぜか。

【注】

(1) プラクラン・シンカーはもとは物納される地方税を統括していた部局で、後に王室貿易をとりしきった。スワイや輸入品などの交易品を扱うことから必然的に巨額の財務を掌握した上、さらに外国船との交渉も担当し、アユッタヤー時代の一時期に王政のなかで大きな権力を持った。

(2) 徴税請負人の業務には、政府が課す税の徴収を請け負うほか、賭場経営、酒、アヘンなどの専売事業を代行し、所定の専売収益を納入するものもあった。このため徴税請負人になるにはある程度の財産が必要だった。

(3) シャム（Siam）は、もとは古くから西洋人に用いられていたタイの呼称で、

中国の漢籍でスコータイ時代やアユッタヤー時代のタイの領国あるいはムアンを指す「暹」(もしくは「暹羅」)の音訳から派生したと考えられている。一方、当時の王都の指導者たちは、支配領域全土を指す語としては「アユッタヤー」などの王都名を使えばよかった。しかしラッタナーコーシン時代の指導者たちは、近代国家の意識を明確に持つ西洋人との頻繁な対話のなかで、王都名とは別に支配領域全体を示す呼称を持つ必要に迫られた。このため西洋人にとおりのよいシャムという語を選んだと考えられる。1939年まで、シャム王国は現タイ王国の正式国名であった。現在では、タイ東北部で使われるラーオ語に対する中部タイ語をシャム語とする場合もある。

(4) アヘン戦争は1840—1842年なので、仏暦に換算すると2383—2385年となる。原書がなにを根拠としているかは不明。

(5) タイ政府がイギリスやその他の条約締結国の治外法権を認めたことは、中国やその他のアジアから流入する大量の移民がこれらの国々の保護民となることにつながった。移民たちはタイの官憲の統制の及ばぬところで無法を働き、政府を悩ませ続けた。条約改正のために、タイ政府はフランス人法律顧問を受け入れ、20世紀初頭に領土割譲などと引き替えとして、イギリスやフランスの治外法権の撤廃に成功した。1920年代にはアメリカや日本、その他の国々との条約改正を果たしたが、実際に治外法権の撤廃とタイの関税自主権が発効したのは、タイが近代法典を完成させた後の1940年のことであった。

(6) 条約締結によって独占貿易が廃止され、王室や貴族たちの交易収入が減少する一方で、現金による徴税が急がれたが、交通事情や行政システムの問題から、特にバンコクから離れた北部や南部では1900年ごろになっても進まなかった。また条約による諸税率の制限は政府の現金収入を伸び悩ませ、本文で後述されるように、政府が国家収入のかなりの割合を酒税やアヘン税、賭博税に依存する原因となった。

(7) 1ライは1600m^2。

(8) 北部の領主が従来どおりビルマ人らに伐採権を与える一方で、バンコク政府

はイギリスの会社にも同じ地域の伐採権を付与していたことから、イギリスの会社と北部領主との間で摩擦が生じるようになった。領事裁判権を持つイギリス側は北部領主に対する訴訟を起こし、裁判を有利に進めた。賠償を言いわたされた領主側にはその力はなく、バンコク政府から借金を求めざるをえなくなり、権威と権限をバンコク政府に吸収される一因となった。

(9) 行政改革以前のラッタナコーシン王朝には、支配領域全土の土地や住民、税を一律に統括する中央システムは存在しなかった。例えば、北部の住民登録や土地と徴税を統括する中央の部局は、中央の軍事の一部も掌握していた代わりに、南部に対する徴税権などを持たなかった。さらに各部局は当該地方に影響力を持つ有力貴族の一族によって占められていた。各地方で徴収した税の一部は各々の直接統治者の収入であることが当然視されており、税が完全な形で中央へ送り届けられることはまずなかった。Tej Bunnag,Provincial Administration of Siam, 1892-1915（1977, Oxford University Press）参照。

(10) 省庁の名称はその統廃合に応じて変化したため、ここにあげられているものは直接省庁の名称を表すものではなく、その分野の業務に携わる省庁という程度の意味で使われている。

(11) 本文中 p.138以下で説明。

(12) 1918年に外務省に入省以降、要職を歴任し、第2次大戦中は一連のナショナリズム文化政策を立案遂行。ピブーン失脚後は官界から退けられ文筆活動を続けていたが、ピブーンが権力の座に返り咲くと再び官界復帰を果たし、蔵相などを歴任。本文で後述するサリット首相の政権下でも、国防関係や経済開発関係の要職を兼任。200冊を越える膨大な著書を残す著述家でもあった。

(13) 日本がマレー半島上陸を果たした後、1942年1月にタイは連合軍に宣戦布告。戦争におけるタイの協力をとりつけた日本は、タイ国内での軍需物資の買いつけのために金兌換券である「特別円」を大量に発行した。しかし戦争が長引くにつれこの特別円の価値も紙切れ同然となり、タイ国内経済はインフレに陥り、物資不足などの混乱を引き起こした。戦後、特別円はタイと日本の

二国間交渉により、1970年までに投資や無償供与の形をとり返済された。
(14) ここに並べられた経済政策は、サリットをはじめ軍有力者の強いリーダーシップの行使と、人脈の活用を通じて断行された。その実態は、海外や国内の企業の国家事業への取立てに汚職がつきまとい、反体制的な発言をするマスメディアをおさえつけるなどといった強権的なものであった。タック＝チャルームティアロン著、玉田芳史訳『タイ　独裁的温情主義の政治』（1989年、勁草書房）参照。
(15) 反共産主義は、民主化後のタイ政府の一貫した態度であった。当時のインドシナ半島では、ベトナム・ラオス・カンボジアで社会主義化をめぐる国内政治の混乱が続いており、ビルマも社会主義経済を指向していた。これらの国々に囲まれたタイでは、国民に共産主義思想が広まるのを恐れ、とくに国境周辺の警備を強化し、農業や交通の開発を通じて国内経済の結びつきを強めようとしていた。

第 4 章

タイ政治の変容

学習目標 タイ政治の変容を促した主なでき事について、知識と理解を得る。

◇方針◇

1．様々な時代のタイ政治の変容について、知識と理解を得る。

2．タイ政治の変容を促した主なでき事について、例をあげ説明できるようにする。

3．タイ政治の変容を促した主なでき事の原因を分析し、問題の解きかたを身につける。

4．スコータイ時代から現在に至るまでのタイ政治の変容の概要を説明できるようにする。

ス コータイ時代の政治的変容

　タイの歴史は一般に、タイ人が歴史にはっきりと出現したと見られているスコータイ時代からはじまる。スコータイは、約700年前の仏暦19世紀、およそ仏暦1800年ごろに興った。スコータイ時代は、タイ人が完全に自立した国を成立させた時期であった。タイ人の国家建設は、二つのタイ人グループの指導者が、協力して「コーム」を地域から排除したことからはじまった[1]。

　ふたりの指導者とは、ムアン・ラートのパームアン王とムアン・バーンヤーン[2]のバーンクラーンハーオ王である。スコータイの統治形態は父権政治で、王と領民の関係は父が子を守り指導するような関係であった。王国の領域は現在のタイ北部の南部分を中心としていた。スコータイ、シーサッチャナーライ、トゥンヤン（ウッタラディット）、カムペーンペット、ソーンクウェー（ピッサヌローク）、プラバーン（ナコーンサワン）、チャイナートなどが主要なムアンであった。また、中部のスパンブリー、ラーチャブリー、ペッブリーや南部のナコーンシータンマラートなどのムアンまで、勢力を広げていった。

　またスコータイは、現在のビルマ南部のモン人のムアンを属国として勢力下に置いていた。一方当時、チェンマイに中心を置くラーンナー王国と、タワーラワディー時代にチャオプラヤー川東岸に興ったロップリー王国が、自立した王国としてスコータイと並んでいた。

　また、スコータイはタイが仏教王国として栄えた「黄金期」であるともみなされている。無数の寺院を建立し、壁画の素晴らしさは頂点を極め、優美なスタイルの青銅仏像を鋳造することができた。現在バンコクのベンチャマボピット寺院に安置されている仏陀遊行像や、ピッサヌローク県にあるチンナラート仏などの降魔印仏像などがそうである。

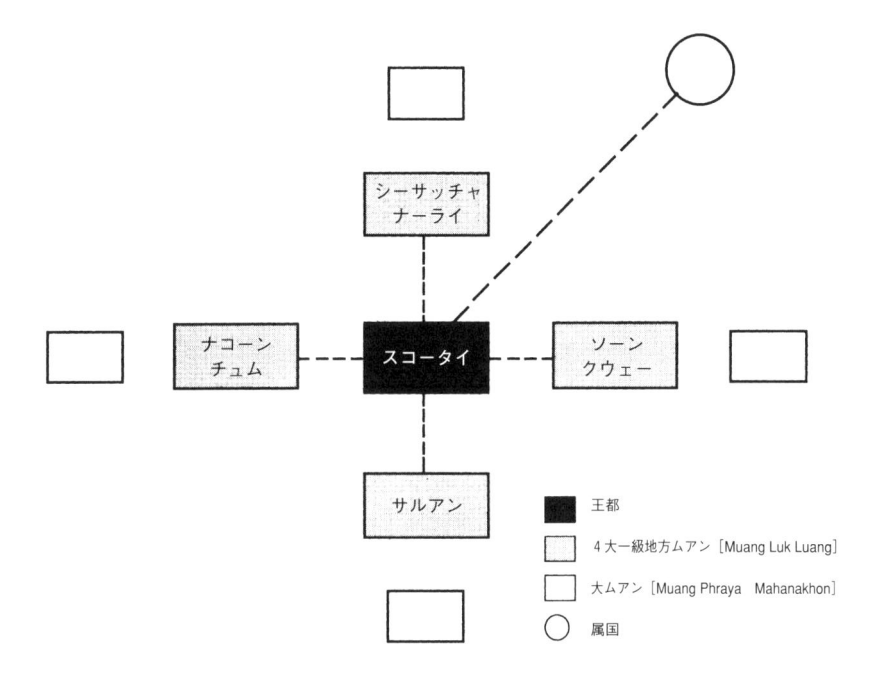

```
            ┌─────┐
            │     │
            └─────┘              ○
            ┌─────┐             ╱
            │シーサッチャ│    ╱
            │ナーライ│      ╱
            └─────┘      ╱
               ┊       ╱
┌───┐  ┌─────┐  ■  ┌─────┐  ┌───┐
│   │──│ナコーン│──│スコータイ│──│ソーン│──│   │
│   │  │チュム│   │      │   │クウェー│  │   │
└───┘  └─────┘     └─────┘  └───┘
               ┊
            ┌─────┐
            │サルアン│         ■ 王都
            └─────┘         □ 4大一級地方ムアン［Muang Luk Luang］
            ┌─────┐         □ 大ムアン［Muang Phraya Mahanakhon］
            │     │         ○ 属国
            └─────┘
```

スコータイ時代の一級地方ムアンの統治構造

　スコータイは、ラームカムヘン王の時代（仏暦1822－41年）に最も栄えた。この時代、王国は広大な地域を権力下におさめた。仏教も栄え、タイ文字も発明された。最終的にスコータイは150年間その独立を保った。その後トライローカナート王の時代（仏暦1991－2031年）のアユッタヤーに吸収された。だが、スコータイは今日に至るまでタイの文化と伝統を伝える地である。

　ただし、スコータイ以前のタイ社会の成り立ちについて十分議論されない限り、スコータイ初期の研究についても不十分となろう。タイ人も他の国の人びとと同様、長い時間をかけて段階的に進歩してきたのである。たった700年限りで、急速に現在のような状態にまで進歩したわけではない。そしてもっと広い視野で見れば、タイ人は現在のタイ国の領土にだけ住んでいたわけではないことがわかる。タイ語族[3]に属する人びとは、様々な地域に散らばって暮らしている。インドのアッサム州にもいるし、ラオスには自らを

「ラーオ」と呼ぶ300万人が住んでいる。そしてビルマのシャン州には、自らを「タイ［Tai］」（もしくはタイヤイ）と呼ぶ人びとが300万人住んでいる。中国南部のシップソーンパンナー地方[4]には、タイ「ルー」を名のる人びとがいるし、海南島にも一部が住む。その他、黒タイ、赤タイ、白タイの人びとがベトナムの北部に300万人いる。また、「チュワン」を名のりタイ語の一種を話す人びとが、中国広西省と貴州省にあと1800万人いる[5]。これにタイ国内の5600万人を足せば、タイ語族に含まれる人びとは8000万人にもなる。

　これらタイ語族の人びとは、数千年もの長い時間をかけて、少しずつ、段階を踏んで進歩してきた。これらの人びとは自分たちの民族だけで単独に生活してきたわけではなく、ほかの語族の人びととの間に入り込んでいった。この広いアジアの土地に住む人びとは、そのほか大きく分けて二つの語族がある。一つは、マレー語群、インドネシアの様々な言語、フィリピンの様々な言語を含むマレーポリネシア語族である。もう一つは、モン・クメール語やそれに近いラワー（ラワ）語、カー語、スワイ（クイ）語などを話すオーストロアジア語族である。

　タイ人の社会は、1000年前、およそ仏暦16世紀に形成された。はじめは、村落レベルの小さな社会の寄せ集めだった。主に稲作に従事し、労働力となる牛、水牛や食料となる鶏などの家畜を飼い、魚をとり、道具をこしらえ、布を織った。この時期の最も重要な社会単位は、およそ10－20戸の世帯からなる村落であった。どの村にも、最高統治者としての村長がいた。食料は自給できたが、村落は単独で存在していたわけではない。遠方の村落や土地と、塩と金属の道具とを交換したりするなど、交易や交流関係を持っていた。そしてこれらの村落社会は、寄り集まって首長を頂くムアンとなった。つまり、タイ社会は「村落社会」が結合し、「ムアン社会」へと段階を追って成長したのである。

　タイ社会がムアンを成立させると、より大きな社会の中心というものが現れた。仏暦17－18世紀の間、タイ人のムアン社会は非常に広範な地域に点在

していた。アッサム地方、シャン州、雲南、ラオス北部やベトナム北部にまで及んだ。なかでも重要なのは、現在タイ国となっている地域である。これらのムアン社会は、タイ人の最初の「国家 [rat]」であり、互いに自立性を持っていたが、まだ確固とした政治的中心地を持っていなかったと考えられている。

　これらのタイ国家には、統治者たる「王 [chao]」が存在していた。王は、時に「クン」「パヤー」などとも呼ばれた。国家という統治形態をとった理由は、外部の敵からの防衛のためであった。ムアンの王は、統治の権利と責任を持ち、統治下に一般の人民 [prachachon, chaoban samanchon] がいた。王は平穏と秩序を保つ役目を負い、自分の領域内の人びとをおさめるために法を司った。人びとは、通常の生活をしているときは税を支払い、戦時には兵力となった。このようなムアンの王と人びとの関係は、後に現れるような官僚制度のなかでの管理と被管理の関係というより、後述するように個人と個人の関係と言えた。

　またタイ人のムアンは、ムアンどうしの関係も持っていた。ムアンどうしは、血縁でつながった兄弟のような関係であったり、同じ祖先を持っていたり、婚姻関係にあったりなど、やはり個人と個人の関係のようであった。

　これらのタイ人の国家群は、前に述べたように、この地域に住まうモン語やクメール語を話す民族とも交流関係にあった。つまり、タワーラワディー文明とプラナコーンルアン（ナコーンワットとナコーントム）[6]との交流である。この交流を通じてタイ人は、タワーラワディーの重要な文明である仏教や、プラナコーンルアンがインドから受け継いだバラモン教やヒンドゥー教、大乗仏教に至るまで、様々な文化を摂取してきた。

　こういった文化的交流によって、タイ人自身も独自の文化を持ち、また多様性を帯びた。信仰の面で見ても、タイ社会は精霊 [phi] や祖先の霊 [winyan khong banphaburut] を崇拝するという、村落社会に起源を持つ信仰を維持する部分と、様々な政治的儀礼に見られるようにバラモンやヒンドゥーを信

仰する部分を併せ持っていた。

　スコータイ時代は、タイ人がいくつものムアンを結合させて一つの社会を形づくっていた時代であった。それらの社会は、「領国［waenkhwaen］」と呼ばれた。当時はスコータイのほかに、タイ語を母語とする他の領国、つまりチェンマイ、ルアンプラバーン（ラーオ）、チェントゥン（シップソーンパンナー）、シャン州のいくつかのムアン、スパンブリーやナコーンシータンマラートなどタイ中部や南部のムアンなどが、いくつか併存していた。これらのなかで、スコータイという一つのムアンを中心とした領国が、スコータイ王国であった。領国が結合して、より大きな王国となることもあったが、独立を保つ領国もあった。スコータイ時代は、様々な領国が点在し、一つの政治的中心地を持たない時代であった。

　スコータイ時代は村落社会のムアンや領国への発展を見た時代であったが、スコータイの政治には、タイの伝統的性格が存分に維持されていた。それは、ムアンの王（クン）と平民（プライ）との個人と個人の関係である。これは、父が子を守り導くような「父権政治」で、統治者と被統治者がきわめて近しい関係だった。統治者の地位は世襲制で、精霊や祖先に対する信仰を持ち、天や森、山、木々や川などの自然に宿る聖なるものの存在を信じていた。一方でスコータイの政治は、仏教やバラモン、ヒンドゥーといった文明をとり入れた。スコータイには仏像やシヴァ神像、ヴィシュヌ神像の建像を描いた壁画が残っている。

　スコータイの政治には、様々な信仰の混交が見られたために、「クン」であり「カサット［Kasat］」でもある統治者がいた。つまり、「クン」としての統治者は、平民と近しい関係にあった。また、仏教の信仰で言う「仏法王［Phuttharacha］」あるいは「正法王［Thammaracha］[7]」としておおいに功徳を積んでいるとされ、それを政治的な権力にしていた。ヒンドゥーやバラモンの信仰で言う「カサット」は、神の化身［awatan］としての王であり、超人的な聖なる力と秘術を持っているとされ、これにより統治者としての敬意

と畏怖を受けていた。

ア　ユッタヤー時代の政治的変容

　仏暦1893年、ウートーン王（ラーマティボディー1世）はアユッタヤーを建てた。当時のアユッタヤーは、タイ人の「領国」の一つにすぎなかった。だが、チャオプラヤー川の中部流域という地理的条件が、軍事的にも経済的にもアユッタヤーの有利につながった。アユッタヤーは急速に「王国［anachak］」へと成長し、417年にもわたる権勢を誇った。

　アユッタヤーを有利へと導いた地理的条件とは、タイ人が主食とする稲の栽培に適した中部の平地に国を置いたことであった。アユッタヤーの農産物の生産量は、高地や野山にあったその他の領国や王国よりも多かった。また、アユッタヤーはいくぶんか海にも近く、外国との交易にも都合がよかった。このためアユッタヤーは地域の中心的な港市国家となり、森林の産物など地元の商品を外国へ輸出するようになった。特に、中国やアジアの近隣諸国との交易が盛んであったが、やがて西洋諸国とも交易を行ったり外交的関係をとり結んだりするようになった。

　アユッタヤーの立地条件は、ビルマ南部のモン人やカンボジアのクメール人などの近隣国家との交易も可能にした。また、タワーラワディーやプラナコーンルアン（ナコーンワットとナコーントム）の文化的影響を受け発展したスパンブリーとロップリーという領国に挟まれていたアユッタヤーは、これらの国の人びととの文化を受け継いだ。アユッタヤーの仏教文化には、ビルマ南部のモンやスリランカの影響も見受けられる。同時に、アユッタヤー王家の伝統儀礼にはっきり見られるように、カンボジアを通じバラモン教やヒンドゥー教の文化的影響も受けた。その伝統儀礼とは政治的な意味合いも強かった。例えば、『ラーマキエン』の物語にあるような、王を神の化身とす

る「神王 [Thewaracha]⁽⁸⁾」の思想である。様々な儀式が王の聖なる力を示すためにとり行われ、王族に対して特別に使う王語 [rachasap] まであった。

アユッタヤーの政治権力の頂点は、王であった。この政治システムは、アユッタヤー発生以前の信仰の影響も受けていた。前述のように、タイには祖先や精霊に対する信仰もあったが、アユッタヤーもこれにのっとり歴代の王をあがめていた。王国創設の王としてウートーン王をまつり、救国の王としてナレースアン王をまつるなどした⁽⁹⁾。仏教が信仰の中心になると、「仏法王」という徳の高く仏法をよく知る最高統治者という概念を王に当てはめた。そのような人格が、人びとから敬意と信頼を得るために重要な意味を持っていたのである。そして王の持つ三つめの意味は、王を神の化身とみなす「神王」の思想であった。それが、人びとの畏怖を集める最高統治者の人格だったのである。

王政は、スコータイ時代やアユッタヤー時代初期以降、少しずつ発展してきたことがわかる。アユッタヤー時代の最初の100年間は、アユッタヤーの王と平民は、スコータイに見られたような個人と個人の関係を少なからず保持していた。だが、トライローカナート王の時代（仏暦1991－2031年）、明らかに王は「仏法王」の性格を帯びるようになった。そしてチャクラパット王（仏暦2091－2111年）とナレースアン王（仏暦2133－2148年）の時代には、王は「神王」の神聖さをまとうようになった。当時のタイが影響を受けていたバラモン教やヒンドゥー教には、「世界」の中心にいる人物で「帝国」の王としての「チャクラパット」という神王の概念があったのである。これらの三つの王の概念は混交し、アユッタヤーにおいて発現したとみなされている。そして、「ムアン社会」や「村落社会」とは異なる、「王国社会」を築き上げていったのである。

このような王政思想のほか、アユッタヤー王国にはもう一つ別の面での統治体系が存在した。それは、貴族層である。最初の100年間は、アユッタヤーはスコータイとコーム（クメール）の「父権主義」のような個人と個人

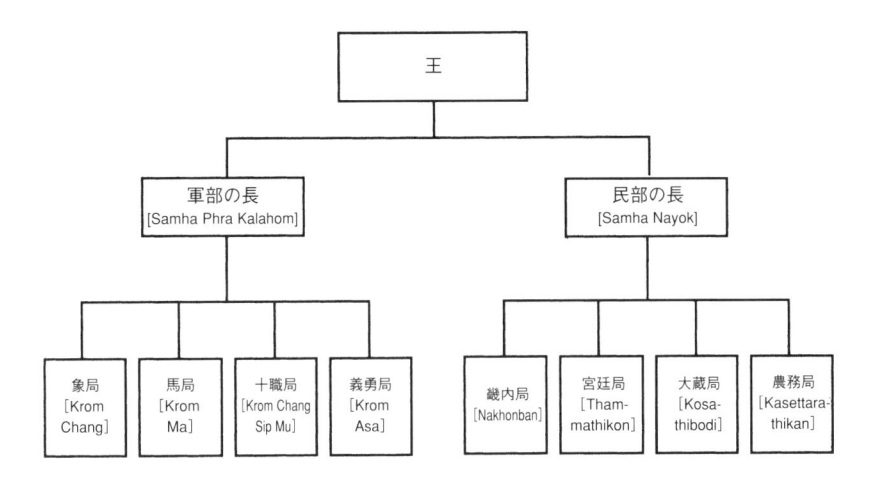

```
                            王
                            │
            ┌───────────────┴───────────────┐
        軍部の長                          民部の長
    [Samha Phra Kalahom]                [Samha Nayok]
            │                               │
   ┌────┬───┴──┬──────┐           ┌─────┬──┴───┬──────┐
  象局  馬局  十職局  義勇局        畿内局  宮廷局  大蔵局  農務局
 [Krom [Krom [Krom Chang [Krom   [Nakhonban] [Tham- [Kosa- [Kasettara-
 Chang] Ma]  Sip Mu]  Asa]                   mathikon] thibodi] thikan]
```

トライローカナート王時代の王国統治構造

の関係をもととした統治形態を受け継いでいた。アユッタヤーで発展した統治体制は、従来のものより確固とした、一種の官僚制度とみなされている。統治系統は、二つに分けられる。アユッタヤーの王都に置かれた中央政権と、地方都市である。この統治体制のなかで、貴族たちは官吏として任務に当たった。中央政権には「チャトゥサドム」と呼ばれる四つの部局があった。畿内局［Krom Wiang］（あるいはムアン局）、宮廷局［Krom Wang］、大蔵局［Krom Khlang］、農務局［Krom Na］である。そのほか、それぞれの局の下に付属する小さな局があった。貴族たちは、プラヤー、プラ、クン、ルアンなど、地位の高低によって位階［yot］を持っていた。トライローカナート王の時代、これらの中央政権が役割別にさらに二つに分けられた。軍部［Fai Thahan］と民部［Fai Phonlaruan］である。

　地方都市の統治に関しては、トライローカナート王時代より前は、王都の近隣の小ムアンと一級地方ムアン［Muang Luk Luang］、属国［Muang Prathetsarat］があった。トライローカナート王は、小ムアンと一級地方ムアンを内地方ムアン［Hua Muang Chan Nai］としてまとめた。外地方ムアン［Hua Muang Chan Nok］は、一級ムアン［Hua Muang Ek］、二級ムアン［Muang Tho］、三

級ムアン［Muang Tri］に分けた。これらの都市は、アユッタヤー王国の一部とみなすことができる。王は、ムアンの首長を立てたり貴族を派遣して直接ムアンを統治させ、王の任意でこれらの官吏を交替させることができた。だが、王都から遠い土地や言語や文化の異なる土地[⑽]は、アユッタヤーの勢力下におかれていたとはいえ、「プラテーサラート」と呼ばれる属国で、現地の統治者がいた。そしてアユッタヤーとは違う秩序や伝統を保っていた。だがこれらの属国は、定期的にアユッタヤーに金銀でできた樹や地元の産物などの貢物を送り、忠誠心を示さなければならなかった。このようなことから、アユッタヤーは、内地方都市や外地方都市の範囲では中央政権体制を敷くことができていたが、遠く離れた属国では、権力が分散した状態が残っていたと言える。

　また、アユッタヤー時代の統治体制には、「位階田」と呼ばれる制度があった。王国に住む王以外の人すべてが、それぞれ「位階田」と称する田を割り当てられるのである。例えば、副王は10万ライ、プラヤー級の官僚は1万ライ、末端の貴族は400から50ライであった。400以上の位階田を持つ者は、「貴人［phu di］」の範疇に入った。平民［phrai］とは位階田を25ライ持つ人びとを指し、最も低い奴隷は5ライであった。

　位階田制は、王が高位にある人びとに位に応じて土地を分け与えたことからはじまった。アユッタヤーでは、土地は王のものであり、人びとは生活のためにこれを分け与えられているという考え方があったからである。現在のような、土地を売り買いできる権限は一般の人びとにはなかった。トライローカナート王時代に制定された位階田法は、僧侶であれ、中国人の商人や職人であれ、王国のすべての人びとは位階田を持つとしていた。このころすでに、位階田制は土地分与を意味せず、王国の住民を登録し、身分と地位の高低を示すものとなっていた。最高の位階田を持つ副王は国王に準じた高い地位にあり、王族、貴族、平民、奴隷の順に位階田も少なくなっていた。つまり、この制度は人びとの社会的関係を規定するものであり、社会のなかで

第 4 章　タイ政治の変容 —— 125

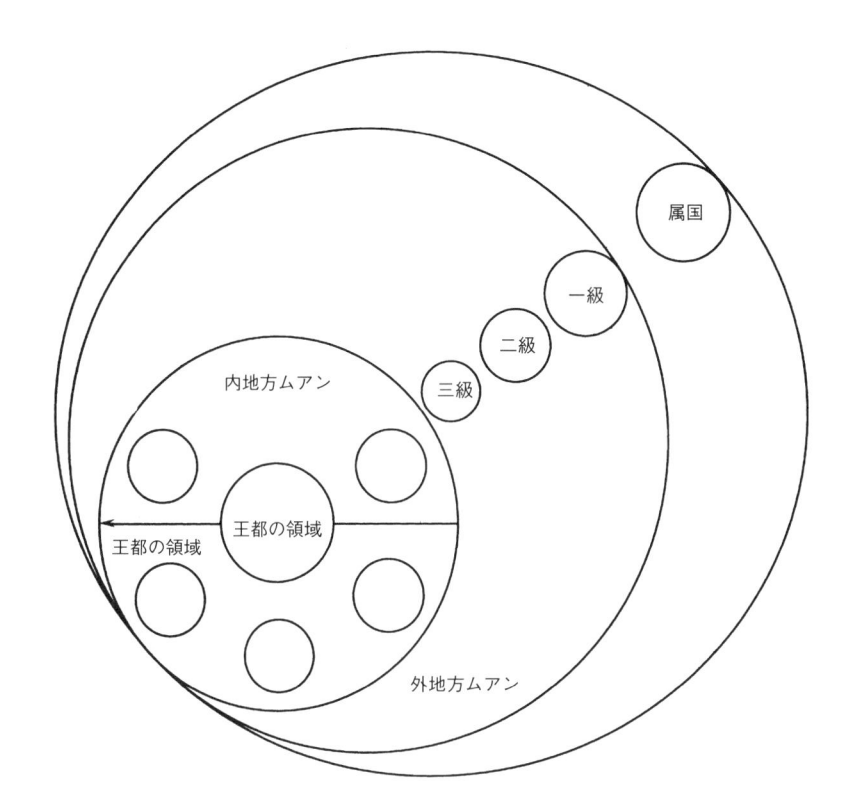

```
        属国
      一級
    二級
  三級
内地方ムアン
   王都の領域
外地方ムアン
```

トライローカナート王期からラーマ４世期までの王国の中央集権体制

人びとがどのように格差を持っていたのかを示すもので、統治の効率と秩序づけを目ざしたものであった。

　また、位階田は人びとの法的な序列化にも利用された。例えば、人がなんらかの罪で刑に服すか賠償や罰金を課せられたとき［prap sin mai］には、その人物の位階田に応じて刑の重さが決まった。事件の当事者が二人の場合は、刑であれ罰金であれ高い位の位階田にのっとって罰した。これは、人びとが犯罪や問題を起こすことを抑制するためであった。当事者が一人の場合は、その人の位階田に応じて罰した。罰金を支払えない平民がいた場合は、その平民の身請け人が代わって支払った。400ライ以上の位階田を持つ人は、裁

判の際代理人を立てる権利を持っていた。

　王、貴族官僚、位階田制度という統治システムのほか、アユッタヤーには「管理者－被管理者」という人間関係が築かれていた。一般庶民である平民はアユッタヤーの人口に占める割合が最も高かったが、彼らは現在の一般人のように自由ではなかった。平民は王族や貴族である主人に管理され、主人は平民を労働につかせる法的権限を持っていた。平民は、寺院や宮殿、城壁や運河の建設に従事させられた。戦争が起これば兵士とならなければならなかった。アユッタヤーの法では、平民は年に6か月はこのような労働につくことが定められていた。

　また平民は、労働の種類でプライ・ルアンとプライ・ソムの二つに分けられた。プライ・ルアンは、王室の労働につく平民であり、最も数が多く、政府の定める労働奉仕の種類によってさらにいくつも種類があった。プライ・ルアンのなかには、遠方に住み労役につくことができず、「スワイ」と呼ばれる地元の産物を代わりにおさめる者もいた。彼らはプライ・ルアン・スワイ、もしくはプライ・スワイと呼ばれた。

　一方プライ・ソムは、一部の王族や貴族に奉仕する平民であった。当時、プライ・ソムから奉仕を受けた主人は彼らを財産として所有し、子孫に相続させることができた。だがラッタナコーシン時代に入ると、主人の死後はプライ・ソムはプライ・ルアンとして登録し直された。プライの制度は一種の税制であったが、金納ではなく、労働力や物で支払わされたのである。

　このようなプライの制度は、人びとを効率よく管理するためのアユッタヤーの

プライの登録を描いた壁画。

重要な基盤となった。そして、経済的にも軍事的にもアユッタヤーを強固な王国にする要因となった。だが、プライの制度は次第に弱体化していった。アユッタヤー時代末期には、労役は重要度を低め、代わりにプライが金銭で「人頭税［kha ratchakan］」を支払うようになった。また別の側面でも、プライが労役を避けて他のムアンや森の中へ逃げたり、もっと軽い労働奉仕ですませるために他の主人の所へ逃げたりするなど、制度が形骸化していった。最終的にプライの制度はアユッタヤー時代末期には廃れていき、アユッタヤーが再びビルマに侵攻され、崩壊するのを許す原因となったのである。

アユッタヤーの陥落を描いた壁画。

トンブリー時代・ラッタナコーシン時代の政治的変容

　アユッタヤーでは、王位は常に上流階層の内部で継承争いの対象であり、このため王政は不安定なものであった。この不安定さが、統治の効率や経済状態、王国の防衛や治安維持に影響を及ぼしていた。人力や領土の管理は効率性を欠き、強固な敵の侵攻を食いとめるには体制が不十分だった。このため、アユッタヤーはビルマに敗北した。

　仏暦2310年、アユッタヤーがビルマに2度目の敗北を喫したことは、タイにとって重要かつ最悪の事件であった。王国の中心都市が破壊し尽くされただけでなく、各地のムアンも大きな打撃を受けた。多数の人びとが死に、住

んでいた場所を追われて捕虜になる者もあった。いくつもの町が廃虚と化した。

仏暦2310年7月6日、タークシン王（仏暦2310－2325年）がアユッタヤーを奪回し、トンブリーを新しく王都とした。その後、どこにも従属していなかった各地の集落を制圧して新しい王国を建て、プライの制度を復活させようとした。タークシン王は、15年間王位にあったが、仏暦2325年4月6日、プラヤー・マハーカサットがチャックリー家のラーマ1世王として即位し、バンコクに王都を移した[(1)]。

アユッタヤーは荒廃しきっていた。このためトンブリー時代とラッタナコーシン時代は、新しい王国を築き直さなければならない時代であった。こうして、トンブリーとラッタナコーシンの政治はアユッタヤーのものとは異なった。この時期の重要な政治的変容は、次のようなものである。

プライ制度の復活と変革

タークシン王の時代、トンブリーはアユッタヤーに代わり王政の中心となり、アユッタヤーが維持してきたものを引き継ぐことになった。王はそれまでと同様仏教信仰の中心であった。タークシン王が行った主な仏教復興事業は、サンガによる仏教界の管理制度の復興であった。サンガは、長である大僧王と各団長が任命され、三蔵の編纂と研究を行い、寺院の修復をした。この事業は、ラッタナコーシン朝ラーマ1世期の仏教改革の基盤となった。

また、労働力の掌握に関しては、タークシン王が戦争によって王国の基盤形成を行った際に、人口が急増した。アユッタヤー時代の基盤を受け継いでプライ制度が復活したが、一部でより厳格になった。例えば、登録番号を入れ墨される習慣があったのは、アユッタヤー時代は近衛局［Krom Raksa Phraong］と宮廷護衛局［Krom Lom Phraratchawang］など王のそばに仕える局に登録されたプライだけであった。だがタークシン王がトンブリー時代の仏暦2316年にプライ制度を復活させたとき、王都でも地方都市でも、どの

局でも登録したプライに入れ墨をし、人員管轄局［Krom Surasawat］に名簿を送ることを義務づけた。すべてのプライに入れ墨を施すことが強制されたのははじめてのことだった。また、プライの逃亡を防止するために、手首に地名と主人の名を入れ墨させ、入れ墨道具を偽造したり盗んだりした者は一族もろとも処刑された。労働力が必要だったため、トンブリー時代は労役につかない期間が、1年につき4か月しかなかった。

　ラッタナコーシン時代の統治体制も、アユッタヤー時代の形式を踏襲したものだった。中央政権にはチャトゥサドムの四つの局があり、権力系統が軍部と民部とに分かれていた。王に関しては、王政の政治的権力と正当性の確立がなされた。王が仏法の保持者であることを強調し、権威を広め、宗教界に権力を及ぼし、数々の貴族の子弟と王族とを結婚させることで姻戚関係を強めたのである。

　バンコクを王都と定めて間もないころ、社会は労働力不足という問題に直面していた。新都建設や防衛のためには、城壁や要塞、運河を建設する労働力が必要だったのである。また、戦時に備えた兵力も必要だった。このためプライの制度は重要な役割を果たした。ラッタナコーシン時代のプライ制度は、従来の形式にのっとっていたが、管理が厳しかったため、解決し難い問題を抱えることになった。それはプライが労役から逃れたり、主人がプライを不当に扱ったりしたことなどである。加えて続く時代（仏暦2347－2411年）[12]には、タイに社会的影響をもたらす様々な事件が起こった。ビルマやベトナムとの戦争、ヴィエンチャンやチャンパーサック、マレーなどの属国における反乱、自然災害などである。このため多くの人びとが死に、タイは労働力不足の危機に陥った。また、当時タイは外国との交易をかつてないほどにまで拡大しており、西洋列強もこれに参加してきた。このため仏暦2347－2411年ごろのプライの制度は状況に応じた変化を余儀なくされた。変化の傾向は、以下のようなものであった。

　①当時国家が膨大な労働力を必要としていたにもかかわらず労働力不足の

危機にあったため、労働力を増やす方策が講じられた。ラーマ2世からラーマ4世の時代には特にラーオ族のムアン、現在の東北部に当たる地帯に新しいムアンを築いた。これは、戦災を避けたり、反乱が鎮圧されて行き場がなかったり労役を免れようとして森に逃げ込んだ人びとを、強制的に都市に移住させ、定着させようとするためだった。この方策は、大きなムアンから人口を分散させることにも役だった。

②人びとが、主人の厳しい管理や搾取から逃れようとして逃亡し、労働力が減少する問題に対し、ラーマ2世は解決方法を講じた。労役につく期間を年3か月に減らし、生活のために働く期間を9か月に延ばす布告を出して、プライの負担を軽減したのである。また、平時にはプライは懲役の義務を負わず、代わりに人頭税と呼ばれる金を、年18バーツ、あるいは月6バーツ支払えばよいことになった。プライ・ソムも労役につかねばならないことになったが、年1か月だけか、年に6バーツの人頭税を支払えばよいことになった。そのほか、治世が改まった際には、逃亡し隠れていたプライたちを出頭させ、なんの罰も与えず、自由に新たな主人を選んで登録し直すことを許した。ただし、これはプライがもともと住んでいたムアンにいる主人に限られた。これは、厳しく搾取する主人からプライを逃れさせるためであったが、1度限り許される行為であり、自分で選んだ主人は生涯変更してはならなかった。

ラーマ2世期のプライ制度のもう一つの緩和措置は、戦時にタイが他国に向けて挙兵する際に、プライは自分の代理を雇い兵士として送ることができるというものであった。だが、これが他国の侵略に対する防衛戦争であれば、この措置は許可されなかった。そして、徴兵歴が長く、賦役労働と諸税を免除される証書を受けた者は、市場税、水利税の支払いを免除された。

ラーマ3世期には、それまで一部の部局に奉仕するプライ・ルアンにしか与えられなかった労役と諸税免除の証書が、すべてのプライ・ルアンに対し与えられるようになった。このため以後プライ・ルアンは水利税、市場税、

果樹税を最高1タムルン[103]免除され、これを越える額だけ支払えばよいことになった。西北部のラーオ人［Lao Phung Dam］と東北部のラーオ人［Lao Phung Khao］のプライ・ルアンは稲作しか行っていなかったので、特別の証書を設けて、水田税を最初の1年間免除した。これは、開墾を奨励するためであった。

ラーマ4世期になると、平民が主人から厳しい扱いを受けた場合、武装した抗議行動を介さずとも、直接それを王に訴えることが許されるようになった。これらの緩和政策から、人びとの管理をより効果的に行おうとする王政側の努力が伺われる。このように、プライ制度の骨格は変化していったのである。

③ラッタナコーシン朝初期に起こった平民管理のもう一つの変化は、平民が出家によって社会的地位を向上させることができるようになったことである。労役から逃れるために出家を利用する以外に、還俗したあとは刑部局［Krom Lukkhun］、書記局［Krom Arak］、法務局［Krom Thammakan］、学士局［Krom Ratchabandit］、僧務局［Krom Sangkhakari］などに勤めることができるようになった[104]。この法によって、平民は出家を通じて役人となり社会的地位を向上させることができるようになった。

④ラーマ3世期には、西洋人、特に宣教師や探検家がタイを訪れタイ人と接触するようになった。そして、西洋の学問がタイ社会へ入り込みはじめた。この時期、個人的にタイを訪れたイギリス人陸軍士官トーマス・ジョージ＝ノックス（Thomas George Knox）は、仏暦2347年バンコクに到着し、軍事教練の教官として務めることを王に希望した。ラーマ3世はこれに応じ、プラヤー・シースリヤウォン（チュアン＝ブンナーク）の管轄のもとで平民や奴隷に軍事教練に参加させた。そして、前兵局［Krom Thahan Na］という新しい部局を設け、西洋式の軍事教練という新しいスタイルの兵力管理を行った。つまりこれは、国防を専門とする軍隊の設置であった。戦闘を専門とする軍隊の設置は、次なる時代の常駐軍の設置に通じる基盤となった。

⑤仏暦2347－2411年のころは、貨幣経済が浸透しはじめ、商業も拡大した。このため商品の需要が高まった。この時期のタイの主要な輸出品は、ほとんどがスワイとして集められていた。政府はより多くのスワイを必要としたため、平民の管理を緩和させていった。プライ・ソムもプライ・ルアンも、労役につかなくともスワイを送ればそれでよしとされるようになった。ラーマ3世期とラーマ4世期には、スワイの重要性は低くなった。タイが西洋諸国と通商条約を結び、王室は独占貿易を廃止したからである。加えて、貨幣制度が広まっていった。このためスワイは後に金納になり、労役につかないプライは代わりに金をおさめるようになった。

　プライに関する法制のほか、役人がプライを不当に利用したり私物化したりすることを禁じる法律もあった。治世が改まるごとに各部局の登録人員が調査された。調査の方法は、登録されたプライの手首を調べ、誰が管理しているか入れ墨がされていなければ、その者は役人が自分のものにしようと連れてきた者であるということがわかるというものであった。プライ・ソムとして登録されていてもまだ手首に入れ墨がなければ、プライ・ルアンに登録し直され、1年間容赦なくこき使われた。職務怠慢の役人や、入れ墨を逃れようとしたプライから賄賂を受けとった役人は、極刑に処された。プライ・ルアンを連れ去りプライ・ソムとして登録しようとした役人は、百叩きの刑に処された。いずれにせよ、プライ・ルアンはプライ・ソムよりも重労働につかされたので、逃れて奴隷になるプライ・ルアンは多かった。このためラーマ1世は、プライ・ルアンが家族を売って奴隷にすることを禁止し、買った者に対しても処罰した。

王権思想の変革

　トンブリー時代、タークシン王は仏教思想を保持し、チャクラパットであり仏法王である王の存在を強調し、仏教思想を保持する王のなかの王として君臨しようとした。だがタークシンは様々な問題に直面しており、このよう

な思想は明確ではなく、制度的にも強化されなかった。

　ラッタナコーシン時代に入り、バンコクが通商の中心地となった。王や貴族、華人商人が外国との交易を担い、特にラーマ3世期、通商はおおいに栄えた。王自身、王権を保持する儀礼よりも交易事業に力が入り、それが神としての王権思想を衰えさせた。代わりに、仏法の保持者としての王権思想が浮上した。チャックリー王家が敬虔に仏教を信仰していたので、王が仏法の保持者であることは、迷信ではなく合理性に基づいたものになっていた。

　いずれにせよ、王の絶大な権力というものは理屈の上のものでしかなかった。実際、王の権力は、仏教道徳でいう十正道 [Thotsaphittharatchatham][15] なる政治的道徳によって制限されていた。また、平民の管理には王権と労働力を様々なレベルの役人に分配しなければならず、王の権限は限られていた。

　ラーマ4世期、王権思想の変化が再び起こった。ラーマ4世が即位したとき、誓忠式で他の貴族官僚とともに誓忠聖水を飲み、民に対する忠義を誓って、王の地位と特権を弱めたのである[16]。その他、王の行幸のときでも人びとは家の戸を閉める必要はなく、直接王の顔を見ることができるとした。また、人びとが直訴をすることも許した。こうして、王と人びととの関係は以前より身近なものになった。

　一方で、王の威厳を高めるような西洋の習慣をとり入れた。例えば、王と謁見する際に特定の衣装を着させる、王宮に王旗を立てる、王の姿をかたどった彫像をつくるなどである。タイでは古来仏像としての王の肖像をつくる風習はあったが、王の人間としての肖像をつくることはなかった。西洋の影響を受けた新世代のタイの王には、二つの人格が期待された。一つは、王の徳をもって王国の平穏を維持するタンマラーチャーとしての人格であり、もう一つは、世界情勢に遅れず、西洋の学問についての知識を備えた指導者としての人格である。それらは、西洋帝国主義の脅威からタイを救うために必要な人格だったのである。

西洋人の進出

　トンブリー時代、タイはビルマと交戦状態にあった。そのころは、ヨーロッパも東洋貿易に充分な関心を払う余裕のない政治状況であった。このため、この時代にはタイに交易を求めにやってくる西洋人はいなかった。ラッタナコーシン朝ラーマ1世の時代に入ってはじめて、ヨーロッパの商船がタイにやってきた。タイとの友好通商関係を結ぶことを求めた最初の西洋国は、仏暦2329年に接触してきたポルトガルであった。だが、タイ政府はこれにあまり関心を示さず、ポルトガルの貿易はさして発展しなかった。ラーマ4世期に入り、ポルトガルは関係の修復をはかることになる。

　ラーマ2世期の仏暦2364年、イギリスから東インド会社の総代ジョン＝クロウファードが条約締結を求めてやってきたが、成功しなかった。同年、アメリカ商船がモンロー大統領の親書を携えてバンコクに至った。だが仏暦2375年まで外交関係の締結はなされなかった。

　ラッタナコーシン時代にタイと接触した西洋諸国は、みな通商条約締結のための交渉に努めていたが、タイは条約締結に重要性を見いださずにこれを退け、西洋諸国の期待は裏切られた。タイの王族や貴族官僚は、近隣諸国への輸出競争に西洋人を参入させることを恐れていたのである。加えて、独占貿易の利益を損ねることも望んではいなかった。さらに、勢力を増しつつあるイギリスは信用できないという感情があったのである。イギリスに対するこのような感情は、ナーラーイ王(m)の時代から続いているものだった。タイは、西洋諸国との通商条約締結に同意せずに王室独占貿易を続けた。

　また、西洋人商人は華人商人との間で関税に不平等な扱いをされたり、タイ政府に商品を先に買いつけたり価格をおさえたりする権限を行使されることが重なった。このため、西洋人商人は、自国の政府に問題の解決を要求した。仏暦2369年、バーネイ条約がタイとイギリスの間で締結された。この時点では、どちらも自国の領土内では法的主権を持っていた。バーネイ条約は、

仏暦2375年にタイがアメリカと結んだ通商条約の基本的内容となった。

通商条約締結後、貿易は急速に発展した。ラーマ3世期後半には、一部の西洋人商人の行動と、タイ政府が独占貿易に代わって導入した関税制度に不満を覚えた西洋諸国は、条約改正交渉に乗りだした。西洋諸国の努力が実ったのは、ラーマ4世期の仏暦2398年、バウリング条約の締結によってであった。

バウリング条約の主旨は次のようなものだった。

①プラクラン・シンカー局による独占貿易を廃止する。イギリス商人は、タイ人と直接商業取引を行える。ただし、武器のみは政府が直接買いつける。

②商人は、あらゆる品物を買いつけ輸出することができる。ただし、米、塩、魚の3品は、国内で不足が生じた際には、政府が輸出を差しおさえる権利を持っている。

③輸入税は3％とする。輸出税は、条約に示されたとおりの課税率とする。精米は1クウィアン[18]当たり10バーツ、精白糖は1ハープ[19]当たり2サルン[20]である。

このほか、タイ政府は輸出入税以外に重複して課税をすることはできなくなった。

この条約には、失効期限がないという欠点があった。そして条約改正のためには、調印後10年が経過してから、条約相手国の同意を得なければならなかった。このような制約によって、タイは自国の経済状況が変化しても、財政構造を変革することができなくなった。また、この条約は治外法権を認めており、イギリス人とタイ人との間で問題が起こった際には、イギリス側の裁判所で審理をしなければならなくなった。このことは、タイ政府にとって長らく問題として残った。

イギリスとのバウリング条約締結後、タイは同様の内容の条約を他の諸外国とも締結した。仏暦2399年にアメリカとフランス、仏暦2401年にデンマー

ク、仏暦2402年にポルトガル、仏暦2403年にオランダと続いた。

　ラーマ4世期末、タイの属国は西洋列強の脅威にさらされていた。属国であったクメールでは、フランスがタイの権限を認めず、仏暦2410年、タイは外クメール[21]の地をフランスに委譲する条約を受け入れざるをえなかった。

　ラーマ5世は、タイが西洋帝国主義の脅威にさらされていた渦中に即位した。この時期、タイはフランスに4度にわたって領土を委譲させられた。シップソーンチュタイ[22]（仏暦2431年）、メコン川東岸[23]（仏暦2436年：ラッタナコーシン暦112年事変）、メコン川西岸[24]（仏暦2446年）、そしてブーラパー州となっていた内クメール（バッタンバン、シェムレアップ、シーソーポンを指す。仏暦2449年）である。また仏暦2451年には、マレー半島のムアン（サイブリー、クランタン、トレンガヌ、ペルリス、および近隣の島々）をイギリスに委譲した。

　タイは、西洋諸国との関係ではその後もずっと不利な立場に立たされていた。第1次世界大戦で連合軍に参加し、戦勝国および国際連盟のメンバーとなると、タイは不平等条約の改正を要求することができるようになった。ドイツとオーストリアのような敗戦国は、戦勝国の突きつける不平等条約を飲まざるをえなくなっていた。タイは、アメリカの支援を受け、ラーマ4世期に締結した不平等条約の改正に成功したのである。

ラーマ5世期の行政改革

　ラーマ5世期の仏暦2435年に行われた行政改革は、中央政権から地方統治に至るまでの行政システムに変革をもたらすものであった。中央政権には、アユッタヤー時代、トンブリー時代、ラッタナコーシン時代前半期を通してあった部局制度の代わりに、省庁制度が敷かれた。各部局で役割が錯綜していたそれまでの統治状況とは違い、新しく設けた省庁は、役割分担と責任の所在を明らかにしていた。

　地方統治では1級、2級、3級のムアンと内地方ムアン、属国の区分を廃

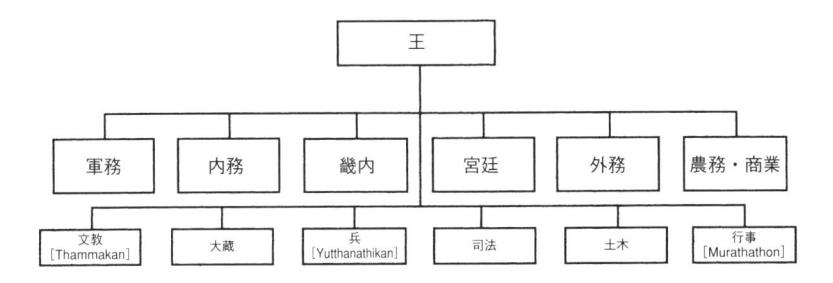

```
                    ┌─────────┐
                    │    王    │
                    └────┬────┘
    ┌──────┬──────┬──────┼──────┬──────┬──────┐
  ┌─┴─┐ ┌─┴─┐ ┌─┴─┐ ┌─┴─┐ ┌─┴─┐ ┌────┴────┐
  │軍務│ │内務│ │畿内│ │宮廷│ │外務│ │農務・商業│
  └─┬─┘ └─┬─┘ └─┬─┘ └─┬─┘ └─┬─┘ └────┬────┘
  ┌─┴──┐ ┌┴─┐ ┌─┴──────┐ ┌┴─┐ ┌┴─┐ ┌────┴────┐
  │ 文教 │ │大蔵│ │    兵    │ │司法│ │土木│ │   行事    │
  │[Thammakan]│ │  │ │[Yutthanathikan]│  │ │  │ │[Murathathon]│
  └────┘ └──┘ └────────┘ └──┘ └──┘ └─────────┘
```

123ページの図と比較せよ。

仏暦2435年後のラーマ5世期の行政改革

止し、「州[monthon]」として区分し直した。それぞれの州はさらにムアン（後に県[changwat]と改称）に区分され、首都に直接従属することになった。ムアンの内部はさらに郡[amphoe]、郡は区[tambon]、区は村[muban]に区分された。それぞれの行政区には統括者が置かれ、内務省大臣の下に州長、ムアン知事、郡長、区長、村長という序列ができ上がった。

改革の結果、バンコクは名実ともに統治機構の中心となり、従来のような権力分散型ではない、より強固な中央集権体制が確立された。「絶対王政[rabop somburanayasitthirat]」として、政治的権力が王に集約される体制が、ラーマ5世の時期にでき上がった。かつての王権は理論だけで、実際は制約を受けていたが、絶対王政では王は名実ともに最高権力を保持することになった。

この統治改革は、近代社会の基礎をつくるためのものであった。統治機構をうまく機能させるには、機構のなかで役割を担う人材を新たに育成しなければならなくなった。つまり、新しい教育制度のもとで教育を受けた人材が必要となったのである。そこで、かつてのような寺院や宮廷で教育を行う代わりに、「学校[rongrian]」がつくられ教育を行うようになった[05]。ラーマ5世期には、実にたくさんの様々な学校が開校した。仏暦2430年には陸軍士官学校が、仏暦2438年には海軍士官学校が設けられた。仏暦2440年には法律学校、仏暦2442年には近侍兵養成学校[Rongrian Mahatlek][06]が開かれた。学校開設は、新しい省庁部局のもとで働く新世代の人材を育成することが目的

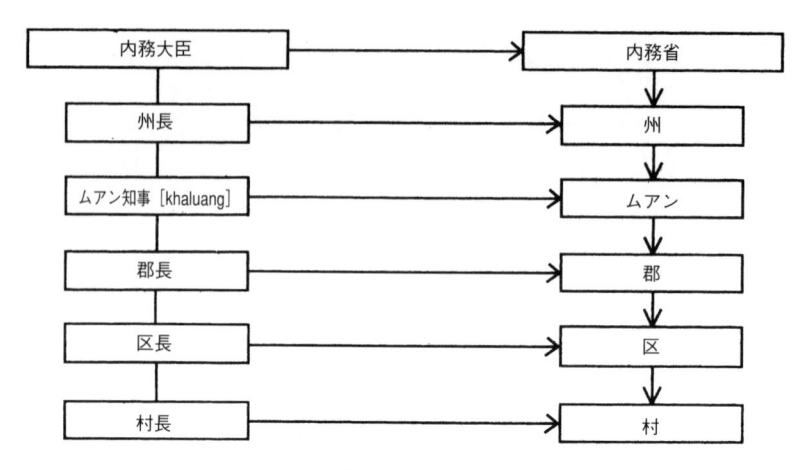

```
内務大臣 ──────────────→ 内務省
   │                      │
   ↓                      ↓
  州長 ──────────────→   州
   │                      │
   ↓                      ↓
ムアン知事 [khaluang] ──→  ムアン
   │                      │
   ↓                      ↓
  郡長 ──────────────→   郡
   │                      │
   ↓                      ↓
  区長 ──────────────→   区
   │                      │
   ↓                      ↓
  村長 ──────────────→   村
```

ラーマ5世期の中央政権と地方の統治の関係

であった。こうして、「貴族官僚制［rabop khunnang］」に代わる新たな「官僚制度［rabop ratchakan］」が発足した。この官僚制度は、王政とともにタイ社会の重要な機構の一つとなった。

仏暦2475年の立憲革命

　ラーマ5世期の行政改革の後40年がたった仏暦2475年6月24日、陸軍と海軍の士官および官僚99名が、人民党［Khana Ratsadon］の名で結集し、政権を掌握した。人民党はラーマ7世に上奏文を提出し、シャムに民主主義体制を敷くために憲法を発布することを求めた。これが、絶対王政の終焉となった。

　民主主義体制、そして政治変革への指向は、新しい教育を受けた世代の間で見受けられた。仏暦2427年に一部の王族と官僚たちが、ラーマ5世に対し、行政の責任を王ではなく内閣に帰属させる立憲君主制への変革を上奏する文書を提出した。「ラッタナコーシン暦103年の王国統治秩序変革に関する意見

書［Kham Krap Bankhomthun Khwamhen Chat Kanplianplaeng Rabiap Ratchakan Phaendin Ro.So.103］」と呼ばれるこの文書は、民主主義体制を目ざす最初の運動であったとみなされている。ほぼ同時期、ひとりの在野の人物が、

ラッタナコーシン暦103年の上奏文を提出したプリッサダーン親王と同志たち。

民衆の政治参加を提案する論文を執筆した。その人物、ティアンワン（仏暦2385-2458年）の書いた論文は、『トゥラウィパークポチャナキット』誌（仏暦2443-2449年）と『スィリポチャナキット』誌（仏暦2451年）に掲載された。ティアンワンは17年にわたり投獄されたが、民主主義の理想を固く信じた人物だった。

　民主主義体制への指向は、王族・官僚層から一部の一般人にも及んだ。これらの人びとは、前述のような新しい教育体制のもとで教育を受けていた。そのなかには、西洋諸国の民主主義政治を実際に見てきた人も少なくはなかった。彼らは、その国がいかに発展しているか、少人数が権力を握る絶対王政ではなく、国民の大多数が政治に参加することがいかに重要か、を理解していた。

　ラーマ5世は、このような動きを受け入れなかった。タイはまだ民主主義体制

ラーマ5世期に民主主義政治の思想を唱えたティアンワン。

には適応しきれないと判断したからである。だが治世の末期、仏暦2453年には、「わたしは、王子ワチラーウットの即位後すぐ、国民に贈り物をさせようと思う。贈り物とは、パーリアメント（議会）とコンスティテューション（憲法）である」[27]と考えるまでになった。

ラーマ6世とラーマ7世の時代、統治改革要求の声は高まっていった。ラーマ6世期の仏暦2454年には、一部の軍人たちが政権を掌握しようともくろんだ。これは、海軍中尉クン・タワヤハーンピタット（レン＝シーチャン）を中心とした、「ラッタナコーシン暦130年の反乱」として知られている。だがこれは失敗に終わり、参加した若手将校らは全員捕らえられた。

民主主義要求の声によって、変革への政治的基盤が用意されていった。ラーマ7世は、憲法を作成するために外国人の専門家の助言を求めた。アメリカ人フランシス・B＝セイヤー（Francis B. Sayre：プラヤー・カンラヤーナマイトゥリー）[28]や、外務省顧問となったアメリカ人レイモンド・B＝スティーヴンス（Raymond B. Stevens）がそうである。王は仏暦2474年、スティーブンスに、行政改革計画（An Outline of Changes in the Form of Government）と、憲法草案を提出させた。当時、国王最高顧問団［Khana Aphiratthamontrisapha］は、経済不況という表面上の問題解決のためとして、政治改革に同意しなかった。このため、このときの改革案は退けられた。

一方、セイヤーの憲法草案は、総理大臣が王に代わって直接行政の責任を持つことを提案していた。総理大臣は各大臣を

はじめて民主主義政治実現を掲げて行動を起こしたラッタナコーシン暦130年の反乱グループ。

選定し内閣を組織する権限を持った。この憲法草案には、12条の様々な原則的事項が記されていた。

第1条　王はひとり立法、行政、司法を司る最高権力を持つ。
第2条　王は内閣総理大臣（premier）を任命・罷免する。内閣総理大臣は、国家行政において王に対し責任を持つ。
第3条　内閣総理大臣は、各大臣を任命・罷免する。各大臣は、王と各省庁の任務に責任を持ち、王から割り当てられた諸政策にそって執務を行い、これらの政策と行政執務との連携を、各省庁の政策に従ってとり持つ。
第4条　各大臣は、内閣総理大臣に対し、管轄の省庁の任務に責任を持つ。
第5条　内閣は、内閣総理大臣を議長として、全般的執務を論議するための定例会議を持つ。諸結論の決定の責任は、内閣総理大臣にある。
第6条　内閣総理大臣は、全般的政策に関する諸問題を中心となって議論し、王に奏上する。諸問題の決定権は王にある。
第7条　王は5名から成る国王最高顧問団を組織する。内閣総理大臣は、顧問団のメンバーとなる。他の大臣はメンバーとはならずに、王が諸政策・諸問題に関して助言を求めた際に、意見を奏上する義務を持つ。顧問団は、官僚任命や一般執務に関して王に意見する権限を持たない。ただし、内閣総理大臣や他の大臣に対する意見であれば、この限りではない。
第8条　王は枢密院［Ongkhamontrisapha］のメンバーを任命・罷免する。
第9条　王が即位して3日間以内に、王は自らの王子、王女、もしくは他の王族のなかから、位階や年功にかかわりなく王位後継者を選定する。王位継承者の決定は、絶対である。ただし、決定後5年

間に限り、枢密院の助言を得て再選定をする余地がある。王が王位継承者を選定せずに死去した場合、枢密院が定員4名中3名の有効票数をもって選定する。

第10条　王は、時に応じて最高裁判所 [San Dika]（Supreme or Dika Court）、および他の裁判所の開廷を宣言し、その司法権を行使する。

第11条　王は、ひとり立法権を維持する。

第12条　憲法の改正は、枢密院の定員4名のうち3名の同意を得た場合に限り、王によってのみ行われる。

セイヤーの憲法草案では、絶対王政の形式にのっとり、王が立法、行政、司法の権限を行使した。

一方スティーヴンスの憲法草案は、プラヤー・シーウィサーンワーチャーとともに3部の意見書をまとめたものであった。1部は憲法草案、あとの2部は意見書であった。

二人の憲法草案は、内閣総理大臣を任命・罷免する王に行政権を司らせていた。その他の点では、いくらかの子細な内容を除いては、仏暦2475年のタイ王国憲法と非常に似通った内容であった。

仏暦2475年4月6日のラッタナコーシン朝150周年の後2か月余りがたった同年6月24日、前述のように立憲革命が起こった。リーダーは陸軍大将プラヤー・パホンポンハユハセーナー、主なメンバーは、陸軍大将プラヤー・ソンスラデート（テープ＝パントゥムセーン）、

仏暦2475年6月24日の統治変革を主導した人民党のメンバー。

陸軍少将ルアン・ピブーンソンクラーム（プレーク＝キータサンカ）、海軍少佐ルアン・シンソンクラームチャイ（シン＝カモンナーウィン）、ルアン・プラディットマヌータム（プリディー＝パノムヨン）らであった。

人民党が政権を掌握すると、ラーマ7世は絶対王政を廃止し、民主主義体制を採択することに同意した[29]。そして、最高権力は立法、行政、司法に3分割された。

仏暦2475年12月10日、憲法を授けるラーマ7世。

仏暦2475年の立憲革命以後の政治的変容

仏暦2475年の立憲革命以降、政治権力は王族の手から離れ、「人民党」を称する軍部や文民の官僚たちへとゆだねられた。絶対王政から西洋式民主主義体制への変革であった。やがて、行政は法律に根拠を持たねばならないと信じるルアン・プラディットマヌータムと、権力主義を堅持する陸軍元帥プレーク＝ピブーンソンクラームとの間で、対立が生じるようになった。

第2次世界大戦が勃発すると、ピブーンは日本軍がタイ領土を通過することを容認した。一方プラディットマヌータムは、連合軍と手を結んだ。大戦

末期、ピブーンは国際情勢に配慮しやむをえず権力を離れ、以後3年間（仏暦2487-2490年）にわたってタイでは六つの文民政権が発足した。仏暦2491年4月、ピブーンは権力の座に返り咲き、仏暦2500年にサリット＝タナラット元帥が選挙違反と汚職政治を理由にクーデターを起こすまで首相の座にあった。

　仏暦2501年10月20日、サリットは共産主義者の脅威を理由として2度目のクーデターを起こした。この時代の政治は、人びとに政治的自由を許さないものとなった。サリットが発した仏暦2502年の統治憲章のうち第17条は、国家の安定が危機に瀕したときには、総理大臣は内閣のみとの連携により、司法、行政、立法において絶対的最高権力を持つという、総理大臣の独裁権を保障していた。

　サリットは、総理大臣以外にも国軍最高司令官、陸軍最高司令官、警察局局長などの権力行使の中心的地位を占めていた。この時代の官僚制度は、政府の指示を受けて、上の命令どおりに行動する統治者の代理としての役割を担った。主導的役割を持つ国会議員でさえ、権力を掌握した軍部の手先であり、民衆の代表ではなかった。

　サリットは、政権の安定を保つための様々な策を講じていた。戒厳令の布告、新聞の検閲、あらゆる選挙の停止などである。ピブーン政権の打倒を果たした学生グループも、サリットがすべての大学の大学評議会の議長を務めたことから、みな監視下に置かれた。

　サリットは、様々な方法で国民に自分を受け入れ信頼することを求めた。王室を頂き、国内の治安維持を絶対とし、経済や社会の発展を目ざした。また「国が必要としたときにまた会おう」[89]などといって、人びとに自分の人格を信頼させようとした。

　このときのサリットのクーデターは、タイを15年間の長きにわたって権力主義の政治体制へ追い込むもととなった。そして軍部、特に陸軍が、その後タイ政治に果たす役割が大きくなった。民主主義には、「タイ式民主主義」[90]

を目ざすという道しか残されていなかった。

　サリットから政権を受け継いだ陸軍元帥タノーム＝キッティカチョーンは、安定した権力主義体制を維持することはできなかった。妥協して仏暦2511年に憲法を発布し、政府運営に問題が生じると、仏暦2514年11月14日に自分でクーデターを起こし、政府の権力を強化する法規定を設けた。だが、学生と民衆が連携して圧力団体を設立し、独裁政権を追放するために運動を行った。この運動は広く支持を得て、タノームは政権を追われ、国外逃亡した。

　このような抵抗運動は、タイにとって重要な政治的現象であった。軍事独裁政権に対抗する何十万もの人びとが、蜂起したのである。事件は仏暦2516年10月6日、学生と教官（1名）が憲法を要求するビラを配り、警察に逮捕されたことに端を発した。タンマサート大学において全国学生センター［Sun Klang Nisit Naksuksa haeng Prathet Thai］が集会を行い、10月9日には集会に参加する人の数はふくれ上がった。このため集会は13日に民主記念塔[20]へ移動した。14日、警察と集会の指導者たちが衝突して流血事件へと発展し、多くの死傷者と損害が出た。タノームと陸軍元帥プラパート＝チャールサティアン、陸軍大将ナロン＝キッティカチョーンが国外退去の要求を受け入れると、集会は16日に解散した。それが、軍事独裁政治の一時的停止と民主主義政治への転換となった。

　仏暦2516年10月14日事件後のタイ政治は、開かれた民主主義政治の時代と言える。政治的要求は高まり、文民政権は対応できないほどであった。経済面では、石油輸出国機構

仏暦2516年10月14日の政変。

OPECが石油価格をつり上げたために、石油危機に直面した。民主主義は、地方で活動する学生ボランティアを含めた普及委員会によって普及した。このとき、社会的発展を目ざす学生たちと、保守的で古い固定観念を持ち続ける官僚グループとの間で、思想的対立が起こった。

　仏暦2517年タイ王国憲法のもとでの政治状態は、完全な民主主義体制であった。タイ国民は、進んで政治に参加するようになった。20年以上も軍事独裁による抑圧が続いたため、政府に対する要求は大きかった。右派と左派との政治的理想の違いから、政治的雰囲気は競争にあふれ、対立が激しくなった。右派は左派のことを、国家・宗教・国王を破壊し、タイ社会に危険を及ぼす共産主義集団と見ていた。左派は、右派を旧態依然とした時代遅れの存在と考え、とりあわなかった。また両者は、民主主義を異なる評価でとらえていた。右派はイギリスや西ヨーロッパ、アメリカの政治体制を想定していたし、左派は、真の民主主義とは中国などの社会主義国に見られるような民衆のための民主主義だと考えていた。このような両者の対立は強まる一方であった。文学の出版や雑誌創刊の動きは無政府的になった。そして、この状況は仏暦2519年10月6日事件を勃発させた。この事件は、その残忍さからタイ史上の汚点であるとされている。タイ人どうしが殺し合い、物質的にも精神的にも甚大な損失を被った[28]。その後仏暦2519−2520年の間、民主主義は再び退けられ、権力主義の独裁へと後戻りした。この時代のタイは、政治体制が最も安定せず分裂していた時代であった。この時期、政権は文民ターニン＝クライヤウィチアンを首相とする軍部のかいらい政権であった。文民により独裁政治が行われていたわけであり、一般の人びとから抵抗を受けた。陸軍大将チャラート＝ヒランスィリが政権奪取に失敗した後、仏暦2520年10月20日に陸軍大将サガット＝チャローユーがターニン内閣にクーデターを起こした。

　仏暦2520−2531年の間は、陸軍大将クリアンサック＝チャマナン（仏暦2520−2523年）と陸軍大将プレーム＝ティンスーラノン（仏暦2523−2531年）

という二人の人物が首相を務めた。この時代タイ政治は、民主主義体制へと歩みを進めた。人びとは政治的権利や自由を手にするようになっていった。労働者たちは、自分たちの利益を要求するために組織を結成できるようになった。新聞の報道も自由になり、政党が発足し、選挙も行われた。仏暦2521年12月22日、タイ王国憲法が民主主義政治を保証する最高法規として誕生した。これは、仏暦2534年2月23日に国家治安維持団［Khana Raksa Khwamsagop Riaproi haeng Chat, Ro.So.Cho.］が政権につくまで効力を持った。

その後、アーナン＝パンヤラチュンが首相となり、仏暦2535年3月22日に総選挙を実施した。だが、各政党の代表は陸軍大将スチンダー＝クラープラユーンを支持した。彼は選挙によらず首相に就任し、スチンダー内閣は4月22日に発足した。学生や市民は5月17-19日、スチンダー内閣に抗議を続けた。最終的にスチンダーは、首相の座を離れる声明を出した。王はアーナンを再び首相に任命し、仏暦2535年9月13日に総選挙を実施すると布告した。選挙の結果、民主党のチュアン＝リークパイが首相となった。これにより、タイは民主主義へとまた一歩を踏みだしたのであった[36]。

課題例

1. タイ政治について専門家を招いて講義を聴き、生徒が質問する機会を持つ。
2. タイ政治の変容についてのスライドを見せ、生徒に説明させる。
3. グループごとに各時代の政治的事件について調べ、発表させる。
4. グループごとに、仏暦2475年後の文民政権時代と軍事政権時代の比較統計をパネルにして示させる。
5. タイ政治の変革を期した主な日について展示発表させる。
6. 現代タイ政治の方向性について、生徒に質問する。

章末問題

1. スコータイ時代のタイ社会の特徴は、どのようなものであるか。
2. スコータイ時代とアユッタヤー時代の統治形態の比較をせよ。
3. 「位階田制度」とは何か。アユッタヤー時代の社会においてどのような重要性を持ったか。
4. 平民層「プライ」が過去の社会において重要な基盤となったという説明について、あなたはどう理解したか。説明せよ。
5. ラッタナコーシン時代ラーマ5世期の統治改革について説明し、それが社会にどのような影響をもたらしたか示せ。
6. 仏暦2475年の立憲革命は、何が原因であったか。また近代タイの政治にどのような効果をもたらしたか。
7. 現代の民主主義政治の方向性はどのようなものであるか、説明せよ。

【注】

(1) タイ人は古くはクメールをコームと呼びならわしていた。9世紀からインドシナ半島中央部に栄えていたクメールの諸王朝は、南下してきたタイ人に言語など多大な文化的影響を及ぼした。本文で後述するシーサッチャナーライやロップリーはクメール人太守が支配するアンコール王朝の拠点で、クメール様式の寺院などが今も遺跡となって残っている。

(2) ムアン・ラート、ムアン・バーンヤーンともに、クメール時代のスコータイ配下のタイ人土侯がおさめるムアンであると思われる。

(3) 言語学で言うタイ・カダイ語族のことで、タイ語群とカダイ語群に分けられる。本文であげられているタイ語系諸民族は、本文にあるように言語だけでなく稲作や村落形態などかなり共通した文化を持っている。なお厳密に言えば、タイ国内で話されるタイ語も、シャム語、ラーオ語、ユアン語などいくつかの種類がある。

(4) 中国雲南省の西南部にある西双版納（シーサンパンナ。タイ語の音訳）タイ

族自治区。

(5) 広西省のタイ系民族は壮（チワン）族と呼ばれ、貴州省には布依（プーイ）族が住む。ともにタイ・カダイ語に属するチワン語を話す。

(6) アンコール・ワットとアンコール・トム。ともにクメールの古都。ここではクメール文明のこと。

(7) もとはサンスクリット語の「ダルマラージャ」で、仏法（ダルマ）に基づいて統治を行う王の意。仏法をよく知り、徳も高いことが王の権威の源となる。歴代の仏教王たちは、臣下や人びとの前でその正統性を確保するため、様々な面で仏教を擁護した。

(8) この世の天地草木に宿る精霊を含んだすべての生命を支配する、神聖不可侵な神としての王の意。神王の権威は、バラモンやヒンドゥーの信仰に基づく儀礼や様々な慣習により確保された。田中忠治『タイ　歴史と文化　保護—被保護関係と倫理』（1989年、日中出版）参照。

(9) 1569年にビルマの侵攻によって陥落したアユッタヤーは、15年間ビルマの支配下にあったが、王子時代のナレースアンが自ら軍を率いてビルマ軍を駆逐、国内の反乱をおさえてアユッタヤーの独立を回復した。

(10) 具体的には、北部のラーンナー王国、南部のマレー半島のイスラム諸国を指す。

(11) トンブリー王としてアユッタヤー時代の版図を回復し、さらにチェンマイやラオスを配下に従えたタークシンであったが、華人との混血であったことや貴族出身でなかったことなどから、アユッタヤー時代からの貴族たちと折合いが悪かった。その上、王の権威のよりどころであるべき仏教を冒とくする言動をとった。このため、部下の一人であったチャオプラヤー・チャックリーに除かれた。

(12) ラーマ1世期末からラーマ4世期までを指している。

(13) 古い貨幣または重量の単位で、1タムルンは4バーツに当たる。

(14) いずれも仏典の編纂などに携わる宗教関係の部局。

⒂　十正道は仏教思想に基づく原理で、人の上に立つ王者たるものが守らねばならない十の正義。布施、持戒、犠牲、公正、温和、努力、不怒、不圧、忍耐、不誤。

⒃　誓忠式［phithi thu nam phraphiphatsattaya］は、バラモン教の儀礼でもとはクメール帝国時代の王室儀礼。新王が即位する際にとり行われ、官吏たちが天地の精霊の名のもとに王への忠誠を誓い、聖水を飲み合うというものであった。アユッタヤー時代につくられた詩『聖水詩』は、この儀式の際にバラモンによって詠まれた。アユッタヤー初期にはじまり、仏暦2475年の立憲革命で廃止されるまで続けられた。

⒄　ナーラーイ王は、インドやイギリス、フランスとの交易を発展させ、外国人に内務や財政を任すなど画期的な政策をとったアユッタヤー時代の王。ギリシャ出身の官吏を重用し、イギリスと交易で対立したりフランスに使節を送るなど、外交に辣腕を振るった。

⒅　量の単位で、1台の牛車に積める量の意。約2,000リットル。

⒆　重量の単位で一人の人間が担げる重さの意。約60キロ。

⒇　1サルンは0.25バーツ。

(21)　下記の、注23、24以外のカンボジアの大部分を指す。

(22)　現在のベトナム北部。

(23)　現在のラオスの大部分とカンボジアの一部。ラッタナコーシン暦112年事変とは、当時ラオスの保護領化を狙っていたフランスが、ラオスに対するベトナムの宗主権を主張して、チャオプラヤー川河口に軍艦を配置してバンコク政府に当該地域の割譲を迫った事件。

(24)　現在のラオス北部とカンボジア北部。

(25)　行政改革期における学校の設立は、主に官僚養成の必要性に基づくものであった。文中にあげられた各種の学校はすべて官僚養成校として設立され、関係する省や局に連続し、王族や貴族の子弟を対象とするものだ。一般庶民の子女を対象にした、いわば読み書きそろばんレベルの基礎教育は、行政改

革期に寺院を基盤として普及する方針が決まったものの、学校設置の地域差は免れえなかった。教育普及政策が義務教育法として確立したのはラーマ6世期の1921年であり、このころから小学校が、全国各地に設置されていくことになる。David K.Wyatt, The Politics of Reform in Thailand; Education in the Reign of King Chulalongkorn（1966, Yale University Press）参照。

(26) 王の執務の補助をしつつ、やがて高級官僚となるべく宮廷で訓練を受けていた若者たちを、近衛兵として組織したものが近侍兵であった。

(27) ラーマ5世のこの考えは結局は実現せず、議会に代わる王政の諮問機関と憲法草案は、ラーマ7世期（1925-1935年）になってはじめてつくられた。

(28) 王政期の官僚は、その役職に応じた位階と欽賜名を授けられ、公には本名よりもこれらを名のることが多かった。これは外国人官僚についても例外ではない。セイヤーの場合は、プラヤーが位階、カンラヤーナマイトゥリー（「素晴しき友好」の意）が欽賜名で、ラーマ5世期の米国人顧問にも同じ名が授けられている。

アユッタヤー時代にも華人や西洋人の高級官僚や役人がいたが、タイ政府は当時からこのように外国人にも政治的地位とタイ風の名前を授けることでタイ社会に彼らを組み込み、外国人の反乱や不満をおさえる手段の一つとした。

(29) 人民党は政権を握るに当たって、国内経済の安定や国民への平等な権利の付与、国民に対する充分な教育の保証などの項目から成る人民党宣言を発表。同年末に立憲君主制のもとでの三権分立、王族の政治関与の禁止などを盛り込んだ憲法を採択した。人民党は護憲の旗印のもと軍部と議会を独占し、複数政党制を求める元王族の反乱を鎮圧するなど反対勢力を次々排除した。敗戦間近にピブーンソンクラーム政権が崩壊するまで、事実上の閥族政治が続いた。

(30) 詳細は不明だが、サリットが首相を辞任する際に語ったことばと考えられる。

(31) サリットの目ざす「タイ式民主主義」は、国民のための政治を語る反面、内実は国民の真意を映し出すシステムをすべて破棄し、権力による統制にしめ

つけられている形骸化した民主主義だった。サリット政権は、憲法や議会を否定することからはじまっていたため、政権の正統性を示すために、王室を国民全体の敬意の対象としてあがめ、政府はその意向が反映したものであるということを強調した。さらに王室や軍部、官僚ら指導者層の義務として、社会を管理し秩序を規定し、人びとを善導してその要求に答えることをあげ、国民はこれに従い協力することとした。第3章で触れたような数々の開発政策がこの名目のもと断行され、政権の規定する秩序に反する者は容赦なく排除された。

㉜ バンコクのラーチャダムヌーン通りに立つ巨大なモニュメント。立憲革命を記念し建てられた。時折、政治の民主化を求める運動などの政治集会の場に利用される。

㉝ 「血の水曜日」と呼ばれ、タイでは今でも最も残忍な民主主義弾圧の象徴的事件とされている。国外逃亡していたターニン元首相が帰国し、学生民衆が非難集会を開いたところ警察と軍部、右派各集団がこれを襲撃。いく多の死傷者・不明者を出す流血の惨事に至り、内閣は右派の意のままに大臣を解任、軍部の事実上のクーデターとなった。

㉞ 1995年にチュアンが辞した後も、バンハーン＝シンラパアーチャー内閣（1995年7月―1996年11月）、チャワリット＝ヨンチャイユーン内閣（1996年11月― 1997年11月）、第2次チュアン内閣（1997年11月― 2001年1月）、現タークシン＝チナワット内閣（2001年1月―）と文民政権が続いている。

第 5 章

西洋と東洋の社会と芸術文化の変容

学習目標　西洋と東洋の社会、芸術文化の変容を促した、主なでき事について知識と理解を得る。

◇方針◇

1．西洋と東洋の社会と芸術文化の変容を促した主なでき事について、例をあげ、説明できるようにする。

2．西洋と東洋の社会と芸術文化の変容を促した主なでき事を分析し、問題の解きかたを身につける。

3．各時代の人びとの芸術文化的作品の例をあげ、説明できるようにする。

西洋の社会と芸術文化の変容

　西洋が世界に広く影響力を持つ普遍文明をつくり上げたことは、広く認められている。西洋がつくり上げたものは、科学技術の進歩、産業技術、民主主義政治、芸術文学にまで及ぶ。一方、タイは世界共同体と密接に結びついており、世界レベルで重要な役割を果たそうとしている。このためわれわれは、西洋世界の特徴と成り立ちについてよく理解する必要がある。この章では、西洋社会の全体像と、芸術文化の思想や作品について、過去から現在にまでわたり学ぶ。

　西洋世界の進歩は、地中海周辺においておよそ6000年前にはじまった。この地域には、中東、ギリシャ、広大なローマ帝国の順で文明の蓄積が見られた。

古代中東

　考古学や歴史学の史料によると、大規模で秩序ある共同体が最初に現れたのは、地中海の東側、アジアとアフリカのつなぎ目あたり、エジプトとメソポタミアであった。この二つの地域は大部分が砂漠に覆われていたが、エジプトはナイル、メソポタミアにはチグリスとユーフラテスという大河が流れていた。これらの河川は、あるときは氾濫し、あるときはほとんど干上がりそうになった。これらの河川流域は、中東の古代人にとっての穀倉地帯であり、人力を結集させて灌漑設備を整え、敵と闘うための技術を生みだした土地であった。このことによって、広大な帝国を王の主導のもとに統治するという形態をつくりだしたのである。

　エジプトとメソポタミアの人びとは、自然に隠された力の存在を信じていた。自然は常に変動し、豊作や凶作を決定する。このため太陽や山、川は賞

賛の対象になり、神として神聖な儀式を行い敬い奉られるものだった。統治者の権力は宗教と密接に結びついていた。例えば、エジプトの王ファラオ（Pharaoh）は、最高神である太陽神レー（Re）の子どもとされた。このため人びとは統治者層を信頼し、畏れ敬った。

　古代の中東人は、後世の人びとに遺産を残していた。それは、文字の発明である。エジプトの象形文字（hieroglyphics）であれ、メソポタミアの楔型文字（cuneiform）であれ、フェニキア人（Phoenicians）の表音文字であれ、後にギリシャやローマの文字の原形となったものである。これらの文字は、ある世代から別の世代へと完全かつ正確に情報を伝え残すことができるという、大変重要な意味を持った。

　古代中東のもう一つの遺産は、建築技術である。エジプト人は山から岩を切り出して運び、世界でも驚異的な、ファラオの遺体を納める巨大な神殿、ピラミッド（Pyramid）をつくった。メソポタミア人は、地上から何階もの高さにそびえる巨大な神殿、ジグラット（Ziggurat）を建てた。その他の建築物では、バビロンの空中庭園（Hanging Garden of Babylon）と呼ばれる大規模庭園を、カルデア人が宮殿の上部につくった。これらの壮大な建築物は、

メソポタミアの楔型文字。

エジプトの象形文字は紀元前2700－100年に発達した。書かれている語の意味例（上から）：1．束ねられた三枚の山犬の皮、2．鞭、3．鉈、4．ハチミツ、5．石の水差し、6．書記の道具、7．パピルスの巻物。

たぐいまれな建築技術、神への強い信仰心、指導者への尊敬があったことを物語っている。

中東人が残した彫刻では、エジプトのスフィンクスのような石の彫刻や、メソポタミアのアッシリア人によるレリーフ画（bas-relief）がある。

中東人の文明は、直接には西洋人のものではないにせよ、先進的文化の基盤となった最初のものだった。それが、西洋人の直系であるギリシャやローマの人びとに受け継がれていったのである。

エジプトの王ファラオを埋葬したピラミッド。

メソポタミアの大規模宗教施設ジグラット。

メソポタミア・アッシリアのレリーフ画。

古代ギリシャ

ギリシャ社会は、なにものにも増して自由を尊んでいたという点で、エジプトやメソポタミアとは明らかに異なった。紀元前2000年ごろ、ギリシャ半島に民族が移動し、クレタ島からミノア文化（Minoan）を受け継いだ。ギリシャ

第5章 西洋と東洋の社会と芸術文化の変容 —— 157

人は大きな帝国をつくらず、各地に分散してアテネやスパルタなどの自由都市国家（city-state）を建設した。ギリシャの都市国家の市民たちは、自分たちを自由民であるとみなし、公共事業や自分たちの都市の運営に進んで参加した。こうして、民主主義的統治は発生したのである。

　ギリシャ人は、たくさんの神の存在を信じていた。太陽神アポロ（Apollo）、最高神ゼウス（Zeus）、海神ポセイドン（Poseidon）などである。だが、ギリシャ人は中世の西洋人のように盲信的に神を畏れ敬うことはしなかった。彼らは、思考力を用いて理論的に、自由に、身の回りのことを理解した。この思考の作業が、哲学（philosophy）と呼ばれるものである。ギリシャは、世界的に著名な哲学者を三人生みだした。ソクラテス（Socrates）プラトン（Platon）、アリストテレス（Aristotle）である。ソクラテスは、真に自己を知ることからはじめ、あらゆるものの真実を探究することを説いた。プラトンは、世の中の物質はすべてイデアの投影であると信じ、人は知力をもってこれに到達できるとした。プラトンは、最良の統治者は知恵と教養を備えた哲学者であるべきだと提案した。プラトンの著作は、『対話篇（Dialogue）』『国家（The Republic）』などである。アリストテレスは、多くの学問的知識を創出し、充足や中道が物事をなすときの最良の状態であると説いた。これ

古代ギリシャの著名な哲学者、ソクラテス。

アテネの学問所でのプラトンとアリストテレス（中央の二人）。

らの古代の哲学者たちは、現在に至るまで西洋人に影響を与えている。

ギリシャ・アテネのパルテノン神殿。

ギリシャ人の残したもう一つの世界的遺産は、建築である。建築は、ギリシャの優れた芸術品でもある。ギリシャは、建築技術をエジプトから受け継ぎ、改良した。ギリシャのどの都市国家にも、一番高い所に礼拝堂が建てられている。四角い敷地で、大理石の柱が屋根を支え、写実的だが身体美を誇張された人間の彫刻で飾られている。アテネのパルテノン神殿（Parthenon）がその一例である。建築者はこの神殿を、ただ壮大に見せるだけでなく、均整のとれた丸みによって表現しようとしている。

ギリシャ彫刻の粋、大理石彫刻。

ギリシャの土器に描かれた装飾画。

ギリシャ彫刻には、大理石彫刻と青銅像がある。ギリシャ彫刻は、まるで生きているかのように写実的な人間の身体をよく表現している。

　絵画では、土器に人間や動物、ツタ科の植物などが描かれている。多くが、当時の人びとの生活を描いたものである。

　ギリシャ人は、非常に価値ある作品を多く残した。ギリシャ神話、イソップ物語、ホメロス（Homer）の叙事詩、歴史的記録、ギリシャ悲劇などである。これらの作品は、人間の心理や道徳的問題について深く細かく分析している。そして今日に至っても、西洋の詩人はギリシャの書物や演劇を参考にしている。

　ギリシャの繁栄は、およそ紀元前4－5世紀の古典時代（Classical Period）と呼ばれる時期に最高潮に達した。中心地はアテネであった。その後ギリシャの文化は中東の文化とまざり合い、ローマ帝国がこのギリシャと中東の混交文化を受け継いでいく。

古代ローマ帝国

　ギリシャ人を思想の民とするならば、ローマ人は秩序を敬い神の権力を畏怖する行動の民であった。ローマ社会は保守的で、伝統を重んじる社会だった。ギリシャ人がギリシャ半島に住みはじめたころとほぼ同時期に、ローマ人はイタリア半島に移動し、ローマに確固とした首都を築いた。統治者は、この都に住む高貴な家系から選びだされた人びとであった。ローマ人は、軍事や外交の面で能力を発揮し、紀元前1世紀には地中海沿岸全域を勢力下におさめた。ローマ人は、これほどまでに多様な地域を一つにまとめることができた唯一の民族である。そして首都ローマを中心とする大帝国の統治のもと、普遍的文明を築き上げたのである。

　ローマでは、人びとは二つの階層に分かれていた。全人口の10分の1を占める貴族層パトリシアンと、農民や職人、商人からなるプリビアンである。そのほか、属州から集められた多くの奴隷がいた。

ローマは多くの属州を抱えていたために、民は厳格に秩序を守り、効率的な法律をつくり上げた。大都市の内部で施行される都市の法律や、ローマ帝国が異なる地域間の関係を掌握するためにつくった国際法もあった。ローマの法律家は、よい法律とは理に適った物事の関係を表すものであり、自然を反映するべきであると考えていた。ローマ人の法典編纂は、後に西洋人の法学の基本となった。

　ローマ人が行動の民であることは、彼らの建造物からもはっきりとうかがわれる。ローマ人は、大群衆の利用に耐えられる壮大な公共施設を多く建てた。なかでもコロッセウム（Colosseum）は、6万人もの観客を収容できる。円形の敷地を持ち、アーチ型の屋根が交互に組み合わさって天井を覆っていた。大規模な建造物は、アーチ型や半球型の屋根を持ち、コンクリートを使っていたこともあった。また、大規模な水道管や、石で舗装され帝国の各地を結びつける道路も建設された。ローマの大規模建築は、ギリシャ建築の繊細さと丸いフォルムをとり入れたもので、ヨーロッパ大陸の各地にこのような古代建築は残っている。

　ローマの彫刻は、モデルの人格を明確に作品に写しだしている。ローマの絵画は、奥行きや陰影をよく表現し、より写実的になっている。

　ローマの文学は、政治、心理、歴史に関するものや、ローマの民や指導者の偉大さをたたえた詩などがある。詩はギリシャの叙事詩の型を

ローマ帝国の競技場コロッセウム。

まねたものであった。ローマの著名な作家としては、政治詩人キケロ、叙事詩人ヴァージルらがいる。

ローマ帝国は、長期間にわたって中央政権が主導力を保ち続けるには広大すぎた。このため西と東に帝国は分裂し、後のローマ人は、かつて築いてきた偉大な文化の価値を忘れて浪費と自惚れにうつつを抜かすようになった。5世紀、西ローマ帝国は、北方から侵入してきた未開のゲルマン民族によって滅ぼされた。これをもって古代の終焉とみなしている。東ローマ帝国は、その後1000年間、中世ヨーロッパに生き延びることとなる。

中世

中世は、古代と近代の間、およそ5世紀から15世紀[1]までの1000年間を指す。ローマ帝国崩壊後、未開なゲルマン民族がヨーロッパ大陸を占拠した。そして、古代の先進的な文明にはたいして関心を寄せず、独自の文化と社会を築き上げていく。

かつて、ローマ時代に繁栄を極めた都市社会はすたれていった。人びとは各地に分散して農業に従事し、農村を形成して暮らすようになった。未開人が築いた、王を頂くいくつかの王国も、厳格な支配をすることはできなかった。ヨーロッパ大陸は、何百という小さな領国に分裂し、その多くでは封建制（feudalism）による統治が行われていた。社会は王、諸侯、騎士ら特権を持つ上流階級と、彼らに支配される農民や農奴ら下層階級に分かれた。諸侯は土地を所有し、忠誠心と引き替えに騎士たちにこの土地を分け与えた。騎士は農民に自分の土地を耕作させ、自分は農民から収穫の一部となんらかの奉仕を得た。封建制は、ローマ帝国のように中央集権的ではなく、政治的権限は分散していた。

思想や信仰の面では、中世ではキリスト教が重要な役割を担うようになっていった。当時の生活は必ずしも平穏で安定したものではなく、様々な領国の間で戦争が絶え間なく起こっていた。その上人びとは伝染病や飢饉にも苦

しめられた。このため人びとは敬虔にキリスト教を信仰し、現在の苦難は後に神の国で永遠の命を得るときのための試練なのだと固く信じた。

キリスト教は、もともとはユダヤ教の一宗派であった。中東の地に発祥し、ローマ人の間に広まって、ローマ帝国時代末期には国教となるほどになった。このためキリスト教は、ローマ式の安定的かつ効率的な運営組織、教皇を頂点とする教会を有していた。その教義は永遠の生命のための善行を強調するもので、未開なゲルマン民族にも信仰心を寄せさせる力を持っていた。ローマ帝国崩壊後も、首都ローマの教会はすたれることなく、中世の人びとの精神的権威という地位を保持し続けた。ヨーロッパの政治的側面からもわかるように、教皇は王や諸侯よりも強い権力を持っていた。農村社会では、聖職者が人びとの誕生から死までの人生において重要な役割を果たした。聖職者は様々な儀式をとり行い、道徳的知識や世の中のことについての知識がある人物で、人びとはあらゆる面でこの人物を信頼していた。中世社会では、教会は王国よりも強い影響力を持っていた。

注目すべきことの一つに、東ローマ帝国がビザンチン帝国（Byzantine Empire）の名で中世西ヨーロッパに生き抜いていたことがある。ビザンチン帝国には芸術文化の蓄積があり、かつてより西ヨーロッパに影響を与えていた。中世に入るとビザンチン風の芸術作品は、ほとんどがキリスト教に関係するものになった。特に絵画が秀逸であり、木製のカンバスに描かれたものや、教会において見られるもので、壁を濡らして石灰を塗り付けたフレスコ画（fresco）、モザイク画などがある。

彫刻では、ほとんどが象牙や青銅のレリーフである。

建築物の特徴は、教会の天井をドーム型にしたことである。内部では窓や扉の上部に色ガラスで飾りをつけたものがある。有名な例に、セント・ソフィア聖堂のものがある。

西ヨーロッパの芸術作品は、以下のように大きく二つに分けられる。

ロマネスク芸術（Romanesque Art）は、6世紀ごろから12世紀ごろまで流

第 5 章　西洋と東洋の社会と芸術文化の変容 —— 163

板に描かれたフレスコ画。現在はイスタンブールのトプカプ宮殿にある。

モザイク画装飾。ソビエト・モスクワのステイト・トレチャコフ・ギャラリー所蔵。

行した芸術様式で、ローマ風建築技術とゲルマン民族の芸術が融合したものである。西ヨーロッパの各地に見られ、特にフランスに多い。ロマネスク芸術の特徴は、教会の中心となる大規模な聖堂をつくる建築様式である。初期においては、聖堂は簡素で、天井はアーチ型、壁は厚く、窓は少なく風通しが悪かった。彫刻は多くが大型で、レリーフに古代ゲルマン的な幾何学紋様に似た模様が掘られていた。

また絵画には、フレスコ画や普通の絵画があった。

ゴシック芸術（Gothic Arts）は、ロマネスク芸術から発生し、独自の様式を発展させたもので、中世ヨーロッパ美術の秀美である。およそ12世紀から16世紀まで流行したもので、ギリシャ・ローマの影響をまったく排したヨーロッパ

ビザンチンの象牙彫刻。現在はフランス・パリのルーブル美術館が所蔵。

コンスタンチノープルのセント・ソフィア聖堂（現在のトルコ・イスタンブール）。

フランス・ヴェズレー聖堂の彫刻。ロマネスク彫刻。

独自の美術である。ゴシック美術における建築物の特徴は、ロマネスク美術から発展した聖堂建築に見られる。天井のアーチ型は細く狭まり、外部から柱が支えているために壁は薄くなり、美しい紋様のステンド・グラス（stained glass）をはめた大型の窓をとりつけることができるようになった。このため聖堂の内部を明るく輝かしい雰囲気にすることができた。

彫刻は、聖堂の大扉の上部や周囲の石像に見られる。柔和で優美な様式で、自

フランス・シャルトル大聖堂のゴシック彫刻。

フランス・パリのノートルダム大聖堂。ゴシック建築。

第5章　西洋と東洋の社会と芸術文化の変容 —— 165

然な雰囲気があり、ロマネスク美術に比べ人間主義的な傾向が見られる。

絵画は、多くがステンド・グラスによるものである。

文学では、中世の聖職者がラテン語でキリスト教について記した文章が残っている。ラテン語は、教養ある人びとの共通語であるとみなされていた。中世の初期から絶大な影響力をもたらした宗教に関する書物は、聖アウグスティヌス（Saint Augustine）の『神の国（The City of God）』

イタリア・フィレンツェのサンタ・マリア・デル・フィオーレ大聖堂のステンドグラス。

である。ここには二つの世界の信仰について書かれており、人間は生まれながらにして罪深いものであるから、人間社会である下界は価値のないものとされている。神の国である天界は、至高の幸福である永遠の生命が得られる場所で、キリスト教が目ざすべき場所であるとされている。世俗の文学では、フランス語やイタリア語、スペイン語など地域のことばで書かれるようになっていった。多くが叙事詩であり、騎士が諸侯や王ら主人に対して忠誠心を持つことをたたえている。フランスのカール大帝に忠義を尽くすためにムスリム軍と命を賭けて戦った騎士の物語『ローランの歌（La Chanson de Roland）』などが有名である。

中世末期には、ヨーロッパ中の都市で商業が盛んになっていった。農村部の封建制は徐々にすたれていった。王はかつてよりも集権的な権力を持つようになった。このため、諸侯らの争いは少なくなり、社会は安定して交易が盛んになった。人間や思想、品物の移動が、西ヨーロッパ中で起こった。人びとはよりよい生活を求め、制約の多いキリスト教的世界観以外の知識を欲するようになった。こうして、キリスト教の発生以前に蓄積された古代文明へと、関心が立ち帰るようになった。中世末期は、重要な転換点とみなされ

ている。西洋世界の社会と文化は、近代へ向けて大きく変化していったのである。

近代

　近代とは、15世紀から現代に至るまでを指す。この時代には、西洋社会に大きな変革が生じた。まず、王権体制のなかで一つのまとまりある国家というものが発生した。中産階級が勢力を伸ばし、新しい科学的知識を追求する人びとも現れた。後に統治形態は発展し、一般の人びとには自由が与えられた。これを民主主義という。中産階級は社会のリーダー的存在にまでなり、科学が物質的な進歩のために導入された。芸術文化の活動は、精神的な価値をもたらした。近代は、次の二つの時期に分けることができる。

前期近代（15－18世紀）

　中世以来の商業の繁栄は、封建制のもとで大きく分け隔てられていた上流階級（王族や貴族）と下層階級（農民や職人）との間に、新しい階層を分け入らせた。この新階級を、中産階級と呼び、商人のほか、医師・法律家・芸術家・教師など知識を必要とする職業に従事する者から成っていた。彼らは都市社会で成長し、経済力を増していった。中産階級は王権を支え、王が封建制のもと領地を支配していた諸侯と対決するのを助けた。そして王は権力を集中させて多くの小さな領地を寄せ集め、イギリスやフランス、スペインのような、広大な国家を築き上げることができるようになった。フランスの場合、17世紀のルイ14世の時代、王権は明らかに絶対王政の形をとるようになった。次の世紀、中産階級がまとまりを見せてくると、絶対王政は変革され、民主主義のための革命が勃発する。

　西洋世界の近代は、15－16世紀の「芸術・学問の興隆」（ルネサンス Renaissance）からはじまる。これは、ギリシャ・ローマ時代に発生し東ローマ帝国で蓄積された芸術や学問の復興運動である。この運動はイタリア

に端を発し、全ヨーロッパ大陸へ急速に広まった。芸術・学問の復興は、1000年もの間キリスト教に思想的制約を受けてきた西洋人に影響を与え、変化を生じさせた。知識人はギリシャやローマの哲人にならって、人間の価値や現世の生活に関心を持ちこれを重視するようになった。そして中世にそうであったように神の世の永遠の生命ばかりを追い求めなくなった。人間の価値を尊びたたえるこの考えかたは人文主義（humanism）と呼ばれ、西洋世界の学問・教育の根本的思想となっていく。

　学問的復興は、宗教改革（Reformation）とともに進行した。これは、ローマを中心とするカトリック教会から分かれていくつもの新しい宗派が生まれ、イエスの教えを再解釈したことから生じた。この新宗派はまとめてプロテスタント（Protestant）と呼ばれた。プロテスタントは、それまでのキリスト教同様、神に対する信仰を維持していたが、ローマ教会が完全に思想の取締りをすることができなくなるほど、実に多様な信仰や教義があった。

　また、別の変化も生じていた。例えば、グーテンベルク（Gutenberg）による印刷術の発明、探検航海などである。これらはヨーロッパ人の世界観をおおいに広げ、封建制のもとで固く閉ざされていた創造性を解放することになった。この後、西洋の知識人たちは、現在の生活状況をよりよいものへと発展させるために、様々な事象に対する真の理解を真摯に追求するようになった。このような理念は、17世紀の科学的知識の追求の動きのなかに明確に現れている。コペルニクス（Copernicus）、ガリレオ（Galileo）ら天文学者、ニュートン（Newton）などの物理学者、デカルト（Descartes）などの数学者は、それぞれに世界と地球の真実なる形について、ひらめき、試行し、仮説を立てて証明し、理論を構築しながら究明していった。彼らがたどり着いた結論は、地球上の様々な事物は、超自然的な威力によって制約を受けているわけではなく、機械と同じように物理的な理論にのっとって存在しているということだった。さらに、人間が理解、説明することができ、原理を知ることができれば人間が利用することができる、という結論にも達した。18

世紀は、「啓蒙」(Enlightment) の時代と呼ばれている。哲人たちが科学的理論に基づいた思想を用いて、人間と社会について具体的な例をあげて論じ、社会とは単なる「産物」であり、人間が理解し改善し変化させることができるものである、ということを示した。

　15－16世紀のルネサンス期の芸術文化には、ギリシャ・ローマの芸術文化にならった影響が、はっきりと見てとれる。しかし同時に、中世以来の趣味がまじり合い、ギリシャ・ローマのものとは異なった、独自の発展も見られるのである。　建築では、イタリアにあるルネサンス期の聖堂や城に、古代の材質である大理石の使用、アーチ型の天井、太い柱、ドーム型の屋根などの特徴が見られる。有名な例は、ローマ・バチカン市国のサン・ピエトロ大聖堂がある。彫刻は、人間の身体美をギリシャ・ローマ風にはっきりと強調した人間の像が特徴である。例えば、ミケランジェロ (Michelangelo) によるダヴィデ像 (David)

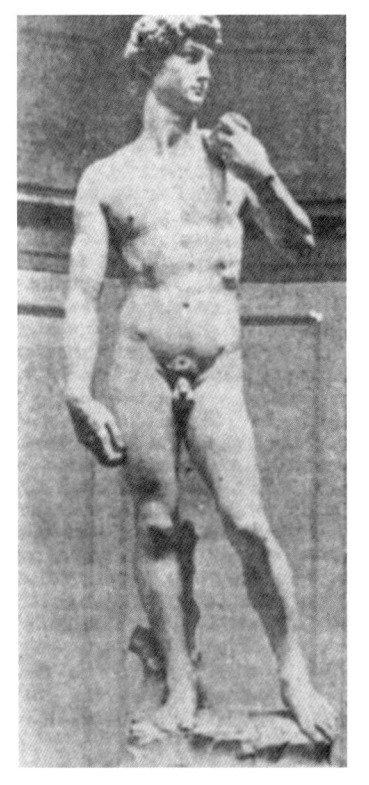

イタリア・フィレンツェの大理石像ダヴィデ。

ヴァチカン市国、サン・ピエトロ大聖堂。

などがある。絵画は、人間や人間世界への関心から発した新たな創造性が、おおいに開花した分野である。より写実的になり、奥行きや陰影を表現できるようになった。肖像画であれば、モデルの雰囲気や人格を絵に反映するようになった。例えば、レオナルド＝ダ・ヴィンチ（Leonardo da Vinci）のモナ・リサ像（Mona Lisa）などがある。

　文学では、ルネサンス期の人文主義的思想の影響を受けている。その影響がはっきり見られるのは、イタリアやフランスで流行した叙情詩（lylic poetry）である。多くの詩人が、愛情や幸福、悲しみや個人的な人生哲学をうたった。また、人間の行いを深く扇情的に描いた、シェークスピア（Shakespeare）の戯曲もある。著名な哲人には、聖書を翻訳したエラスムス（Erasmus）や、マキアヴェリ（Machiavelli）がいる。マキアヴェリは、政治哲学『君主論（The Prince）』を著し、政治は、道徳とは切り離すべき世俗的な権力によるものであると語り、君主は徳の人であるよりも威力の人であるべきだということを示した。また、トマス＝モア（Thomas More）は、著書『ユートピア（Utopia）』で、美しさだけからなる理想の地を描きだした。

　王権の全盛である17世紀には、建築は簡素になり、構成物の均衡、厳格さ、荘重さを重視するようになった。だが内装は豪華であり、絢爛たる模様で覆われていた。この様式をバロック（Baroque）といい、ギリシャ・ローマ趣

| エラスムス | トマス＝モア | マキアヴェリ |

フランス・ヴェルサイユ宮殿。　　　　バロック美術の室内装飾。

味とは異なっていた。外装と内装の異なるこの様式の例としては、ルイ14世がパリに建てさせたヴェルサイユ宮殿がある。

　バロック式絵画は、ルネサンス期の技術を受け継いでいるが、光と影の使いかたや色のまぜかたに進歩が見られる。多くは絢爛豪華な王族たちの生活や、美しく着飾った中産階級の人びとを描いている。一方、音楽の分野では大きな発展が見られた。よりたくさんの演奏者や楽器を用いたオーケストラ（orchestra）が生まれたのである。主な音楽家には、ヨハン・セバスティアン＝バッハ（Johann Sebastian Bach）、ヴィヴァルディ（Vivaldi）がいる。

　民主主義のあけぼのでもあるこの時代の文学は、ギリシャ・ローマ文学に範を求めていた。ルイ14世時代の王室詩人ラシーヌ（Racine）による悲劇は、ギリシャ神話に原案を得、アリストテレスが定めた定型によって物語をまとめていた。同時に、近代の民主主義社会を反映してもいた。

　啓蒙の時代である18世紀には、建築や絵画、彫刻は王権全盛期の様式を踏襲していたが、文学と音楽は新しい時代へ向けた変化の象徴として、はっきりと前時代とのちがいが見られた。

　文筆家たちは、世の中には理論や秩序があると固く信じ、著作にもその信念が表れていた。彼らは読者を教え諭し、楽しませることを目ざし、社会に適応するために必要なことや信じなければいけないことを記した。モンテスキュー（Montesquieu）やヴォルテール（Voltaire）ルソー（Rousseau）などの思想家は、王権中心の社会について政治、宗教、経済、伝統や慣習などの

分野から広く研究、分析し、批判した。彼ら知識人は、王権は人類の進歩と幸福にとっては障害であるとみなしていたのだった。彼らによってなされた批判は、18世紀のアメリカやフランスでの民主主義のための革命を促す原動力となった。

理論や知識、人間の能力を信じようとする思想は、オペラでの独演や独唱など、音楽芸術の分野で作曲家や音楽家、歌手らに個人の能力を示す機会を開いた。この時代の著名な音楽家は、ウォルフガング・アマデウス＝モーツァルト（Wolfgang Amadeus Mozart）である。作曲は、厳格に様式にならうことが求められたが、この時代の末期のドイツ音楽家ルードヴィッヒ・フォン＝ベートーベン（Ludwig van Bethoven）は、自由に独自の作曲を行う人物で、古典時代最後の音楽家であり、前期近代の芸術様式、ロマン主義の音楽への道を開いた人物であるとみなされている。

オーストリアの著名な音楽家モーツァルトの像。オーストリア・ウィーン。

後期近代（19－20世紀）

現在の西洋社会の全体像について見ると、近代のはじめの300年間とは異なった特徴を見いだせるであろう。西洋社会は、物質的な豊かさを持った産業資本主義社会へと、とどまることを知らず変化し続けてきた。民主主義は、長い闘争を経て勝ちとった自由とともに人びとの精神のなかに深く根づいている。また西洋人は、物質的進歩と精神的価値とは切り離せないということを感じるようになってきた。

19世紀、中産階級は少しずつ成長を遂げ、ヨーロッパやアメリカで近代社

会のリーダーとしての役割を担うようになった。旧社会の上流階級との闘いの後、人びとの社会的地位を限定していた身分というものは、重要性を失っていった。中産階級は、産業資本主義（industrial capitalism）という、西洋社会に豊かさをもたらす新しい経済構造を築き上げた。この構造のなかでは、個人には社会のなかでより高い水準に達する機会が開かれ、知識や能力を使って勤勉に自分の経済的地位を築き上げることができるようになった。

　また、下層階級も中産階級とともに新しい社会のために闘ってきた。だが、社会的地位向上の機会に対しては、依然として不利な立場にあった。下層階級は、産業の場での労働者へと移行したにすぎないからである。このため、下層階級は社会の公正を求めるようになった。中産階級や一部の知識人もこれを支え、労働者の利益を支え資本主義に対抗する社会主義（socialism）を提唱した。闘争は暴力的なものではなく、政治的契約をとり結ぶことによって妥協し合うものであった。19世紀には、すべての人びとに、発言し投票を行い国政に参加する機会を設けた民主主義が、急速に発展した。ヨーロッパの国々では、社会主義政党の結成と進出が見られた。社会主義政党は、様々な対立を乗り越えて、労賃や福祉、社会保障を規定する法律制定を押し進め、労働者の利益を保障する役割を果たした。対立は、多数決によって理性的に克服されていった。

　20世紀、ヨーロッパ大陸は、二度の世界大戦という未曾有の事件に直面した。軍事技術の進歩によって、戦争は甚大な損失をもたらし、西洋社会の権力構造を変化させた。アメリカとソビエト連邦が新しく超大国として登場し、数百年もの間大国の地位にあったイギリスやフランス、ドイツ以上に、世界に影響力を持つようになった。

　後期近代の思想的発展においては、自由主義（liberalism）が多大な影響力を持った。この思想は啓蒙主義の時代に発生したもので、すべての個人は理論や想像力、批判精神を用いて自己や公共に利することができる、という考えに基づくものであった。したがって、自分の能力と価値観を自由に表明で

きる機会がすべての人びとに開かれなければならなかった。自由主義の社会では、古い時代にそうであったように、みなが同じように考え、同じものを信じる必要はない。おおいに論争や意見交換をすることは、民主主義的方法であり、公共にとって最もよい手段を選ぶことにつながる。異なった意見を受け入れることは、啓蒙の時代の作家ヴォルテールのことば「あなたの意見に少しでもわたしの同意しかねる点があったとしても、わたしはあなたの発言の権利を命を賭けて守る」に表されているように、非常に重要なことである。

後期近代の西洋人は、前期近代以来の科学に対する信念を受け継いでいた。19世紀にはそれがますます盛んになり、科学的探究の成果が産業技術の工夫に役だつようになった。そして、科学は人類の限りない進歩を助けるものだという信念が生まれた。このような考えを実証主義 (positivism) と呼んでいる。

二度の世界大戦による損失や、限度を越えた科学の導入から生じた自然環境の破壊は、現在、実証主義のような考えを衰えさせている。そして西洋人は、思慮深く科学技術を利用するよう努めている。

芸術や文学の成果については、19世紀後半以降現在に至るまでに影響力を持っている、二つの大きな潮流を見ることができる。

ロマン主義は、個人的感情の自由を重んじる考えかたである。ロマン主義的絵画は、画家の感じかたを存分に表現し、鮮明な色彩をとりまぜながら、厳しい自然現象や衝撃的な事件を題材にしたものが多い。フランスのユージーン＝ドラクロワ (Eugine Delacroix)、イギリスのジョセフ＝ターナー (Joseph Turner) らの作品から、この傾向がうかがわれる。

ロマン主義文学は、激しい愛情や憧憬を描いて登場人物が躊躇やとまどいを見せながら生きている様を描いたものが多い。優美で力強い自然な雰囲気とともに、優しく柔らかな言語で書かれている。作家は自分の想像を織りまぜ、いきいきとした刺激的な物語をつむいだ。著名なロマン主義作家として

ユージーン＝ドラクロワ「キオス島の虐殺（Massacre at Chios）」。

ジョセフ＝ターナー「吹雪の中の蒸気船（Steamer in the Snowstorm）」。現在はロンドンのテート・ギャラリーが所蔵。

は、イギリスのロード＝バイロン（Lord Byron）、『ああ無情（Les Miserables）』を書いたフランスのヴィクトル＝ユーゴー（Victor Hugo）、ウィリアム＝ワーズワース（William Wordsworth）、ウォルター＝スコット（Walter Scott）らがいる。

　ロマン主義演劇では、理想ある善人の主人公が、人生の困難に直面したり乗り越えたりするという単純な物語のなかに観客の感情を引き込もうとする試みが見られる。このような演劇は現代にも影響を与えており、感傷的ドラマ（sentimental drama）と呼んでいる。

　音楽では作者が自分の感情や想像を存分に表現できるようになり、音楽の音色は自然のことばに近くなった。この時代の音楽家は激しい感情を表現することを重視した。著名な者の一人に、ピーター＝チャイコフスキー（Peter Tchaikovsky）がいる。

ロシアの偉大なロマン派の作曲家ピーター＝チャイコフスキー。

　個人的な感情を作品のなかにまじえず、社会にある現実を表現しようとするのが、写実

主義である。画家では、ギュスターヴ＝クールベ（Gustave Courbet）が、社会における人びとの現実の生活や仕事の様子を美化することなく表現している。著名な作品に、「石割り工たち（The Stone Breakers）」がある。

演劇は、この時期、社会情勢や生活状況を投影するようなものになった。作家は、使用言語や口語体の脚本など、あらゆる面から見て現実に即して表現しようとしていた。役者もできる限り自然に演技することが求められた。著名な作品には、ヘンリク＝イプセン（Henrik Ibsen）の『幽霊（Ghost）』がある。

文学でも同様で、フランスのギュスターヴ＝フォローベール（Gustav Flaubert）が、著作『ボヴァリー夫人（Madame Bovary）』で中産階級の空虚な生活の実態を暴いた。イギリスのチャールズ＝ディケンズ（Charles Dickens）は、貧民窟に住む人びとや工場労働者たちの生活を描いて、当時の社会を批判しようとした。主な著作に『オリヴァー＝トゥイスト（Oliver Twist）』がある。

写実主義の作家たちのなかには社会の現実を深くえぐりだし、科学的手法によって人間に起こる問題の原理を説明しながら、問題の結果や問題解決の方法を提示した。このような姿勢を、自然主義（naturalism）と呼んでいる。

写実主義文学は、写実社会主義へと発展し、社会状況や社会問題の実情、問題解決方法までをも表現しようとするようになった。カール＝マルクスに影響を受けた社会主義的な視点を基盤に、作家たちは社会批判を行い、社会問題を説明した。著名な作家に、『母（Mother）』を書いたマクシム＝ゴーリキー（Maksim Gorkii）がいる。

現在もなお、ロマン主義や写実主義の文学は西洋で好まれており、現代のタイ文学にも大きな影響を及ぼしている。

19世紀後半、写実主義芸術は印象派芸術へと発展した。印象派は、近代芸術の発展に大きな影響力を持ったと考えられている。印象派は、明瞭な描線よりも構図や陰影、色を重視した。絵画では柔らかな色彩のものが多く、物

の姿形を明確に描くことはしなかった。自然風景や日常生活などを好んで題材にし、作者が一瞬でつかんだものを表現することを重んじた。主な芸術家に、クロード＝モネ（Claude Monet）、ピエール・オーギュスト＝ルノアール（Pierre Auguste Renoir）らがいる。彫刻

ピエール・オーギュスト＝ルノアール「船上の昼餐（Le Djeuner deseanoties）」は人びとの日常の風景を描いている。

クロード＝モネ「庭の女たち（Femmes au jardin）」。

オーギュスト＝ロダンのブロンズ像「考える人（The thinker）」。

では、写実的な肢体に、健康で粗く、凹凸に富んだ皮膚表現を施し、美しさよりも情感を重視した表現が好まれた。このような表現をする彫刻家に、オーギュスト＝ロダン（Auguste Rodin）がいる。

19世紀後半以降の芸術文化には、明らかに共通した特徴がある。それは、あらゆる種類の芸術において、18世紀からの発展を受け継いで、形態が多様化してきたことである。

これまで見てきたことから、現代の西洋社会の特徴について総括すると、階層間に大きな格差のない社会であると言うことができる。中流に属する大部分の人びとに比べれば、大富豪も極貧民も数は少ない。多くの人びとは、勤勉に働き、公に対する責任と自由な思考を持ち、物心両面での生活の質の向上を目ざしている。

東洋の社会と芸術文化の変容

「東洋」と呼ばれる地域は、広大なアジア大陸すべてを指す。多様な民族と言語が存在し、社会的、文化的、宗教的にも非常に多様である。その点では、ヨーロッパを中心とする西洋とは異なる。東洋が西洋と大きく異なっているもう一つの点は、東洋の「近代」は、内発的な産業革命という変化を持たなかったということである。その代わりに、産業の変革は西洋の強い影響のもとに行われ、西洋からは遅れて出発したのである。

ここでの東洋の社会と芸術文化についての学習は、中国とインドのものに限定した。中国とインドの社会と芸術文化は、東洋世界の様々な国々のモデルとなったとみなすことができるからである。中国は、日本、朝鮮、ベトナムなどの社会と文化・芸術のモデルであった。インドは、北アジアとスリランカなどの南アジア、そしてタイの近隣国家ビルマ、ラオス、カンボジアなどを含む東南アジア全域の社会と芸術文化のモデルとなったのである。

中国の社会と芸術文化

中国の社会と芸術文化はメソポタミアやエジプトほど古くはないが、一つの優れた特徴がある。それは、4000年の間発展を継続させてきた社会と芸術文化であるということだ。今日の中国は共産主義的な社会と政治形態に変わったが、伝統的な特徴もなお維持しているのである。

中華王朝の盛衰

中国の社会と芸術文化が歴史時代に入ったのは、商王朝（Shang Dynasty 前1766－前1122年）の時代である[2]。商は、黄河中流域に中心を構えた。そこは今日考古学的遺跡の宝庫で、多くの土器が陵墓の中から発掘されており、先祖代々に対する信仰心がうかがわれる。

商代は、主食である米の耕作が拡大した。灌漑のための水路を築いたり、馬を飼い農耕に利用したり、布を織るために養蚕を行ったり、青銅器を鋳造したりしていた。また車輪を発明し馬車を作ったので、交通の便は向上した。

この時代、社会的にも芸術文化的にも優れた点は、文字を使用していたことである。動物の骨に文字を刻みこんだものからはじまり、これを甲骨文字（oracle bone）と呼んでいる。これはアニミズムや自然信仰から生まれたものである。農作業を開始する時期、収穫の時期、先祖をまつる祭祀の日取り、旅立ちの是非、狩猟や戦争を開始する日取りなどについて、骨に文字を刻む。そして、シャーマンがこの骨を火に当てひび割れをつくり、このひび割れによって占いをするというものである。

甲骨文字。

このような儀式から、後に文字が生まれることになる。文字は広く普及し、竹の紙と書物とともに、中国の社会と芸術文化を一つのものにした。

中国の社会と芸術文化はこれまでに盛衰を繰り返してきた。これは、中国を支配してきた王朝の盛衰記とも重なる。タイのラッタナコーシン時代初期のチャオプラヤー・プラクラン（ホン）が訳した『三国志［Samkok］』の冒頭は、「かつて中華の地は長らく平穏であった。その後、戦に覆われ、戦が静まると再び平和になった」という文ではじまっている。

商王朝から数えて、中国にはいくつもの王朝が興った[3]。周代（Chou Dynasty 前1122－前221年）は、学識の面でおおいに発展を遂げた時代であった。主な哲学者に、孔子、荘子、墨子、孟子、荀子などが出た。その後の秦代（Ch'in Dynasty 前221－前206年）は、中国は各地に都市国家が分散しながらも、皇帝・始皇帝のもとに厳格に管理される時代となった。秦の名は、タイ語の「中国（チーン）」の語源となった。この時代は、世界でも驚異的な、6000キロメートルにも及ぶ万里の長城が築かれた時代として知られている。この長城建設には、30万人もの労働力が導入された。建設の目的は、

始皇帝の時代に築かれた万里の長城の一部。

北方の騎馬民族の侵入を防ぐためであった。

　秦代の後、中国は広大かつ強力な帝国へと変貌していった。次に興った漢（Han Dyansty　前206－220年）で、中国は東洋世界の超大国となった。首都は長安（西安）におかれた。黄河と首都を結ぶ大規模な灌漑水路が築かれたのは、武帝（在位　前140－前87年）[4]の時代である。儒教を国教とし、官僚制を敷き、官僚候補を選抜するための試験を開始した。「状元試験」は、中国が20世紀初頭まで維持していた制度である。注目すべきは、「絹の道（Silk Road）」を開いたことである。大陸を横断するキャラバンが、谷や川、砂漠を越えていく6400キロメートルにも及ぶ道程である。漢代の優れた芸術には、大規模な建築物や陶器、青銅器や絹織物がある。この時代の絹織物は、紋様入りの物や布質の優れた物へと発展した。中国は、ローマ帝国と交易を行い、絹織物と金や銀を交換した。

　漢代の繁栄は、唐代（T'ang Dynasty　618－907年）に影響を与えた。唐は、中国の黄金期とみなされており、領土は広大で、人口は7000万人にも及んだと言われている。唐代は、仏教が非常に栄えた。仏教がインドから中国に入ったのは3世紀以前であるが、根を下ろすまでに500年間かかったのである。この時代、中国では三蔵（Hsuan-tuang）と呼ばれている唐僧の物語にあるように、インドへ旅し仏教を学ぼうとする動きが盛んになった。仏教の伝道によって実に多くの宗派が発生した。禅宗は、法と止観の追究を重んじる宗派で、後に日本の禅宗のもとになった。

　唐代には、南方への海路を使った交易が盛んになった。これがもう一つの交易路「海のシルクロード」を発生させた。ジャンク船での交易では、絹布や陶器、食器などを東南アジアの様々な土地の商品と交換した。このため唐時代の陶器が、現在、ベトナムやタイ、インドネシアで発見されている。

　陶器は唐代の優れた芸術品であるが、これ以外にも、大規模な寺院や宮殿などの建築物が芸術品としてあげられる。彫刻では、青銅器の鋳造や石仏などがある。また、馬やラクダに乗る大型の人物像が陵墓の装飾に用いられて

いる。絵画はおおいに奨励され、人間と自然の関係をよく描いた風景画が重視された。

繰り返される王朝交代は、権力をめぐる戦乱、農民の蜂起や北方の騎馬民族の侵入という問題を併発した。宋代（Sung Dynasty　960－1279年）に、首都は黄河流域から長江流域へと移動し、杭州が新首都となった。1045年（ヨーロッパに先がけること400年）には、活字印刷術が発明され、孔子の思想書が印刷され広く普及した。はり治療も生まれた。また、女性は幼いころから足を縛っておくと美しく成長するということが信じられて、てん足が生まれた。これは、ひ弱で庇護したくなるような女性を求める男性の心を満たす風習であり、上流階級に好まれた。おおいに広まったため、今世紀になるまで廃止されなかった。

唐代の青磁。

宋代の優れた芸術品は、絵画と陶器である。絵画には自然のなかの人間や風景画、草花などが描かれた。陶器は青磁［si khiao khai ka］が発達し、タイのサンカローク焼のモデルとなった。

宋代はモンゴル民族の侵入によって終焉した。モンゴルは新しく中国を支配する王朝を立て、中国文化を自分たちのものとした。この王朝はモンゴルもしくは元（Yuan Dynasty　1279－1368年）であり、89年間中国を支配した。フビライ＝ハーンが創始者で、首都を再び北方の北京へと移した。元はスコータイ時代のタイと交易を行い、同時期にはイタリア・ヴェニスの商人マルコ＝ポーロが王朝に奉仕した。元が滅びると、明王朝（Ming Dynasty　1368－1644年）の時代となった。明は騎馬民族を追放した。そして保護主義的な態度をとり、唐代の「黄金期」を復活させようと努めた。こうして、現代にも遺産として伝わる壮麗な宮殿や陵墓、都などが築かれた。

宋代の絵画。   宋代の陶器。

　明代は、外国との交易が復興した時代であった。明は陶器や絹布を生産し、膨大な量を輸出した。諸外国で好まれた陶器は、白地に藍の紋様や龍などが描かれた藍絵付白磁（blue and white）である。またほかに赤絵があった。この2種類の陶磁器はヨーロッパでもおおいに流行した。また明はこれらの品物を東南アジアへも輸出した。アユッタヤー時代のタイとも盛んに交易を行った。この時代の人口は、1億4000万人にも上った。

　明が滅びると中国最後の王朝・清（Ching Dynasty　1644－1911年）の時代となった。これは、タイのアユッタヤー、トンブリー、ラッタナコーシンの時代に当たる。清は1911年に孫文が興した辛亥革命によって滅び、中国は帝国から共和国へと変わった。

　清は、モンゴルにも関わりのある北方の満州民族が築いた王朝である。文化的にはモンゴルよりも高く、農耕をしていた。満州民族は戦乱の時期に北京を制圧し、絶対的な力で中国を支配した。満州民族は、自民族の兵士と中国の女性とが結婚することを禁じ、高級官僚の地位は自民族出身者で占めた。そして、古代中国人男性がしていたようなまげを禁じ、前頭部を剃り後頭部

第5章　西洋と東洋の社会と芸術文化の変容── 183

の髪を長く編む辮髪(べんぱつ)を強制した。

　この時代の芸術は、明代の様式を模倣し受け継いでいた。主な建築事業は北京の修復や離宮の建設である。絵画も従来の様式が維持され、風景画が描かれた。陶器では青磁のほかに、緑や赤、桃色など鮮やかな色彩をとりまぜ模様を描くものもあった。

　清代は非常に保守的であり、近代の産業革命や西洋の帝国主義の脅威に直面したとき、これに対応することができずに、アヘン戦争（1839－1842年）[5]でイギリスへの敗北を喫した。そして

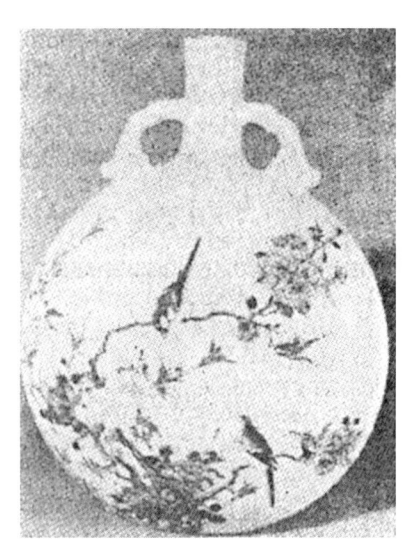

清代の陶器。

5か所の港を開放することや香港をイギリスに租借させること、外国人の治外法権を認めることを余儀なくされた。そして1894－1895年の戦争では日本に敗北し、台湾を割譲しなければならなくなった。

　清代末期は、内部の政治抗争という問題も起こった。西太后が執権の座につき、25歳から73歳までもの長い間、政治的影響力を持った。西太后は国家の改革に抵抗したが、西洋の脅威や農民の反乱という内部問題に直面し、最終的に1911年、中国は共和国となった。そして1949年には共産党が勝利することになる。

中国の哲学と文学

　中国では4000年前に文字の発明が起こっ

西太后

たため、文字で書かれた哲学や文学の書物が多く存在する。散文・韻文ともにあった。読み書きの文化は上流階級に限られており、古代の農民たちは読み書きができなかった。これが、近代世界と遭遇した中国が、急速な国家改革を行えなかった原因となった。

　中国は、孔子、孟子、荀子、老子など、古代から多くの著名な哲人を輩出した。彼らは中国の思想的基盤をつくり学派に発展したり、宗教的な重要性を帯びるようにもなった。これらは、孔子学派つまり儒教と、道教の二つに分けられる。　孔子（Confucius　前551－前479年）は、中国で最初の、そして最も重要な哲人である。孔子は、仏陀とおおよそ同時代を生きた。孔子は、戦乱に満ちた周時代を憂い、社会的秩序を持つことを説き始めた。
　孔子とその弟子3000人は、七つの技芸について説いている。つまり、①儀式、②音楽、③弓道、④戦術、⑤読術、⑥書道、⑦数学、である。孔子は社会での人間関係を重んじ、人はみな、目上と目下という基準によって分けられ、その役割に応じて行動しなければならないとした。家族では、父親が目上の人であり、子どもは父親に従わなければならない。兄弟でも弟は兄を敬わなけらばならない。また、妻は夫に貞節を尽くさなけらばならない。より広い社会、つまり中華帝国のなかでは最高統治者である皇帝は「天子」であり、すべての人びとが敬い従わなければならないのである。その

孔子　　　　　　老子

ほか、孔子は人間愛を説き、「自分がしてほしくないことを、他人にしてはいけない」という意味の文言を残した。

　孔子は、「君子」になるために学習することを重んじた。孔子による君子の観念は、生まれながらにして身についているものではなく、善行や正義を堅持すること、利己主義を排すこと、他人を敬うことなどからなるものである。孔子は、「いたずらに学ぶ者は損をする。また学ばない者は甚大な危険にさらされる」と述べた。孔子の教えは、中国では最も大事にされ信じられる思想となり、一つの宗教となった。

　孟子は、孔子の跡を継いでもう一人の優れた哲人となった。孟子の信念は、人間はもともと善いものだが環境が人を悪く変える、人間は思想と教育を得てこそ善くなるというものであった。このため、人格者を探してきて政治に携わる地位に据えたり、粗雑で品格に乏しい人間を訓育したりすることを勧めた。

　荀子も著名な哲人の一人であり、孟子とは反対の思想を持っていた。つまり、人間はもともと悪く汚れて欲深いものであるから、自身のなかの悪い本質に打ち勝つために学ばねばいけない、というものである。また、人間は様々な儀式をすることによって、自身の悪を打ち伏すことができるとした。

　もう一つの重要な学派は、道教である。これは、老子という哲人によって創始された。道教は、儒教とは逆の観念を持っていた。つまり、この世は悪で満ちあふれているので、人間はその犠牲となり、自然に帰って孤独になるべきだ、というものである。そして、「追い求めるものが何もなければ、絶望することもない」と信じた。道教は、愛情や謙遜を教え、利己主義を排すことを説き、儒教の儀礼的側面を批判した。

　中国人は、非常に詩作に長けた民族であると考えられている。詩は、中国文学の真髄である。詩には、はっきりとしたことばによってではなくとも、人間の内面が描かれる。ことわざに「詩のなかではことばは停止する。しか

し内面はとどまることなく移り変わってゆく」というものがある。

詩が最も栄えた時代は、唐代であるとみなされている。『全唐詩（The Complete Collection of T'ang Poems)』は、2200家の詩人による48900首の詩が集められている。なかでも最も優れた詩人は、李白（Li Po）と杜甫（Tu Fu）の二人である。

この二人は、共に唐代の混乱期を生きた。李白は道教を信仰し、自由な精神を持っていた。官吏になるために科挙試験を受けたが失敗、その後のほとんどの時間を当てどない旅に費やした。だが、首都長安（西安）に暮らして、おもしろおかしく贅沢に生活することに飽き、名誉を求める争いを憎むようになった。旅の果てに杜甫という親友を得た。李白は晩年、皇帝の16番目の子に仕えたが運悪くとらえられた。刑を終えた後は、61歳で没するまで詩作に明け暮れた。李白は、酒を飲み夕刻の自然の風景に酔って、水に映る月の影をつかまえようとして溺れ死んだと言われている。

李白の詩の多くは、夢や自然について、酒を飲む喜びについて、すぎ去っ

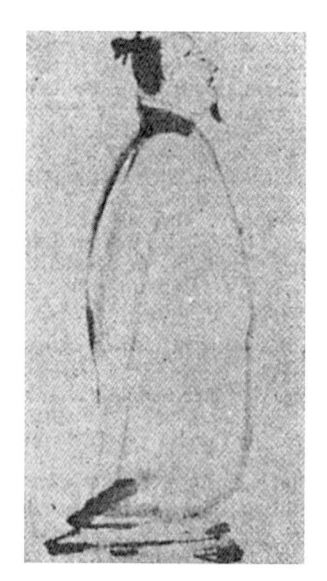

李白　　　　　　　　　　　杜甫

た昔の日々について詠まれたものである。生命力に満ち、色彩豊かで、想像にあふれた地方の描写もある。

　一方杜甫は、儒教の思想にそって詩作をした。杜甫もまた、科挙試験の合格を目ざしていた。失敗したあとは放浪の旅に出て、自然をたたえすぎ去った日々に対する寂寥感ただよう詩を書いた。興味深いのは、詩に社会情勢の描写を差し挟んでいることである。農民に強制労働を課す官僚制度の荒廃、皇帝一族や上流階級の浪費などである。

　また中国人は昔から物語をよく好み、7世紀ごろから地方の伝承をまとめるようになった。明代の16世紀ごろ100節もの長さに及ぶ『西遊記』が著され、おおいに流行した。『西遊記』は、石から生まれ魔術を学んで、インドへ仏教を学びに行く三蔵法師について旅する西遊[6]の物語である。この物語は世界にも広まり、ラーマ5世期にタイ語に訳された。1942年には英訳 'Monkey'[7]が出た。

　物語の著述は、時代が変わっても続けられてきた。1792年、最も有名な物語の一つ、『紅楼夢（Dream of the Red Chamber）』が出版された。この物語は、古代中国のイメージを最もよく反映していると考えられている。ある貴族の子弟の間で芽生えた愛情や、近代に突入する以前の古代中国の没落の様子、愛憎や名誉をめぐる争い、悲劇などが描かれている。この物語もタイ語に訳されている。

　近代中国では、特に1911年の辛亥革命が、文学界にも大きな変化をもたらした。古代の中国語から、話しことばに近い簡易な言語で書かれるようになったのである。この言語を白話という。また、変化の一部は西洋の影響によって生じた。ヨーロッパや日本で、新しい学問を学ぶ留学生がいたのである。彼らの存在によって、科挙試験は1905年に廃止された。また、中国語に翻訳された西洋文学は1000編にも及ぶ。

　西洋の影響と脅威は、中国の多くの思想家や作家たちを団結させた。北京

大学では、多数の学生協会や学生団体が生まれ、当時重要な役割を果たした啓蒙雑誌『新青年』（1912－1922年）が創刊された。

この時代の作家では、魯迅（Lu Hsun）が新しい中国文学の創始者とみなされている。魯迅は日本で医学を学んだが著述により社会を改善しようと思い立ち、医学を諦めて文筆業に従事した。作品のほとんどは短編小説で25作品ある。簡単なことばで書かれているが社会的正義を問い、社会改革を求める下層階級の貧困を描いて心に深く食い込む力を持つ。『狂人日記』の「この歴史には年代がなくて、どのページにも「仁義道徳」といった文字がくねくねと書いてある。おれは、どうせ睡れないから、夜中までかかって丹念にしらべた。そうすると字と字の間からやっと字がでてきた。本には一面に「食人」の二字が書いてあった」[8]の部分は、しばしば引用される。

魯迅

インドの社会と芸術文化

インドの社会と芸術文化には、4000年以上もの歴史があり、中国と同じくらいの古さを誇っている。だがインドは、より多様性をはらんでいるという点で、中国と異なっている。インドには、政治や文化の中心的存在が権勢をふるう帝国・中国のような統一性はない。また、インドには、イギリスが植民地化するまで、真に一つの帝国や国家をまとめようとする動きも存在しなかった（マウルヤ朝とグプタ朝を除く）。ここでインドの社会と芸術文化を学習するにあたっては、宗教、信仰、芸術文化、民族などの多様性を踏まえておかねばならない。

文明のはじまりと主な王朝

インドの社会と芸術文化の歴史は、石器時代にはじまる。紀元前2500年には、インダス文明、もしくはハラッパ文明という重要な文明が興る。この

文明は、アーリヤ人が移住してくる以前にここに住んでいたドラヴィダ人（Dravidian）が創始した文明であるとみなされている（インダス川は全長3050キロメートルにも及ぶ南アジアの川である）。川はチベット高原からインド北部を通り、パキスタンでアラビア海に注いでいる。インダスの語源は、サンスクリット語の水または川で、後にヒンドゥーやインドという語も同じ語から派生した。

現在はパキスタンにある古い二つの都市、モヘンジョ・ダロとハラッパの考古学的調査では、大規模な都市の遺構が発見された。中心を貫く道路は5キロメートルにも及んだ。これらの都市には堅固な砦があり、宗教的儀式のための沐浴所や、蔵、道路や横丁も残っていた。建造物は様々なレンガでつくられていた。また、芸術的作品も残されていた。例えば、ギリシャ彫刻と同じように身体美を強調する特徴を持つ石像や、伏せた鹿、牛、山羊、象などの動物をかたどった印章がある。これらの芸術様式は、後のインドでも見られることになる。また、人間や動物の土像も発見された。これらの像は母なる女神をかたどっており、当時の女神を敬う風習や、女性の役割や偉大さが少なからず重んじられていたことがうかがえる。

紀元前2500年のインドは、小さな村落社会から都市社会へと変貌した。経済的文化的中心ができ、商業が大都市を生み、豊かになった。また芸術も興った。インダス文明は、およそ1000年間栄え続けたが、紀元前1500年ごろ衰退した。

インダス文明が衰退したころアーリヤ人がインドに移住してきた。アーリヤ人は、古代ペルシャ語に近いインド・ヨーロッパ語系の言語を話した。アーリヤ人は、

モヘンジョ・ダロで発見された米蔵の遺跡。

ハラッパで発見された砂岩の彫像。人間の頭部の跡がはっきり残っている。

印章あるいは護符。

原住民のドラヴィダ人と異なって、身長が高く、皮膚は白く、鼻筋は短く高かった。

　紀元前1500年から600年の間、アーリヤ人は西方のインダス川から東方のガンジス川へと広まっていった。アーリヤ人は、王を頂点に頂く統治形態を持ち、農耕と牧畜を経済的基盤としていた。金属を加工する技術を有し、武器や日用品、宗教的儀式のための道具や芸術品を製作した。そしてアーリヤ人は、重要な宗教や信仰をつくり上げた。ヒンドゥー教とバラモン教、仏教、ジャイナ教である。また、カーストという社会システムや、ヴェーダのよう

な重要な文学作品、『マハーバーラタ』、『ラーマーヤナ』などの叙事詩をも大成させた。

　紀元前500年ごろのマガダ王朝とマウルヤ王朝の時代からアラブやトルコ系のムスリムであるムガール朝がインドを支配しはじめた1526年までの2000年間、インドの社会と芸術文化は進歩発展し、東洋における主要文明へと成長した。この間、様々な王朝、様々な時代を経た。

　アーリヤ人がインドの北方に移動し、インダス川とガンジス川の間の地域で勢力を持つようになると、各地に分散し領国を築きはじめた。だがまだ統一王国にまとまるまでには至らなかった。紀元前6世紀ごろインドにはリッチャヴィ、シャカ、マルラ、コーサラ、マガダなど16の領国が点在していた。このうちマガダ国は、ビンビサーラやその子アジャータシャトルなど、有力な国王の指導のもとで最も勢力を持つようになった。この時代は、アジアの普遍宗教の一つである新しい信仰、つまり仏教が発生した時代である。シャカ族の王家ガウタマの王子であるシッダールタ王子が、創始者であった。マガダ国が有力であった時代は、紀元前327－325年のギリシャのアレクサンダー大王の侵攻によって終わった。

　インドの歴史は、マウルヤ朝（Maurya Dynasty　前321－前184年）によって新たな時代に入った。この時代は、インドが内部を一つの王国にしようとしていた時代であった。首都はパータリプトラ（現在のパトナ）に置かれた。チャンドラグプタ王がギリシャ人を追いだし、その孫のアショーカ大王の時代には、インドの大半はマウルヤ朝の勢力下に置かれていた。アショーカ大王は、領土拡大のための戦争をし、圧勝したが、同時に大勢の死者が出た。南方へ王国を拡張するための戦争で、大王は15万人もの捕虜を得て、10万人を死刑に処したと言われている。このような人殺しを憂いた王は心を変え、仏教に帰依して、動物を殺生しない、他人をいたぶらない、暴力を振わないなど非暴力の戒律を守った。大王が仏教に帰依したことにより、仏教は王国

の国教になり、当時のインドでおおいに栄えただけでなく、アジアの諸外国へも広まっていった。これは、アショーカ大王が、仏教を外国で布教するための使節を出すことを支援し、奨励したためであった。

　マウルヤ朝時代の芸術は、アショーカ大王の業績によるものである。現代にも残る壮麗な仏塔と石柱碑で、サーンチーの仏塔とアショーカ王石柱碑と呼ばれるサールナートの石柱が有名である。また彫刻では、写実的な男女の夜叉像がある。

　マウルヤ朝は、アショーカ大王の死後まもない紀元前184年に滅んだ。一つの王国にまとまろうとしていたインドは、再び小さな領国に分散した。北方にはクシャナ朝、南方にはアーンドラ朝が栄えた。クシャナ朝は美術の面で優れており、ガンダーラ風の仏像を建立した。またアーンドラ朝では、サーンチーの仏塔門が建てられた。500年後、グプタ朝のもとで再びインドは統一されることになる。

　インドが小さな無数の領国や王国に分かれていたことは、必ずしもインド社会やインド芸術文化が発展をとめてしまったことを意味しない。南方のパッラヴァ朝（Pallava Dynasty）はインドの原住民ドラヴィダ系のタミル人による王朝で、3世紀から9世紀ごろまで栄えた。首都はカーンチープラムで、マハーバリプラム、現在のタミル・ナドゥーに港を持っていた。この王朝はヒンドゥー教を信仰し、自らの神をまつるための石の神殿を建てたことで有名である。この王朝は、諸外国、とくに東南アジアとおおいに交流があり、パッラヴァの文字が、モン、クメール、ジャワ、ビルマ、そしてタイやラーオなどの文字のもとになった。ジャワやクメールの石の神殿も、パッラヴァ朝の影響を受けていると考えられている。

伏せた鉢形のサーンチー仏塔。頂上に囲いがあり、このなかに長柄傘を置く。

第5章　西洋と東洋の社会と芸術文化の変容 —— 193

アショーカ王石柱碑の最上部。
4頭の獅子が背を向け合って立
ち、土台には4つの法輪と4種
の動物が交互に彫られている。

石柱。

　グプタ朝（Gupta Dynasty　320－520年）時代は、インドを再び統一することが試みられた時代であった。グプタ朝には有能な王が何人もいた。チャンドラグプタ1世（マウルヤ朝の同名の王とは別人）はマガダ国の血筋を引く人物で「大王」となり、リッチャヴィ朝の王女と結婚したことから、インドの統一がはじまった。その後、サムドラグプタ王、チャンドラグプタ王2世あるいはヴィクラマーディティヤ王の時代、王国の統合は進み大きく拡大した。インダス川とガンジス川の間の土地の支配も、北方と西方へと広がり、

男形の夜叉。　　　　女形の夜叉。　　ガンダーラ式のブロンズ仏像。

サーンチー仏塔門の装飾。

南方のタミル人の王国や前述のパッラヴァ朝の土地に達するまでになった。

グプタ朝の繁栄した時代は、中国の唐、タイのタワーラワディーの時代に当たる。グプタ朝時代はインドの黄金期と言われており、政治や宗教、哲学、芸術文化や学問、そして商業や外交関係にいたるまで、あらゆる面で栄えた時代であった。

政治的側面では、グプタ朝には「転輪聖王[chakraphat]」もしくは「王中の王[ratchathirat]」の存在があり、

王は「全宇宙の王」としての中心にあった。属国も周辺にあり、朝貢も行われるようになった。グプタ朝は、様々な周囲の王国を軍事力で抑え、グプタ朝の偉大さを認めさせ、これらの国々から忠誠心を示すための朝貢品を贈らせていた。グプタの王は、直接これらの属国へ赴き統治をすることはなかった。このためグプタ朝の統治システムは、分権的であり、マウルヤ朝のような中央集権制を目ざしたわけではなかった。

グプタ朝までのインドの政治システムは、ヒンドゥー教やバラモン教の信仰を基盤にしていた。ヒンドゥー教やバラモン教が栄えた時代には、後にヨガや学問の普及の拠点となったいくつもの学問所が建てられた。これがヒンドゥー教の重要な基盤となった。また、カースト制にも変化が現れた。より確固とした厳格な制度となり、バラモン階級が肉や漬物、酒などを口にすることを厳しく禁じた。このころからヒンドゥー教とバラモン教は、インドの民族的宗教となる基盤を持つようになった。同時にこの時代には、ナーランダに学問所を持つ仏教や、ジャイナ教など他の宗教も栄えた。

芸術文化的側面では、サンスクリット文学が、韻文、散文ともに数多く著された。有名な詩人にカーリダーサがおり、戯曲『シャクンタラー』を著した人物として知られている（この作品はラーマ4世がタイ語に翻訳している）。同時期に、戯曲の教本『演劇学』も書かれた。また、宗教芸術の分野も奨励された。サールナートで発見された説法印を結ぶ仏陀の像や、アジャンタ石窟の有名な仏陀伝壁画、宮廷人や庶民の日常を描いた絵などがある。グプタ朝の様々な美術は後の世まで影響を持ち、グプタ様式、グプタ後様式（Post Gupta）などのような、美術様式を指す語が発生した。この美術様式は、グプタ後様式の影響を受けたタワーラワディー美術からもわかるように、タイの地にも影響を及ぼしている。

グプタ朝の繁栄は、海路を使った交易を西方のローマに至るものにまで発展させた。一方東方交易は、ビルマ、シャム、カンボジア、マレー半島などの東南アジアの様々な王国との間で行われた。このような交易の発展は、グ

プタ朝の数々の金属貨幣が物語っている。貨幣は金製やその他の金属でできたもの、王の顔の印が押されたもの、サンスクリット文字が刻印されたものなどがあり、当時のインド人がおおいに交易を行い、アジアの様々な国にインド文明の影響をもたらしていたことをうかがわせる。

グプタ朝は6世紀ごろ滅び、インドはいくつもの小王国に分裂した。北方にはムスリムが勢力を伸ばしてきていた。13世紀には、北部インドにはデリーを政治的中心とする様々な王国が興った。

インド中部・アジャンタ石窟の観音菩薩図。深遠な美しさを理想として描かれている。

1526－1707年の間は、ゴール朝から派生したムガール朝が、インド北部で最も強い影響力を持った。

この政治的変化の結果、インド北部はヒンドゥーとムスリムが混在する土地となった。北部インドの文化は、ムガールを通じてペルシャの影響を受けるようになった。ペルシャ人の官用語であるウルドゥー語が用いられるようにもなった。世界で最も美しい建築物であるとみなされるタージ・マハールのような、ドーム型建物からもわかるように、建造物にもおおいにムスリムの影響が見られるようになった。

だが、インドの基盤宗教であるヒンドゥー教は絶えておらず、ヒンドゥー教徒が聖地とあがめるベナレスとガンジス川が求心的役割を持っ

グプタ期の仏像。均整のとれた美しさに重きを置いている。

ていた。だが仏教は、インドでは衰退していった。その一方で、スリランカや東南アジア・ビルマのパガン、タイのスコータイとアユッタヤー、カンボジアやラオスなどが、上座部仏教を受け継ぎ民族的宗教とし、中国や日本、ベトナムが大乗仏教を受け継いだ。

　一方、南部インド、特にタミル・ナドゥーは、北部よりもムスリムの影響が小さかった。このためヒンドゥー教やバラモン教の中心となり、北部よりも純粋で古典的な特徴を維持した。

　17世紀、イギリスがインドに勢力を伸ばし、カルカッタ、マドラス、ボンベイの三つの大交易都市を掌握するとインド亜大陸に入り込み、デリーとムガール王朝を抑えた。そして18世紀には、インド（パキスタン、スリランカ、バングラデシュを含む）はアジアにおけるイギリスの当時最も重要な植民地とみなされるようになった。その後、20世紀の第2次世界大戦後、1950年8月13日にマハトマ・ガンジーの非暴力闘争によってインドに独立がもたらされるまで、イギリスがインドを支配し続けた。

インドの宗教と哲学

　インドは、思想と信仰、無数の宗教の地である。自然に宿った精霊や超能力などに対する土着のアニミズム的信仰もあれば、ヒンドゥー教やバラモン教、仏教やシク教などの普遍宗教にまで発展したものもある。ヒンドゥー教とバラモン教は、インドでは最も重要な基盤を成す宗教である。信仰者は全人口のおよそ80パーセント、4億人にもなる。ヒンドゥー教は、宗教

初期のイギリスのインド支配を描いた図（出典：Insight Guides India. Apa Production, 1985, p.37.）

的教義だけではなく、人生哲学や社会システム、法律や学問、文学や芸術にまで影響を及ぼしている。特定の布教の創始者はおらず、紀元前2000年から1000年までの間、少しずつ形を成してきたものである。ヒンドゥー教には、ヴェーダと呼ばれる基礎的経典がある。ヴェーダ（知恵・知識の意）は、リグヴェーダ、サーマヴェーダ、ヤジュルヴェーダ、アタルバヴェーダの4部の経典から成る。

　リグヴェーダ：神をまつる儀式の際に用いる。

　サーマヴェーダ：読経にふさわしいようにリグヴェーダの教文部分を編纂しなおしたもの。

　ヤジュルヴェーダ：シャーマンが病の治療に用いる教文。

　ヴェーダは、口承によって伝えられ、後に文字に起こされた聖典である。聖霊をまつる儀式や、人間の生死にかかわる儀式などに用いられる。ヴェーダは、アーリヤ人がインドに移動してきた際に持ち込まれた。アーリヤ人は数多くの神たちを信仰していたが、神々の王としてシヴァ神をあがめ、水神ワルンや火神アグニなど身の周りの自然に宿る神々をもあがめた。アーリヤ人は、ヴェーダや自らの信仰する神々と、原住民ドラヴィダ人の土着信仰や土着の神々と結びつけたのである。そして、シヴァ神、ヴィシュヌ神といった土着の神を最高神として受け入れることになる。シヴァ派とヴィシュヌ派という、二つの宗派に大きく分けられる。シヴァ派はシヴァ神を最高神とあがめ、シヴァの性的シンボルであるシヴァリンガと、ウマー神の性的シンボルであるヨーニをまつる。ヴィシュヌ派はヴィシュヌ神を最高神としてあがめている。また、ヴィシュヌ神は地上の困難を鎮めるために生まれ変わったとも信じられており、『ラーマーヤナ』のラーマー王子などがその化身と信じられている。

　ヒンドゥー教には輪廻転生の信仰があり、死後は、様々なものになって生まれ変わると考えられている。生まれ変わりは、人間よりも崇高なものだったり下等なものだったりする。それは、個人の行為、つまり業によって定め

られる。

　ヒンドゥー教では、この世は二つのことから成り立っているという。二つのこととは、善と悪である。善と明の象徴は神であり、悪と暗の象徴は阿修羅である。善と悪の対立は終わることなく、成劫、住劫、壊劫、空劫の四つの時間を過ぎて、世界が終滅するまで戦い続ける。人は、自らの立場に応じて行動し、法にのっとってふるまい、神をあがめまつらねばならない。

　ヒンドゥー教の最高法は、非暴力［ahingsa］の原則であると考えられている。人であろうと畜生であろうと、生あるものの命を奪うことをタブーとするものである。このため敬虔なヒンドゥー教徒は、肉を食べない菜食主義者である。ヒンドゥー教徒の多くは、米と豆類、牛乳を好む。

　ヒンドゥー教は、カースト制という社会システムをつくり上げた。カースト制には、バラモン、クシャトリヤ、ヴァイシャ、シュードラの4階級[9]がある。バラモンは出家者を指し、知恵と知識を持つ者である。クシャトリヤは戦士であり、統治者でもある。ヴァイシャは商人と職人である。シュードラは農民と奴隷を指す。それぞれの階級にはそれぞれの役割がある。このことが、階級によって人生が制限されるという、厳格な社会システムをインドにもたらした。階級を変えることは許されず、階級を越えた婚姻も許されない。異なる階級間に生まれた子どもは、チャンダーラとなる。チャンダーラは最も下等な身分で、疎んじられ、きつく下賤な仕事に従事しなければならない。イギリスがインドを植民地化したとき、カースト制は衰退し差別が緩和した。だがカースト制は、インドから消滅したわけではない。いまだに強固に維持されている階級はバラモンで、現在のインド社会を、バラモン集団とそうでない人びとの集団に大きく分断している。

　最も高貴な階級であるバラモンは、経典であるヴェーダに関する知識と理解を備えた人物を指す。このためバラモンは神をまつる儀式をとり行い、神と人間を仲介する役割を果たす。バラモンは、公的な場面にせよ、一般人の日常生活においてにせよ、インド社会において大きな影響力と役割を持って

いる。ヒンドゥー教をバラモン教と呼ぶことは、このようなバラモンの重要性に基づく。

　前述のように、ヴェーダはヒンドゥー教の信仰における聖典である。のみならず、ヴェーダはインドの原初的な文学でもある。ブラーフマナ、アーラニヤカ、ウパニシャッドなどヴェーダを展開させたほかの経典もあり、儀式に用いられる。
　インドで本格的な文学と呼ばれているものは、『マハーバーラタ』と『ラーマーヤナ』の二つの大叙事詩である。これらは、ギリシャの大叙事詩と同様に偉大な文学とみなされている。
　『マハーバーラタ』は、18巻10万節にも及ぶ長大な物語である。これは『ラーマーヤナ』の長さの4倍に当たり、ギリシャの大叙事詩『イリアス』と『オデュッセイア』を合わせたものの8倍にも及ぶ。『マハーバーラタ』は、親類同士の二つの血族の確執と戦争を描いたものである。クル族とパーンドゥ族の18日間の戦争が、クルクシェートラ平原（デリー郊外）で戦われ、すべての当事者たちが相討ちとなって果てるところで終わる。
　『マハーバーラタ』は神話であり、道徳物であり、古典的な政治哲学についての物語でもある。また、ヒンドゥー教において功徳と考えられている様々な風習についても書かれている。その複雑さにおいては、インドの一大愛情物語と目されているナラ王とダマヤンティー王女の物語や、良妻の物語『サーヴィトリー』などとは一線を画するものである。『マハーバーラタ』の最も優れた箇所は、「バガヴァットギーター」と呼ばれる節で、戦争のさなかにおける、パーンドゥ族側のアルジュナと戦車の御者クリシュナ（ヴィシュヌ神の化身）との問答である。
　『ラーマーヤナ』は、タイでも『ラーマキエン』としてよく知られている、善と悪、神と阿修羅の戦いの物語である。ヴィシュヌ神の化身であり善を代表するラーマー王子と、阿修羅の代表でシータ姫を連れ去るトッサカンとの

間に起こった、14年にも及ぶ長い戦いが描かれる。

『マハーバーラタ』も『ラーマーヤナ』も、紀元前1000年もの昔から語り継がれてきた物語である。5世紀ごろ文字に起こされ、東南アジアにも広まった。ジャワ島では、『マハーバーラタ』はエピソードがつけ加えられて影絵などの見せ物として演じられている。また、カンボジアやタイに見られるクメールの石の神殿の彫刻では、塔の頂点や屋根の側面、窓や扉、門の上部の装飾に、『マハーバーラタ』や『ラーマーヤナ』のエピソードが使われている。タイでは、コーン仮面黙劇やエメラルド寺に見られるような壁画の題材として、『ラーマーヤナ』が用いられている。

課題例
1．様々なテーマのなかから学習するテーマを決めさせ、発表させる。
2．理解を深めるため、先史時代、古代、中世、近代の文明についてスライドを鑑賞させる。
3．各時代の様々な芸術文化の比較について、パネル発表をさせる。
4．様々な時代の社会、芸術文化の変容を促した主なでき事について例をあげさせる。生徒の関心に応じてテーマを決めさせ、詳しく学習したあとに発表させる。

章末問題
1．古代中東の人びとは、後の西洋の人びとに対しどのような文化的基礎を残したか。例をあげて説明せよ。
2．「ギリシャ人は思想の民である。ローマ人は行動の民である」ということばは、何を示しているのか。二つの民族がつくり上げたものを例にあげ、説明せよ。
3．キリスト教は、中世ヨーロッパの社会、芸術文化にどのような影響力

を持っていたか。

　4．前期近代のヨーロッパ人の思想は、信仰や宗教の変革や科学と産業の革命にどのような影響力を持っていたか。

　5．前期近代（西暦15－18世紀）の芸術や文学の特徴はどのようなものか。おおよその説明せよ。

　6．後期近代（西暦19－20世紀）の西洋社会において中産階級の果たした役割を、前期近代と比較して説明せよ。

　7．自由主義思想とは何か。後期近代の西洋社会においてどのような重要性を持ったか。

　8．ロマン主義芸術・文学と写実主義芸術・文学は、特徴においてどのようなちがいがあるか。

　9．東洋の芸術文化の変容を促した主な要因にはなにがあったか。

　10．中国の文化には、外国の影響は見られるか。どの国のどのような影響であるか。

　11．インダス文明の特徴を説明せよ。

　12．インドにおけるカーストの発生は、なにを目的としたものであったか。どのようなインドの社会的特徴を形づくったか。

　13．「宗教は、インドの芸術文化を形づくるものである」という説明は本当か。例をあげ、是非を示せ。

　14．中国とインドの文明は、東洋の様々な民族の発展の基盤となったという説明に、あなたは同意するか。自由に、また論理的に意見を述べよ。

【注】

(1) この箇所などをはじめ、原文では年号が仏暦で記されていることが多いが、タイに関する史実以外の記述においては、西暦に換算した。

(2) 商の成立年代は、なにを根拠にしたものかは不明。日本ではこの時期を早商とすることもある。

⑶　日本における中国史では、紀元前8世紀から秦の成立までを東周および春秋戦国時代としているが、本書ではその時代に一切言及しておらず、王朝交代史にとどめている。また、三国時代、隋代なども省略されている。

⑷　武帝の在位は紀元前141—前87年。原書がなにを根拠としているかは不明。

⑸　P111注4を参照。

⑹　孫悟空の誤りか。

⑺　'Go west' の誤りか。

⑻　訳文は、竹内好訳『阿Q正伝・狂人日記他十二篇』（岩波書店、2001年）によった。

⑼　原文ではこの四つの階級をヴァルナと記しており（種姓と訳される）、インド社会でもそう呼ばれている。日本では、カーストというとこの四つのヴァルナの意に理解されることが多い。インドではさらに、「出生」を意味し、上記の4ヴァルナよりさらに細分された独自の機能を果たす社会集団を指すジャーティという概念がある。本来のカースト制は、この様々なヴァルナとジャーティを相互依存関係と上下関係で結びつけた制度を指す。

第 6 章

西洋と東洋の経済的変容

学習目標　西洋と東洋の経済の変容を促した主なでき事について、知識と理解を得る。

◇方針◇

1．西洋と東洋の経済の変容について、知識と理解を得る。

2．西洋と東洋の経済の変容を促した主なでき事について、例をあげ説明できるようにする。

3．西洋と東洋の経済の変容を促した主なでき事を分析し、問題の解きかたを身につける。

4．西洋と東洋の経済の変容を説明できるようにする。

西洋の経済的変容

　古代から近代にかけて、西洋は多様な経済的経験を蓄積してきた場所である。なかでも近代への転換点は、農業を基盤としてきた経済システムが、徐々に商業を基盤としたものに移行し、それが急速に拡大した時期である。18世紀後半から19世紀にかけては、産業資本的な生産様式が西洋世界におおいなる富をもたらすようになった。西洋世界の経済的変容は、次の三つの時代に分けて考えられる。

古代

　6000年前の中東の河川流域に起こった村落社会は、農業経済とともに発生した、一般的な初期的共同体である。人びとは定住し、協力して土地を切り開き、土を育て、作物を栽培し、家畜を飼育し、外部の敵の侵略から生活を守り合った。中東での生活は、洪水や日照りなどの自然に打ち勝ち、改良する必要があった。農業のために水路やダムを築き、安定した生活を確保する工夫をしたのである。

農業は古代社会の主な経済活動であった。

　古代の経済活動としては、食物生産のための農業以外に、衣服、食器、武器、農具、牛車や船などの乗り物など日常の基本的な道具づくりにかかわるものがあった。なにか一つの道具づくりに長けた部族は、それを他の部族のつくるものと交換することができた。このような交換が商業のはじまりである。その後、商品交

換システムは貨幣を媒体にして便宜をはかるようになる。王権により支配が行われていた中東では、統治者が商品の種類を限定したり徴税をしたりして、商業を管理した。

古代の経済システムは、人びとの生活する土地の風土と密接にかかわり合い、人びとの生活の特徴を限定していた。例えば古代ギリシャの例でも、ギリシャ人は中東の人びととは異なった経済的経験をしていた。ギリシャの土地は、大部分が高地と山地だったため、穀物の栽培には適していなかった。その代わりに海岸線が入り組んでいたので、船をつなぎとめ港とするのに適していた。このため多くのギリシャ人は船を使って商業に従事した。また、ギリシャの主要な農作物は、ブドウとオリーブである。これらはギリシャ半島で非常によく栽培され、加工される。ブドウはブドウ酒に加工され、オリーブは食用油になる。また、ギリシャ人は様々な型の焼物の製作に長けていた。これらを船に積み、遠く地中海沿岸まで大量に売りに行った。その地

古代ギリシャの主要な商品作物オリーブの収穫を描いた花瓶の装飾図。

ではギリシャに不足している品物や穀物を買い、持ち帰るのである。海路交易は、農業よりも重要な活動だった。それは、ギリシャ人を有利な立場に立たせるような、様々な文明に接する機会を開き、多くのものを見聞きさせたからである。

古代経済は、ローマ帝国が地中海沿岸に支配権を持っていた時代にその最高潮に達した。あらゆる所から人びとが労働に借りだされ、大規模な農業に従事した。またローマが方々の海域の海賊を掃討したため、商業はおおいに栄え、交通は便利で安全になった。このことが、商品や貨幣、美術品や様々な分野にかかわる人びとを行き来させたのである。

中世

ゲルマン民族がヨーロッパ大陸を制覇すると、ローマの統治下での経済的安定も都市文明とともに滅びた。ゲルマン民族は、生活維持のための農耕という段階にまで経済システムを後退させた。中世の社会では、荘園 (manor) と呼ばれる小さな村落共同体が、各地に分散していた。荘園は、貴族や騎士の邸宅と農民の住む村、農地から成っていた。土地は貴族が所有していたが、貴族自身の土地、村民が農地用に借り受ける土地、農奴が収穫の一部を貴族におさめるために耕す土地、という具合いに分割されていた。荘園にはどこにも水源、道路、市場や教会があり、外の荘園と接したり商業を行わなくても、生活が維持できるようになっていた。荘園制度による経済システムは、自己の生活維持のための生産システムであった。これは、農村に権力が分散され、中央集権的ではない、封建制社会の反映である。

中世後期には、商業が再び活気を取り戻した。荘園から余剰生産物を持ちだし、他の荘園の生産物と交換する者が出現したのである。このような交換が、都市で定期的に開かれる定期市として見られるようになった。このような新しい経済活動が拡大を続け、遠くの都市の定期市に品物を運ぶための媒体である商人も現れた。例えば、フランス南部からベルギーまで塩が運ばれ

た。このような荘園外部の商業は、中産階級発生の温床となり、都市文明が再び活気づく要素となった。そして、農村を基盤とする封建制を衰退させる要因となったのである。

近代

　ルネサンス期（16世紀ごろ）、商業の復興は特にイタリアにおいて急速に進んだ。地中海の西岸との海路交易が頻繁に行われるようになり、ジェノヴァ、ナポリ、ヴェニスなどの港町が商業中心地として栄えた（シェークスピアの戯曲『ヴェニスの商人』に見られるように）。ヨーロッパには、絹製品、香水、香料などの様々な珍しいものが持ち込まれたが、それらのなかには、中東を通過して遠くアジアから運ばれてくるものもあった。商人の社会的地位は急速に高くなり、商業は人びとの注目を集める業界になっていった。貨幣制度も、商業面での資本蓄積とあいまって普及し、ヨーロッパ全土に株と銀行を出現させた。

　また、海路の探査によってヨーロッパ人はアメリカ大陸にたどりつき、新たな商品や原料をもたらした。16世紀から17世紀にかけて、イギリスやオランダ、フランス、スペイン、ポルトガルなどヨーロッパ西岸の大西洋に面した港町は、おおいに栄えた。これは、これらの国の王が、荘園の貴族たちが持っていた権力を中央に集めることに成功した時期と一致していた。王は、安定し一つに結束した国家をつくることを目ざした。王は、重商主義（mercantilism）と呼ばれる経済政策を掲げ、経済を政治的基盤として確保した。重商主義は、王政が生産や商業に介入してこれらを密に管理しようとするものであった。そして輸出を促進して政府の財源を確保したり、国内貨幣の流出を抑えるため輸入を少なくしようとした。また、製品の原料供給地として、また市場として機能する植民地の開拓を支援した。贅沢品を生産する工場を政府が設立し、巨額の収入を得ようとする政府もあった。

　18世紀、重商主義は問題に直面するようになった。政府が生産と商業に介

入しすぎ、製品の輸出競争が高じて独占が生じるなど、経済の自然な流れが損なわれたのである。この時期は啓蒙の時代にも当たり、政府を恐れず社会批判をする哲学者が現れた。フランスには、重農主義者（physiocrat）と呼ばれる経済思想家たちが現れ、重商主義に対抗して、政府が生産や商業を放任すれば、経済は再び成長をはじめるだろうと主張した。スコットランドにも重農主義者と類似した考えを持つ思想家が現れた。アダム＝スミス（Adam Smith）というその人物は、経済の進歩は需要と供給という自然のメカニズムによるもので、自由な投資が必要だということを主張した。

　18世紀から19世紀にかけて、貴族や王政に代わって中産階級が社会的主導権を握るようになるにつれて、上記のような経済的自由主義がもてはやされ、重商主義は破綻していった。19世紀初頭、ヨーロッパの人口は急速に増え、商業はさらに拡大した。貨幣の民間への流通はますます進み、技術面での発明や開発も進んだ。これらのことが、中産階級が今日まで発展を続けることになる新しい経済システムをつくり上げる要因となった。その新しい経済システムを、産業資本主義という。この経済的変容は、西洋人の生活に多大な影響をもたらした。この変容を産業革命（Industrial Revolution）と呼ぶのである。

　産業資本主義の原則は以下のようなものである。

アダム＝スミス。自由主義の経済学者。

①商業は、原則として資本蓄

積と投資によって成長する。ここでいう資本は、かつてのような小規模なものではなく、大規模な事業を興すのに十分な規模のものをいう。元手が大きければ大きいほど利益は大きく、また元手もより増やすことができる。これが「資本主義」の原則である。

②生産は、手工業から変化し、大量生産を目的として工場を建て、原料供給地を有する大規模生産となった。科学を応用して開発した機械と生産技術を用い、大勢の労働者を雇い、生産段階を分担するシステムと原則に忠実な経営方針のもとで、生産が行われる。これが、「産業」の原則である。

産業資本主義は、18世紀後半のイギリスで発展し、19世紀にはヨーロッパの主要な地域へ広まった。このシステムによって、西洋社会の様相は大きく変わった。

農村から都市へ移動し工場労働者となる人びとが増え、都市人口は急速に拡大した。この階層の人びとのための公正を要求するため、社会主義が生まれた。資本家と労働者との交渉が、現在見られるような議会制民主主義を発生させる要因となった。また、産業の成長は19世紀後半に帝国主義の発生を促し、ヨーロッパ列強は原料供給地と商品の市場となる植民地獲得に競って乗りだしていった。

産業資本主義は、西洋に富をもたらし、また社会のすべての人びとに利益を分配することを可能にした。こうして西洋社会は生活水準の比較的高い社会へと変化した。また西洋は、経済面、政治面、文化面において、世界に多大な影響を及ぼした。19世紀後半の貿易の拡大に乗じて、西洋の産業資本主義は今日のような「世界資本主義」へと発展した。それは、少数の先進工業国に中心を持ち、世界のあちらこちらに系列の生産地と市場を分散させた多国籍企業群を基盤とする。このシステムのもとで、発展途上国は多国籍企業の系列下で多大な利益を得ることができたが、様々な商業的条件を限定される不利な立場に立たされた。

今日のアジア大陸における新興工業国についても言われるように、産業技

術は、西洋世界からそれ以外の地域へ伝播していった。われわれが忘れてはならないのは、産業資本主義が西洋で成功をみたのは、西洋社会の人びとの力が支えとなったからだということだ。例えば西洋人は、さらに新しい技術を開発することよりも、基礎的学問を深く追究することを優先したし、労働の価値を理解し、公共に対し真に責任感を持とうとしていた。どのようなシステムであれ、その効率性は、そのシステムを利用する社会の人びとの価値観に左右されるのである。

東洋の経済的変容

　東洋とは、7大陸のなかでも最大のアジア大陸に属する国々をいう。この地域は広大な土地と地球上の全人口の50パーセントを越える人口を有している。アジア大陸は、その西の果てでヨーロッパ大陸とアフリカ大陸に接している。東端は太平洋、北端は北極海、南端はインド洋に接している。アジアは、民族、言語、文化、宗教などあらゆる面で多様であり、西洋と比較すると統一性がない大陸である。

　東洋は、以下の六つの地域に分けることができる。

　①西南アジア　ソビエト連邦南部からインド洋に達するまでの地域で、中東の国々や、地中海からアフガニスタンまでの間の地域を含む。人口の大部分はイスラム教徒だが、ユダヤ教徒やキリスト教徒もいる。

　②南アジア　インド、パキスタン、バングラデシュ、アフガニスタンや、ネパール、ブータンなどヒマラヤ山系の中の小さな国々、さらにインド洋に浮かぶスリランカやモルジブまでを含む地域である。人びとの信仰する宗教は様々で、ヒンドゥー教、仏教、イスラム教などがある。

　③東南アジア　中国より南、太平洋に至るまでの地域である。大陸部の国々と島嶼部の国々がある。すなわち、ビルマ、タイ、ラオス、カンボジア、

ベトナム、マレーシア、シンガポール、インドネシア、フィリピン、ブルネイである。民族、言語、宗教の面で多様性のある地域である。この地域の特徴は、モンスーン気候区という共通の気候区に属していることである。

④東アジア　中国、日本、朝鮮［Kaoli］を指す。古代に儒教の大きな影響を受けた地域であり、非常に広大で人口も密である。経済的発展の面では、格差も抱えている。

⑤北アジア　西端のウラル山脈から北東で太平洋に接するまでの間の、大平原と砂漠の地帯を指す。シベリアやモンゴル、サハリン諸島と日本の北方のキリル諸島までを含む。ここは、他のアジア諸地域と比較すると文化的

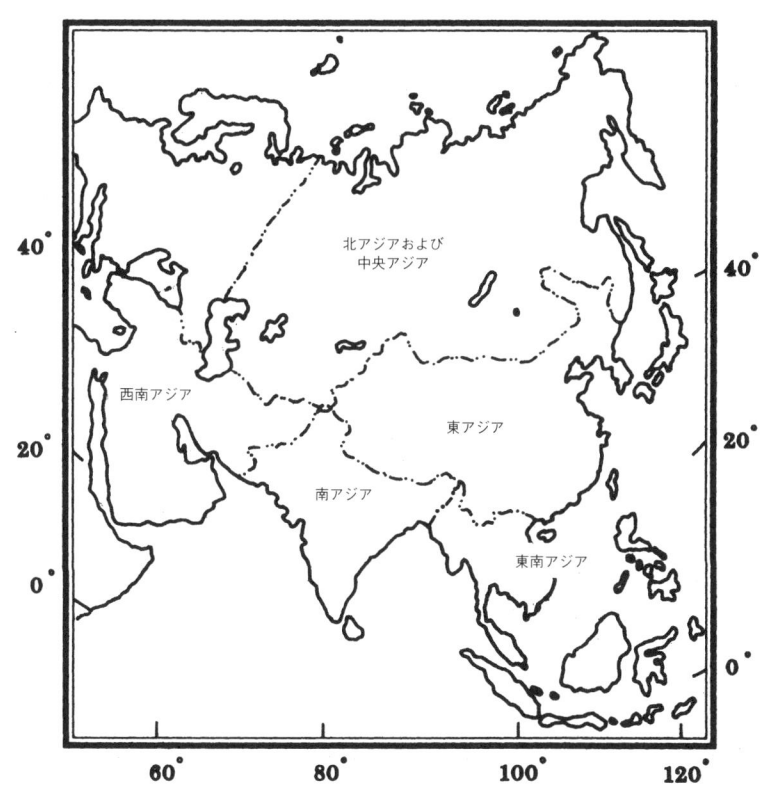

アジア大陸図　地域区分を示す。

に遅れた地域である。

⑥内アジア、もしくは中央アジア　中国の西端部のチベット、新疆(しんきょう)（トルキスタン）や、モンゴルの一部、シベリア東南部を含む地域である。この地域には人口が少なく、イスラム教徒とチベット仏教徒がいる。

以上のことから、東洋は広大な土地を持ち、多様性に富んだ地域であるということがわかった。このため東洋の経済的変容を説明するには、地域別に見ていく必要がある。ここでは、以下の四つの地域をあげて説明する。

西南アジア

この地域の特徴は、ヨーロッパ、アジア、アフリカに挟まれた場所にあるという地理的条件である。その上、海路によって地中海、黒海、アラビア海、紅海、インド洋にまで通じることができる。このため西南アジアは、古代から交易の通り道に当たり、この地域に住む人びとは、西洋の影響を受ける以前から海上交易に長けていた。

経済面では、いまだ人口の70パーセントは農耕に従事している。だが農具は近代化されておらず、農民の多くは自分の土地を持っていなかったので、高い賃料を支払い地主から借りなければならなかった。このため小さく細分化された土地での農耕となり、生産性を高める工夫がなされることもなかった。賃料とその年の消費に間に合う分量の生産がされるだけで、生産性は低かった。また、水不足、良い灌漑設備の不足などの問題もあった。地主は高い賃料を要求したが、他の産業への投資に関心を持たなかったので、経済システムも総合的には遅れた状態にあった。

また、この地域の人びとは放牧形式の牧畜も行っていた。これは、農耕に適した地理的状況が限られていたからであった。

20世紀に入って、この地域で石油が発見されると、イランやイラク（古代メソポタミアにあたる）、サウジアラビア、クウェート、バハレーンなどの国々で大きな経済的変革が起こった。初期の石油採掘は、中東の大石油会社

が採掘権を得て利益分配を受けていた。だが後に、それぞれの国で事業を独自に行うようになり、石油がもたらす莫大な利益は大都市を発展させた。その一方で、農業と農村は発展を享受できたわけではなかった。近代的な交通・通信も大都市部に限られていた。西南アジアでは、まだ重工業は発展しておらず、製鉄工場や鉄鋼工場、化学工場もない。工場ができても、じゅうたんや繊維、金属性容器などの家庭用品を作る伝統的なものに限られており、それらが一般の人びとの主な収入であった。この地域では、まだ日用品を外国からの輸入に依存していた。石油がもたらす収入は、国を支配し、投資を好まない一部の小数者にもたらされた。海外からの投資を受け入れる政策もとられていなかった。政治と宗教の対立もあり、政治的安定を脅かし、経済の成長を妨げる要因となっていた。

南アジア

南アジアの多くの国はイギリスの植民地となった経験を持ち、第２次大戦後に独立した。このため独立以前の経済システムは、安価な労働力と原料の供給地、イギリス製品の市場として機能する植民地経済であった。独立後、この地域の国々は経済システムを自立的なものへ変革することに努め、輸出指向型の生産政策をとった。努力は実り、経済は投資と大都市の工業化を促す技術支援によって、経済は近代化した。だが農業と農村は旧態依然とした状態で、労働力節減のための農耕機械は不足し、土地や灌漑の開発もなされなかった。農業生産が、国内消費に間に合わないこともあった。

南アジアの国、特にインドは、人口上昇率が高い。工業化が人口増加に追いつかない上、ほとんどが缶詰食品、繊維、陶磁器、金属器などを生産する軽工業で占められていた。インドやパキスタンには製鉄や鉄鋼などの重工業が存在するが、工業に従事しているのは人口の15パーセントにすぎなかった。依然として一般の人びとには、農業と工芸が生活の糧となっているのである。

南アジアの経済システムの成長は、遅々として進んでいない。これは、効率

性の高い通信・交通システムの不足が原因である。インドやパキスタン、スリランカは、イギリス植民地時代に鉄道システムの設置という恩恵をおおいに被った。しかし交通網にはいまだ困難がつきまとい、輸送は人や家畜の労働力に少なからず依存している。ましてヒマラヤ山系の国々では、交通は非常に遅れた状態である。都市を結ぶ交通手段はバスや自動車であり、農村の道路に至っては、いまだ使用に耐えられる状態とは言えない。また、非識字率が全人口の50パーセント以上ということも、経済システム上の問題となっている。スリランカはこれよりはよい状況であると言えるが、それでも40パーセントが非識字者である。このことはやはり経済成長を妨げる要因となっている。

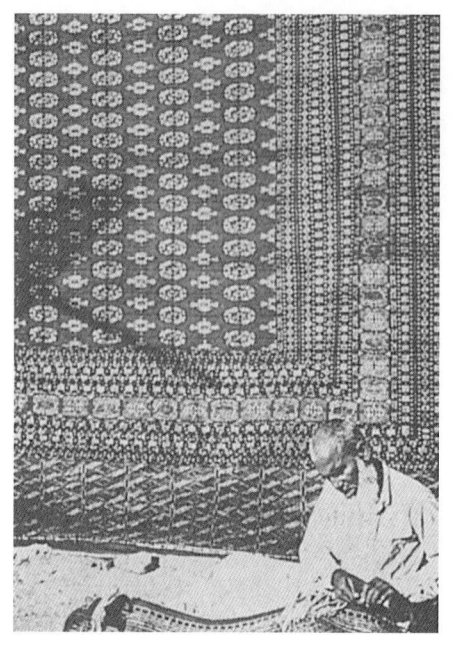

南アジアでは農業以外に工芸も重要な経済的基盤である。

南アジアの一部の遅れた交通状況。

東南アジア

この地域には、二つの大きな特徴がある。一つは、世界的な交通の要衝であるという地理的条件である。もう一つは、人口に比して土地が広いということである。東南アジアは、人や物、新しい思想や科学の行き交うところであり、古代からインド、アラブ、中国からの文化的影響を受けてきた。それは、仏教、ヒンドゥー・バラモン教、イスラム教、キリスト教、そして儒教までが共存する状況をつくり上げた、宗教・信仰の影響を見れば明らかである。西洋世界が影響力を持つようになると、東南アジアはヨーロッパ、アメリカ、アフリカ、その他のアジア地域を結ぶ航路の要衝となり、この地域の経済は、農産物や鉱物資源の輸出にかかわるようになった。長期にわたる外国資本の参入も存分になされ、シンガポール、ヤンゴン、バンコク、マニラ、ジャカルタなどのいくつもの港町が、この地域の経済システムに重要な役割を果たした。

東南アジアは、農産物や鉱物資源の重要な産地であった。その品目は、天然ゴム、チーク材など様々な木材、米、茶、タバコ、錫、鉛、銅、鉄、ボーキサイトなどに及んだ。後に、砂糖、キャッサバ、パーム油、トウモロコシ、大豆などの商業作物もつくられるようになった。そのほか、インドネシアやブルネイでは、多数の油田が発見されており、この地域の経済に変革をもたらした。

原油。東南アジアのいくつかの国では地域経済に変革をもたらす重要な資源・輸出品である。

他のアジア地域と比較すると、東南

アジアは豊かな土地である。耕作のできる土地の広さと比較すると、人口が少ないためもある。とはいえ、インドネシアのジャワ島やフィリピンのルソン島のように、過密な地域もいくつかある。東南アジアの全人口のおよそ70パーセントは、農業に従事している。そしてその多くが、まだ伝統的な形式の農具を使用している。

　だが、缶詰、繊維、製糖など、軽工業の発達した国もある。これらの工業は、タイ、マレーシア、シンガポール、インドネシア、フィリピンの大都市で発達した。東南アジアは、他のアジア地域ほど大きな経済的問題には直面しなかったが、まだ十分な開発はなされていないといえる。例えば、ビルマ、ラオス、カンボジア、ベトナム、インドネシア、フィリピンなどを見れば明らかなように、通信や交通が十分使用に耐える状態ではなく、伝統的な水上交通に依存せざるをえない所もある。タイ、マレーシア、シンガポールに関しては、比較的経済先進性を保っており、急速に改革が進んでいる。特に、工業成長と大規模投資にそれが見受けられる。

缶詰食品製造業は東南アジアの開発を促す軽工業である。

東アジア

　この地域には、日本と中国のような大きな相違が見られる。日本は急速な発展を遂げ、西洋諸国に追いつくまでになった。元来日本の経済は農業と商業を基盤としていた。19世紀半ばの明治維新以後、日本は農業への投資、工業と金融制度の開発、海外貿易の奨励に邁進してきた。交通網の開発も重要

で、国中に鉄道が建設された。20世紀初頭、日本は満州、朝鮮、台湾を占領し、自身の工業開発のための天然資源を手に入れた。しかし、軍部が強硬に、西洋諸国との戦争を引き起こした。敗戦で手に入れた領土をすべて手放さねばならなくなり、

第2次大戦後日本は世界の経済大国にまで成長した。

経済は非常に衰退した。しかし戦後、特に朝鮮戦争期（1950－1953年）には急速に経済復興を遂げ、土地改革や国内市場の開発を行った。アメリカが主な顧客となり、東南アジアからの天然資源も手に入るようになった。1960年以後、日本は世界的な経済大国になった。

中国は、19世紀に人口が急激に増加し、西洋の植民地化の脅威と国内の混乱に直面した。このため経済は疲弊し、1911年の孫文の革命と満州王朝（清）の崩壊を招いた。その後中国は、内戦と日本との戦争とにさらされ、1949年にようやく中国共産党が勝利した。

中国は、農業国という状態を維持しているが、その農業は、困難を極めている。土地も家畜も、農具も十分ではなく、遅れている。共産党の革命以前は、農民は土地を持たず、政府は産業投資のための資金を持たず、通信や交通は遅れた状態にあった。人口の大部分は教育がなく非識字者であり、洪水、干ばつ、台風などの自然災害を恒常的に被っていた。このため中国経済は、アジアで最も遅れたものとなっていた。

1949年の革命後、共産党政府は社会主義式経済開発計画を作成した。最初の5年間は1953－1957年、その次が1958－1962年で、国家が農業と工業の開発を管理・運営するための経済計画であった。最初の経済計画は成功をおさ

中国の集団農場。

め、中国は農産物を自給できるようになった。第2次計画は最初のものほど成功せず、目標通りの産業開発は行えなかった。開発にはおおいなる成果が要求され、農業は共同経営になり、人びとは献身的な労働従事が求められた。家族とも離れ、生活水準は低かった。このため中国の経済開発は、十分な協力を得られなかった。

　1976年の、共産党の党首毛沢東の死後、中国は独自の社会主義経済システムを変化させはじめた。より自由が認められ、民間も経済に参入できるようになった。

　朝鮮は、中国から文化的影響を受けてきた農業国であった。19世紀以来、朝鮮の地は中国、ロシア、日本の間で利権争いの対象となった。最終的に、朝鮮は1910－1945年の間、日本の属国となった。独立後、朝鮮内部に政治的イデオロギーの対立が生じ、1950－1953年に朝鮮戦争が戦われるまでになった。そして国は、朝鮮民主主義人民共和国と大韓民国の二つに分かれた。

　北朝鮮は、ソ連に準じた経済開発の方針をとった。つまり、鉄鋼業、機械工業、鉱業などの基幹産業の開発を重視するのである。このため北朝鮮は工業国と言えた。すべての分野の工場は、社会主義の原則にのっとって国家が経営者となった。農業では、戦争後に土地改革が行われ、新たな土地を開拓し、様々な共同組合が設置された。農民はすべて組合の管轄下で働き、労働に見合った賃金を受け取った。人や家畜の労働力や、様々な省力機械が利用された。

韓国は、自由資本主義経済体制をとっている。戦後の経済復興期には、アメリカの援助を受けた。朴正熙大統領時代、5年間の経済開発計画が作成され、輸出向け生産を奨励する政策がとられた。このため工業は急速に成長した。特に繊維、電子製品や電子部品、靴、製鉄と鉄鋼、造船などが成長し、アジアの新興工業国とみなされるまでになった。工業の発展は、農業従事者と工業従事者の生活水準に格差をもたらした。政府は1974年、セマウル運動、いわゆる農民のための新生活計画を開始し、資金面、物質面、技術面などで援助を施した。このため農民の生活水準は向上した。

整備されたセマウル運動後の韓国の農村。

課題例

1．西洋と東洋の経済の変容について、グループごとに詳しく学習させ、発表させる。

2．西洋と東洋の経済の変容の特徴を、時代ごとにまとめさせる。

3．西洋と東洋の経済の変容に関するスライドやビデオを鑑賞させ、レポートを提出させる。

章末問題

1．古代西洋世界（中東、ギリシャ、ローマ）の経済的進歩は、どのようなものであったか。おおよそを説明せよ。

2．中世ヨーロッパの荘園制（manor）の生産様式は、どのようなもので

あったか。

　3．重商主義（mercantilism）とは何か。前期近代のどのような政治システムに関連したものであるか。

　4．経済的自由主義思想とはどのようなものであるか。おおよそを説明せよ。

　5．産業資本主義は、いかにして西洋の人びとに富と力をもたらしたか。

　6．東洋はいくつの地域に分けられるか。またどのようなちがいがあるか。

　7．東南アジアについて説明し、タイ、マレーシア、シンガポールの経済の変容について言及せよ。

　8．中国と日本の経済の変容を比較せよ。

第 7 章

西洋と東洋の政治的変容

学習目標 西洋と東洋の政治的変容を促した主なでき事について、知識と理解を得る。

◇方針◇

1．西洋と東洋の政治的変容について、知識と理解を得る。

2．西洋と東洋の政治的変容を促した主なでき事について、例をあげ説明できるようにする。

3．西洋と東洋の政治的変容を促した主なでき事を分析し、問題の解きかたを身につける。

西洋の政治的変容

　政治とは、大規模な共同体が秩序をもって共存することを支える装置である。西洋は、統治者が人びとを厳格に支配する権力を持つようなシステムから、人びとが互いに受け入れられる範囲で権利と自由を持つシステムまで、実に様々な形の政治システムをつくってきた地域である。西洋の政治的変容のプロセスをつぶさに観察すれば、古代から現代にかけて、西洋人はいかにして厳格な支配から逃れて、個人に自由を与える政治を勝ちとってきたかが理解できるであろう。

古代

　古代の西洋世界では、人びとは地中海沿岸のみで生活していた。だがそこでは、人類史のなかで見つけられうる最も多様な政治システムがつくり上げられていた。このあたりは地形や気候が様々な地域が混在し、互いに異なる生活様式を持っていたからである。そして重要なことは、様々な民族が存在していたことだった。ギリシャ人やローマ人が北方からこの地域に移入し、この文明のるつぼに新奇な慣習をもたらしたのだった。

　中東の地では、政治権力は宗教を基盤としていた。このため神権政治という政治システムが成立した。統治者は、人間世界に生まれ変わった神なのであった。メソポタミアがその例である。また、エジプトでも、王は神の子とみなされた。統治者は普通の人間ではなく、偉大なる力を備えた聖人であり、生死を司り、社会を律する様々な法を思いのままに定め、人びとを様々な労働に従事させることができた。このような政治システムのもとでは、人びとは否応なく統治者に従わねばならなかった。

　ギリシャの多様な都市国家では、主に2種類の統治形態が存在した。深い

山峡にある都市国家では、軍事国家の様相を帯びていた。例えばスパルタでは、小人数が政治権力を持つ寡頭政治体制が敷かれていた。一方、海辺の都市国家は、商業国家であった。例えばアテネでは、直接民主主義という政治体制が発展し、成人男子すべてに参政権を与えていた。人民会議は、人びとが集まり、様々な政策を決議する機関であった。アテネの民主主義政治は、参政権が男子にしか与えられず、範囲が限られたものであった。だがこれは、後の世の民主主義の発生を刺激し、直接政治に参加するには数が多くなった市民が、選挙で代表を選び議会へ送る形式のモデルとなったのであった。

　一方、地中海を制覇する以前のローマでは、貴族政治を行っていた。社会的権威を持ついくつかの貴族の家系の出身者が、共同して国家統治に当たったのである。元老院と呼ばれる組織を設け、成文法による統治を行った。紀元前48年にユリアス＝カエサル（Julius Caesar）が独裁体制を敷いた。

　その後ローマは帝政となり、様々な地域を制圧してその土地の政治体制を維持させた上で、ローマの管轄下に置いた。つまり、ローマの都に中央政権が置かれ、様々な土地の支配者はローマ皇帝に従わねばならなかったのである。最初のローマ皇帝オクタヴィアヌス（Octavianus）は、帝位につくとオウグストゥス＝カエサルと名乗った。

中世

　ゲルマン民族がヨーロッパを制すると、ローマの中央集権制は崩壊し、地方分権型の新しい統治体制が築かれた。これを封建制（feudalizm）という。この体制により、様々な王国の王は大小の領国の統治権を王に従う貴族にゆだね、さらに領国を統治する貴族たちは、土地を分割して自分に従う騎士たちにその統治をゆだねた。このように封建制は、上の者に忠義を示すことで統治権がゆだねられるという関係の連続により成り立っており、最終的に頂点に立つ王は、王都以外の土地に対する支配権力を持たなかった。統治権は、農村に分散する貴族と騎士の手に握られていたのである。

ユリアス＝カエサル。　　　　最初のローマ皇帝オウグストゥス＝カエサル。

近代

　近代西洋における、最も重要な政治的変化は、絶対王政から民主主義体制への変化である。民主主義体制とは、人民による統治を基盤とし、すべての人民はおのおのの立場においてそれぞれに価値を持つ、という考えを理想としている。個人はみな犯すことのできない権利をもっており、その権利はみなが享受し守らなければならないのである。アメリカの大統領エイブラハム＝リンカーンは、「民主主義とは、人民の、人民による、人民のための政治である」と述べた。

　民主主義（democracy）の語源は、ギリシャ語で人民を意味する demos と政治を意味する kratos の合成語 demokratika である。ギリシャの民主主義体

制が、ヨーロッパやアメリカに影響をもたらしたモデルであると考えられている。民主主義の思想は、ルネサンス（Renaissance）時代と宗教改革期（Reformation）に顕現し、17世紀のイギリスに絶対王政から民主主義体制への変革をもたらした。このことが1776年のアメリカ民主主義革命と、1769年のフランス革命を引き続いて引き起こすことになった。その後民主主義の思想は全世界に広まった。タイでも1932年6月24日に立憲革命が起こった。

現在、民主主義政治は一般に政治的原則となっている。このことは、中国、フィリピン、ビルマなどのアジア諸国や、東欧、独立国家共同体などの民主主義への変革プロセスを見れば明らかである。

民主主義政治の基盤

民主主義政治の基盤は、およそ16－18世紀の長い期間をかけて成り立ってきた。これは、ヨーロッパの商業の改革と大航海時代に当たる。この二つの要因が、ヨーロッパ経済構造を農業から商業と工業に変化させ、様々な国家を成立させ、人びとの思想を論理的な確信に基づいたものへ、そして能力や自由、人権を重視するものへと変えたのである。これらの変化を基盤に、民主主義思想が根づいていった。

近代西洋の民主主義政治には、ルネサンス（Renaissance）、宗教改革（Reformation）、民主主義に関する思想、中産階級（middle class）という四つの要素からなる基盤がある。

ルネサンス

ギリシャ・ローマ時代のいわゆる古典的な文学、哲学、思想などの諸学問の復興を指す。この復興が、ヨーロッパの中世を終焉させた。

中世の封建制（feudalism）のもとでは、多くの人びとは権利や自由を持た

ず、政治は領地（fiefs）をおさめる王族（lords）たちにゆだねられていた。教会は王権神授説を唱え王をしのぐ権力を持っていた。王権神授説は、後に17世紀の絶対王政（absolute monarchy）の基盤となった。絶対王政下では、王が社会の頂点に立つ権力者であり、人びとの権利と自由は制限され、人間の個性を重視する考えは否定された。

だが15世紀イタリアではじまったルネサンスの時代、人間であることの価値や重要性を主張する人文主義（humanism）という考えが生まれた。人間は真実や美徳を追求する権利があり、自分で自分の人生を決められるという考えや、人間は出自や社会的地位によって限定される存在ではないという考えが生まれたのである。このような思想から派生した理想や思想的刺激によって、人びとは自分の人間性に自信をもち、民主主義思想の理論をつくり上げた。人びとが自分の力を確信することで、民主主義体制の重要な基盤である、人民の政治参加の思想が生じたのである。

宗教改革

ルネサンスと同時期に、宗教改革が起こった。これはキリスト教を新生させようという運動である。この運動は、16世紀のドイツに発し、ヨーロッパ全土に広まった。教会の傲慢と誤った教えに対抗しようとするドイツ人修道士マルティン＝ルター（Martin Luther）が運動を主導し、教会当局の誤謬を指摘した。彼は慣習や伝統にすぎない形式的な信仰を捨てて、聖書の真なる教義を信奉するためのキリスト教改革を主張した。またルターは、人間が救済され神の国に行く道は、教皇の支配する教会を通るものではないとも主張した。したがって、個人はそれぞれ高い自立性を持ち、理念のない誤った教義解釈をする教会権力に追従する必要はない、とした。このよ

16世紀の宗教革命の指導者マルティン＝ルター。

うに教皇の権威に反抗したため、ルターは教皇に破門を宣告され、彼の著書も処分するよう命じられた。

　宗教改革運動の広まりはその反対運動を誘発し、ヨーロッパ各地で激しい戦争が繰り広げられた。だが信仰の自由が確立し、ローマ教会の権威が弱まると、教会と国家（church and state）が分断し新たな関係が築かれ、教皇や教会は国家を越えた政治権力を持たない単なる一集団となっていった。重要なことは、宗教改革は、神の権威をもとにした王個人の権力や絶対王政というシステムを退け、法律を最高権威とする思想を生んだということである。このことも、特定の個人や一集団の権力に対抗する、民主主義思想の興隆を促したのである。

民主主義に関する思想

　ルネサンスと宗教改革の後、17－18世紀のイギリスとフランスでは、民主化革命を引き起こすきっかけとなった思想が生みだされた。イギリスでは、議会政治への参加と憲法制定を要求する運動が盛んになり、絶対王政に対抗した。イギリスでは政治的対立から1640－1648年には内乱があり、1688年には名誉革命（Glorious Revolution）が起こった。名誉革命は、近代はじめてイギリスに民主主義体制をもたらした。権利と自由の要求は、イギリスの著名な詩人ミルトンの名言に現れている。「われに知る自由、語る自由、心のままに議論する自由を与えよ。何物にもまさるもの、それは自由である」。

　イギリスとフランスには、民主主義思想を語る多くの思想家・作家がいる。トマス＝ホッブス（Thomas Hobbes）、ジョン＝ロック（John Locke）、モンテスキュー（Montesquieu）、ジャン・ジャック＝ルソー（Jean-Jacques Rousseau）らがそうである。彼らは民主主義政治の重要な基盤をつくり上げた人びとであるといえる。次に、彼らの思想を概観する。

　トマス＝ホッブスは、イギリス随一の政治哲学者である。オックスフォード大学を卒業し、様々な著作で名を知られるようになるが、特に重要なのは、

トマス=ホッブス

ジョン=ロック

ジャン・ジャック=ルソー

『リヴァイアサン（Leviathan)』(1651年) である。

　ホッブスの思想は、次のようなものである。人間は、せわしなく互いに争い合う自然状態で生きることをやめ、社会を築き共存することを決めた。これは、共存することに利を見たからである。共存をはじめたとき、人びとは個人を王として頂き権力を委ねた。したがって、王権は当初から合意のもとにある契約によるものだったのである。ホッブスは政治権力が個人に集中することの効用をこのように理解した。さもなくば、人びとは自然状態に帰り、状況は悪化すると考えた。このため、王は政治権力を持つ最高位の人物であり、戦争と和解の責任を果たし、税を集め、法を司るとされた。人間は共存するためには王の規定した法を遵守しなければならない。だが、王が規定した法に不満なときは、人びとが共同契約を結んで法律を制定することとなる。ホッブスの思想とは、王の政治権力は人民の合意のもとにあるもので、神から与えられた神聖なものではない、というものであった。

　ジョン=ロックは、ホッブスと同時代のイギリスの作家である。ロックも同様に共同契約の思想を提唱した。しかしホッブスと意見が異なる点は、特定の個人に政治権力を集中させることに反対したことである。ロックは中道

の思想家であった。有名な著作に、1689年の『宗教寛容論（Letter Concerning Torelation）』と1690年の『市民政府二論（Two Treaties of Government）』がある。

　ロックは、政治とは統治者と人民の契約事項であると述べた。人間は社会を形成しているが、なお自分の生来の権利を固持している。このため、王や議会に権力を分散し、権力を分け合った者どうしが連携せねばならない、と説いた。ロックは、行政権、司法権、立法権の均衡を説き、これを平和と公共の安全のための絶対原則とした。政府は、様々な案件ごとに法律を明示することで公正さを保ち、その法律は理にかなったものでなけらばならないとした。また、政府には勝手気ままに徴税をしたり、審議もせずに身柄を拘束する権利を持たないとし、すべての人民に責任を持つとした。そしてなによりも重要なことは、政府は人民の代表から成るということと、政府が契約に反したり、不正を行ったり責任を裏切ったりした場合には、人民は契約を破棄できるということであった。ロックは、この人民の権利を人間が生まれながらに持っている、共同契約違反の政府に対する抵抗の権利とみなした。

　モンテスキューはフランスの思想家で、『法の精神（The Spirit of Laws）』（1748年）という政治理論の著作を持つ。この本は著作に14年が費やされており、民主主義政治の思想基盤とみなされている。

　モンテスキューは、ホッブスやロックの思想にもある政治権力の分散（separation of political powers）を説いている。モンテスキューの主張は、立法（legislative）、行政（executive）司法（judicial）の三部に政治権力を分散させることであった。政府が三権を分立させ、互いに自立し干渉し合わないようにすることで、民主主義を促進させるのである。

　モンテスキューの政治的分権論は、タイを含む多くの民主主義政治国家で受け入れられており、現在では少しも珍しいものではなくなった。だがモンテスキューの時代には革新的思想と見なされ、ローマ教会やフランス絶対王政の激しい抵抗にあった。彼の著作は、ローマ教皇庁によって発禁処分を受

けた。だがモンテスキューの思想は、イギリスやスイスにまで広まり受け入れられ、アメリカの民主主義革命にも影響を及ぼした。

ジャン・ジャック＝ルソーは、ヨーロッパで最も著名な思想家のひとりである。彼の思想は、1789年のフランス革命に大いに影響を及ぼした。主要な著作に、1762年の『社会契約論（Du contract social）』がある。このなかに、「人間は自由たるべくして生まれた。だが、ありとあらゆるごとに束縛を受けるものである」という有名な一節がある。

ルソーは、社会の不平等に言及し、政治権力に対する問いを立てた。その問いとは、なぜ人間は別の人間に従うのか、なぜ人より勝る権利を持つ人間がいるのか、というものである。ルソーは、権力とは人間が共同体をつくり契約を結ぶことを通じて生まれるもので、政府もその結果生まれたのだと理解していた。このため、政治とはすべての人間が契約を保証することで成り立つものであり、人間は互いに束縛し合うものとした。すべての人間による契約は「一般意志（general will）」を発生させるが、同時にすべての人間はそれぞれ独自の「自由意志（free will）」を維持する、とした。

ルソーはまた、人びとは互いに最高権威体である「主権」を形成し、政府はそれゆえ人民の「一般意志」を受け入れなければならず、もし契約に違反する行動をとれば罷免される、と主張した。政府は、平等な政治的権利と義務を保証し、一般の青年に教育を施し、公共の利益を守るための経済と財政のシステムをつくり、遺産や贅沢品に税を課さねばならない、とも主張した。ルソーの思想はモンテスキューの思想と同様、それによって利益を損なう人びとの抵抗を受けた。著作は発禁処分を受け、イギリスに亡命せざるをえなくなった。だが彼の思想は最終的に民主主義体制の基礎となったのである。

中産階級

西洋における民主主義政治への改革には、民主主義体制を発足させる根本的な支え、中心的な力となった中産階級がいた。中産階級は、西洋において

はじめて民主主義を樹立させた重要な要素である。従来西洋社会は、支配者として君臨する王族や貴族ら上流階級（upper class）と、多くが農民層や労働者層に属する非支配者たち下層階級（lower class）に分けられていた。

　中世が終わりルネサンスと宗教改革がはじまったころ、ヨーロッパで商業と基礎的工業が発展しはじめた。商売と事業が新しい職業を生み、新しい集団を生みだした。この集団は上流階級と下層階級の間に位置し、一つの明確にまとまりある階級を形成していった。中産階級は、多様な職業からなる大集団であった。そのなかには、商人、実業家などが含まれた。自分で商店を持つ者もいれば、社員や店員として勤める者もいた。職業に関する特殊技術を備えている者もいた。中産階級は農村部よりも都市部に多くおり、教養や知識に関しては下層階級に勝っていた。ヨーロッパ、アメリカ、日本でこの階級は発達した。これらの地域の国々は経済先進国となり、中産階級が他の階級よりも大きく成長した。

　商業と工業の発展とともに中産階級が成長していくと、中産階級の社会的地位や教育水準が向上していった。中世末期、中産階級は貴族を牽制するための王の権威を支えていた。そのことは商業の成長の妨げになったが、王にとっては絶対王政確立の助けになった。

　王が絶対的権威を持つと、商業に従事する中産階級には、海外交易の独占などの利益がもたらされた。そのうちに中産階級は自分の利益を守るために政治に参加しようとするようになり、王から政治権力を奪おうとする中心的勢力へと変わっていった。彼らは様々な政治哲学者の思想を支持した。かつて政治権力は、上流階級の一部の集団に掌握されており、生活のために多くの時間を費やさねばならない下層階級の人びとは、政治には関心を持たなかった。だが中産階級は、自分たちの要望に対する答えを、民主主義思想に求めた。権力を独占する上流階級の一部は、自分たちの権力は神から授かった神聖なものだと言い張ったことに対抗するためである。こうして、中産階級は民主主義政治樹立の重要な要素となったのである。

西洋における民主主義政治の発展

イギリスの政治革命

　イギリスは、民主主義のモデルをつくった国とみなされている。イギリスの統治形態は、立憲君主制（constitutional monarchy）であり、議会制民主主義を掲げている。イギリスは、中世以来民主化への発展を遂げてきた。1215年には、貴族たちがジョン5世王に、王の権力を制限するマグナ・カルタ（Magna Carta）を認めさせた。だがイギリスの王のなかには、この憲章の規制から逃れようとする者も多かった。

　17世紀半ばの内乱の後、王は刑に処されて、一時的に共和政が敷かれた。しかし再び王政が復活し、最終的には1688年に名誉革命が起こって、イギリス絶対王政は終焉した。この革命では、イギリス人が持つべき権利と自由、そして議会の権限を定めた権利の章典（Bill of Rights）を、王が承認し発布した。

　1832年と1867年に、一般人の選挙権と下院の権限・役割を拡張する改革憲章（Reform Bill）が発布されて、イギリスは完全な民主主義へと発展を遂げた。17世紀以降、イギリスは次の三つの基盤をつくり上げてきたのである。

　①人民の合意のもとに発足する政府
　②人民の代表の選挙
　③憲法をはじめとする法による統治

　憲法は、イギリスの最高法規となった。イギリスの憲法は他の国々のように成文化され一部にまとめられたものではない。状況に応じて、また歴史的事例を参照したり、慣習法にのっとって裁かれる。

　統治の主権は議会（Parliament）にあり、議会は王、下院、上院から成る。

中心的権限は下院にあり、議員は人民の直接選挙によって選ばれ、任期は5年である。内閣総理大臣が、議会解散権と総選挙の実施権を持つ。

イギリス民主主義は、立法権と行政権を明確に区別していない。下院議員でも大臣になることもある。司法権だけは絶対的に分離されている。裁判官は職業法によって選出され、定年まで職を免じられることはない。

政府首脳は内閣総理大臣であり、様々な大臣とともに行政を執行する。首相は、普通選挙で勝利した与党の党首が務める。イギリスには多くの政党がある。二大政党として、保守党と労働党がある。

イギリスの民主主義政治は、選挙権を持つ人民によって選ばれた代表によって行われる民主主義政治である。現在のイギリスでは、18歳以上の国民が選挙権を有する。

アメリカの政治革命

17世紀に発生した、憲法や共同契約といったヨーロッパの民主主義思想は、北アメリカにあるイギリスの13植民地にも影響を及ぼしていった。植民地統治に際し、イギリスは植民地に自治権を与えていた。だが本国が植民地の利益を搾取し、商業を管理すると、これに対する抵抗が生じ、1776年には独立戦争が勃発した。

このアメリカの革命は、当時のヨーロッパの政治哲学者による民主主義思想を支持していた。特に、政治権力は「統治される側の合意」に基づくものであるということと、「すべての人間は生まれながらにして平等であり、分かつことのできない権利を授かっている。その権利とは、生存、自由、幸福の追求である」という原則を重んじていた。

革命の後、アメリカの民主主義政治には、人民が政治に参加するために、普通選挙で選出された人民の代表が統治を行うという原則が設けられた。しかし当初はこの権利には制限があり、女性と奴隷は選挙権を持たなかった。

アメリカの民主化も徐々に発展していった。特にエイブラハム＝リンカー

ン大統領の時代、奴隷制は廃止され、人種に関係なくすべての人びとに平等な権利が与えられた。アメリカは共和政民主主義（democratic republic）を掲げ、国家元首として大統領を据えている。統治形態は、50の州から成る分権制の合衆国であり、国家レベルの政府と州レベルの政府が置かれている。アメリカの憲法は成文法で、1789年に発布[1]されて以来いく度も改定され、永久に存続する政治的文書とされている。

　行政権、立法権、司法権の三権を明確に分立させており、大統領は行政の長である。4年任期で、選挙により選ばれる。議会議員も上院・下院ともに選挙によって選ばれる。最高裁判所には9人の裁判官がおり、大統領が上院の同意を得て選出する。

　アメリカの政治は大衆政治であり、大勢の人間が政治の意志決定過程に参画する。人民も選挙権を行使して政治に参加する。二大政党は民主党と共和党である。

フランスの政治革命

　憲法と共同契約の原則を掲げる民主主義政治が、イギリスとアメリカに根を下ろしたころ、フランスでもまた1789年にこれを支持する革命が起こった。

　フランスの絶対王政は、ルイ14世時代に絶頂に達した。だがその後、経済や政治、社会は疲弊しはじめた。海外植民地の喪失も経験し、王や貴族の権威は失墜した。

　革命の後、フランスでは人権宣言（Declaration of the Right of Man and Citizen）が採択された。しかし、革命後の民主主義の安定は続かず、王党派の巻き返しのために共和政（republic）と帝政（empire）の交替が繰り返された。だが最終的には、1958年以降現在に至るまで、フランスは第五共和政となっている。大統領が置かれ、議会解散権など議会制における重要な権限と役割を担っている。

　大統領は、フランス民主主義制における国家元首である。1789年以来、フ

ランスでは繰り返し憲法の公布が行われた。現行の憲法は1958年に公布されたものであるが、これも何度も改定されている。1962年には、大統領を直接投票により選出することを定めている。

フランスでも政治的分権はなされているが、行政が主に強い権限を持っている。また総理大臣も置かれ、大統領には任命・罷免の権限がある。総理大臣は行政に携わる主要な役職で、議会と大統領に対し責任を持つ。

フランス議会は、人民の直接投票で議員を選出する国民議会と、間接投票で議員を選出する元老院から成る。

フランスの選挙では、多数制二回投票を原則としている。初回の選挙でどの候補者にも過半数得票がなかった場合、最も得票の多かった二人の候補者を競わせ、再度投票を行う。フランスでは多数の党が連立しており、イギリスやアメリカのような二大政党制をとっていないためである。

東洋の政治的変容

西南アジア

古代より西南アジアの多様な地理的条件は、人びとに多様な生活の術をもたらしてきた。人びとは、農耕に適した豊かな山地では農業を営み、海辺では交易に従事した。一方砂漠地帯では、牧畜が営まれた。

このように地域ごとに地理的経済的条件が異なるため、それぞれに異なった特徴を持つ共同体が生まれた。そしてそれぞれが、自分の共同体の状況に適した統治形態をつくり上げてきた。山地や海辺では、共同体は家を建て定住した。秩序正しく建てられた多数の大規模な古代都市の遺跡が、そのことを物語っている。その古代都市の状況から、そこの住民は厳格な統治体系を持っていたことが推測されるのである。統治者は王か皇帝で、厳格で有能な

軍事的指導者であった。また、政治的正当性を保持するために、人びとの信仰を導く宗教にも近い存在であった。一方砂漠地帯では、共同体はオアシスを求めて繰り返し移動する遊牧民であった。共同体の指導者は部族の長であり戦士であった。そして統治形態は都市共同体よりも厳格な、軍事組織のようなものであった。

キリスト教がヨーロッパで勢いを持っていた中世、西南アジアではイスラム教が安定した基盤を築き上げていた。キリスト教もイスラム教も、宗教組織が徐々に重要な役割を果たすようになり、宗教組織であると同時に政治組織でもあるようになった。西南アジアはヨーロッパにも近く、互いに強固な信仰体系を持っていたため、信仰面でも経済面でも、競争をするようになっていった。双方の信者は長い間争いを繰り返しており、今もこうした過去の対立の根は深く残っている。

また、現在ますます対立が深まっている側面もある。第2次大戦後、西南アジアのただなかにイスラエルが建国されたことや、軍事的に重要な要素である石油資源が西南アジアで豊富であることがわかったことなどである。また、ソビエトがこの地域を掌握して南方の海への通路を獲得しようとしていることなどもある。大国の干渉によって、このような対立が深まっているのである。

多くの住民は貧困に苦しみ、教育の機会を得られないでいる。敬虔な信仰心を持ちつつ、激しい政治的内紛をはらんでいる。指導者たちの多くは、軍事力によって権力を掌握し、宗教によって自己の正当性を保っている。彼らは教育の機会に恵まれ経済的には裕福であり、それによって自分の政治力を支えている。

イラン、イラク、サウジアラビア、クウェート、バハレーンなどは、石油ビジネスによって国としては潤っている。しかしその富は多くの人びとには行きわたっていない。そして、人びとが自己の利益を守るために政治参加する道も開かれてはいない。

南アジア

　過去の南アジアは、非常に栄えた先進地域であった。ガンジス川とインダス川流域には文明が栄え、アーリヤ人、ペルシャ人、ギリシャ人、スキタイ人、パルティア人、イスラム教徒など、この地域に移入してきた様々な民族の文化をいく度となくとり込んできた。

　ヒンドゥー教は、この地域で最も勢力を持っていたアーリア人を自称する民族の、古くからの信仰であった。彼らは人間をクシャトリヤ、バラモン、ヴァイシャ、シュードラの四つのカーストに分け、身分による序列を設けた。

　カーストは、人間の義務と役割を明確に規定するもので、統治方法もカーストによるものとなった。クシャトリヤの者は軍事か統治に携わった。バラモンは宗教的儀礼に携わって神と人間の関係をつないだ。バラモンは、神聖な神の領域を代表する権威を持つことができ、下の二つのカーストを支配するためにクシャトリヤの頂点にいる者を王として、権威づける役割をも果たした。このような意味づけは、イスラム教が10世紀以降に広まりはじめてから、多少の変化を被った。

　ポルトガルが16世紀にインドに進入して以来、イギリスやフランスなど西洋人が南アジアに勢力を広めてくるようになると、この地域の政治状況は変わっていった。現地の統治者は権力を失い、西洋諸国の支配のもとに属国の長へと成り下がった。

　第２次世界大戦期、南アジアの諸地域でナショナリズム運動によって国家としての独立が達成されると、ナショナリズム運動の指導者たちが国の政治的指導者となり、西洋の植民地から分離し独立国家となったことを宣言した。

　アフガニスタンはソビエトと国境を接しており、いまだ政治的安定を見ずに独立後の政治的可能性を模索している。この紛争には背後に大国の支援が働いているのである。パキスタンとバングラデシュはインドから分離した。しかしこの２国では貧困と政治的混乱が民主化の足かせとなっており、軍事

政権による権力集中の傾向が見られる。ネパールとブータンは伝統的統治に立ち返っている。権力者層は、西洋式教育を受け一般の人びとより高い地位を持つ、古くからの指導者一族の出身者からなる。

スリランカは、西洋式民主主義の形態をとろうと努力している。しかし貧困と教育レベルの低さ、民族や宗教の対立があいまって、軍部がかなりの政治的主導権を握っている。

一方、インドは南アジアで最も大きな国土と多くの人口、多様な言語や宗教、様々な文化や民族を抱える国である。インドは、世界的に有名な指導者、マハトマ＝ガンディー（Mahatma Gandhi）、ジャワハルラル＝ネール（Jawaharlal Nehru）が強力なナショナリズム運動を率いて、独立を達成した。

インドは、世界でも最も安定した民主主義政治を遂行している国と言える。政党、選挙、報道の自由など、民主主義に必要な要素がよく尊重されているからである。だが時に激しい政治的衝突が生じることもある。マハトマ＝ガンディーの暗殺、インディラ＝ガンディー（Indira Gandhi）首相時代の政治的緊張、インディラ＝ガンディーの暗殺、シク教徒の鎮圧、ラジブ＝ガンディー（Rajiv Gandhi）の暗殺などである。それでも、インドの民主主義政治は存続している。

東南アジア

前述のように、東南アジアは古来より現在もなお、交易の通路の要衝である。メコン川流域のフナン王国や現在のフエ周辺に当たるチャンパ王国、カンボジア周辺の真ろう王国、スマトラ南部のシュリーヴィジャヤ王国などはこの周辺に栄えた[2]。東南アジアの王国は互いに侵攻し合って興亡を繰り返し、そのために古代の交易の形も変容した。その変容のさなか、新しい王国が、ヒンドゥー教、仏教、イスラム教、儒教などの影響を受け、多様な文化をとり込み生まれていった。新しい王国は、宗教とともに政治的な影響も受けていた。

東南アジアでは、クメール、シャム、ラーオ、ビルマなどがヒンドゥー教と仏教の影響を受けた。王を神の化身とみなす神王思想は、王の威厳と政治的権力を支える重要な基盤となった。王は戦士であり、農業の保護者であると同時に、シヴァ神、ヴィシュヌ神、ブラフマー神などの化身であり、菩薩の生まれ変わりでもあった。王の権威は比類ないものであった。

　イスラム教の影響を受けたマレー半島では、イスラム国家の伝統的統治形態にならって、スルタンによる統治が行われるようになった。儒教の影響を受けた地域では、皇帝を立て、これを天から地上をおさめる権限を授かった天子とみなしていた。この統治形態は、大家族を擬した密接な人間関係のつながりを基盤としていた。儒教の政治思想で注目すべきは、王がどれだけ社会を保護できるかということを重視していることである。人民が蜂起して政権を覆すことが伝統として行われ、ある種、政治的に正当なことであるとみなされている。

　東南アジア地域の政治は、西洋諸国がこの地域を植民地化しようと勢力を伸ばしてきたことにも影響を受けている。西洋諸国はこの地域に商品と原料を求め、また製品の市場とすることをもくろんで、17世紀にこの地域に乗りだし、続く産業革命の世紀には新しい科学技術を開発していった。17世紀以降、フィリピンはスペインに、インドネシアはオランダに、ビルマとマレー半島（マレーシアとシンガポール）はイギリスに、それぞれ植民地化された。ラオスとカンボジア、ベトナムも、19世紀の終わりにフランスに植民地化された。タイはどの国からも直接の占領を受けなかったが、ヨーロッパ帝国主義の影響を少なからず被った。

　第2次大戦中に発生したナショナリズム運動が、東南アジアのヨーロッパ植民地を独立に導き、近代的政治体制を構築していく要因となった。次に、詳細を説明する。

　ビルマは、1885年以来イギリスの支配下に置かれ、インドの一部となった。それとともに、長らく続いてきた王政は終焉した。

イギリスの占領によって、ビルマは大きな経済的損失を被った。このため文化宗教保護運動が発生し、後に僧侶や学生、知識人たちによるナショナリズム運動へと変化していった。ナショナリズム運動は戦間期に盛んになり、第2次大戦終結の前に独立を要求するまでになった。

　アウン・サン（Aung San）、ウー・ヌ（U Nu）、ネー・ウィン（Ne Win）らナショナリズム運動の指導者たちは、第2次大戦初期から末期にかけて、抗イギリス独立闘争のために日本から軍事的援助を受けていた。彼らは、日本がイギリスに代わってビルマを占領すると考えたので、密かに抗日のための反ファシスト人民自由連盟（Anti-Fascist People's Freedom League, AFPFL）を結成した。戦争終結後、AFPFLはイギリスと交渉し、1948年1月4日に独立を達成した。

　イギリスによる占領と、多様な民族構成は、国内に文化的分裂をもたらしていた。このため独立後のビルマでは、すべての民族が経済的、社会的、政治的に平等な民主主義を目ざす統治政策が策定された。

　独立、そしてナショナリズムの指導者アウン・サンが5人の閣僚らとともに1947年に暗殺されたあと、ナショナリズムの指導者層の内部で思想的分裂が生じた。分裂し、できたグループは、共産主義者、社会主義者、仏教を重視する者、労働者層や農民層を中心に据えようとする者、カレン、モン、シャン（タイ・ヤイ）など様々な少数民族など多岐にわたった。実際、このような分裂は以前から存在していたが、独立の要求とナショナリズムを中軸として、そしてアウン・サンへの信頼によって、ビルマは一つにまとまっていたのであった。しかし独立後の分裂状況のなかで、各グループとも自分は対等な政治的権利を享受していないと感じていた。

　独立後わずか1年で、ビルマは内戦状態に陥った。政府は地方の要所しか掌握しえず、周縁部の農村は共産党か少数民族グループが支配権を握った。このような状況は、現在も続いている。

　1951、52、56年の選挙を通じてAFPFLは与党となり、ウー・ヌが長く総

理大臣として主導権を握った。

　ウー・ヌは、仏教社会主義（Buddhist socialism）の理想を目ざす政策を掲げた。それは、仏教思想の原則を社会主義思想ととりまぜて、国を生産の主体とし、国民の生活の安定を目ざし、仏教徒的な道徳精神を復活させ、中央集権的な政府を築き上げようとするものであった。

　だが政治的、経済的、社会的分裂が、軍部の介入の余地を与えた。ネー・ウィンは1962年にクーデターを起こし、その後政治的主導権を握り続けた。

　軍事政権は、政府に異を唱える者を、僧侶、学生、政治家、共産主義者、少数民族を問わず絶対的権力で制圧した。

　外交面では、ビルマは厳格な中道政策を固持し続け、どの国からも支援を受けることを拒んだ。これにともない国内状況は疲弊していった。

　生産システムは時代遅れであり効率性を欠き、商業や工業は保護されなかったため、国内は品物不足にあえいでいた。また政府予算は軍事費に多くを割いていたため、他の分野は充分恩恵を被ることもなかった。

　現在、政府は国家秩序回復評議会（State Law and Order Restoration Council, SLORC）の政策のもと、経済システムの改善をはかっている。社会主義経済から開かれた経済への転換を目ざし、民間の商業を認め（政府が専売するいくつかの品目を除き）、外国からの投資も受け入れるようになった。だが、社会的政治的には、国家は国民の自由を厳しく管理している上、官僚体制は効率性を欠いている。経済もまだ充分には開発されておらず、ビルマの経済、社会、政治の諸状況は、他の東南アジア諸国に比べ遅れたものとなっている。

　タイでは、ラッタナコーシン朝時代初期に西洋と接触したことによって、また、海外留学を経験した当時のタイ人らによって、民主主義思想の影響を受けた。中国やトルコで政治改革が成されたことを受け、また当時の経済危機に乗じて、タイも絶対王政から立憲君主制のもとでの民主主義体制への改革を行った。議会、選挙、政党、憲法などの新しい政治システムが、これに

合わせ導入された。だがこれらの政治システムは、一般の人びとには受け入れられにくかった。その上、古くからの命脈を保っていた軍部が、徐々に力を持つようになっていった。そして政治権力のすべてを軍部が握ることになった。軍部は、第2次大戦中から1973年まで政治的主導権を掌握していた。

　1973年、軍事独裁と大衆参加の民主主義（mass politics）とを画する大きな事件が起こった。1973年10月14日事件である。

　事件は、政治的自由と経済的機会の平等と拡大を要求する中間層の声を反映したものであった。それ以来、タイ政治は徐々に民主的なメカニズムとシステムを持つものへと発展してきている。首相は人民の代表として選挙で選ばれるようになり、経済面でも改善と発展への道を歩んでいる。

　ラオス、カンボジア、ベトナムの3国は、19世紀半ばからフランスの支配下に置かれ、インドシナの呼称を持つまとまった地域とみなされた。この3国でも独立を要求するナショナリズム運動が展開された。長い期間を経て、ラオスは1949年、カンボジアとベトナムは1954年に独立を達成した[3]。だが独立後、イデオロギーの分裂と大国の政治的介入によって危機に陥り、内戦まで勃発した。

　アメリカは北ベトナムの共産主義者がインドシナ全域に影響を及ぼすことを恐れ、「軍事顧問」の名目で軍隊をベトナムに派遣した。1955-1956年の間、1万6,000人にも及ぶ軍隊が北ベトナムの共産主義者をけん制するために駐留した。アメリカと北ベトナム双方の軍事行動は、タイをも含める近隣諸国に影響を及ぼした。

　アメリカの軍事行動は1975年に終結し、ベトナムは北の主導のもと一つの国家となった。ラオスも1975年にパテト・ラオ運動の主導で社会主義国家となり、国王サワーンワッタナー（Savang Vathana）は退位の後、1989年に死去した。カンボジアではクメール・ルージュが全土を掌握した。国家元首ナロドム＝シハヌーク（Norodom Sihanouk）は外国で地位を保持していたが、

1976年に国家元首の地位を放棄した。

　ベトナムは南北統一後、政治的にも経済的にも社会主義路線を採用することを宣言した。しかし、外国からの援助の不足や南北間の慣習のちがいなど地域の格差という問題を抱え、国の復興は困難に満ちていた。このため社会主義的改革の遂行は芳ばしくなかった。1988年末以降、ベトナムでは経済を自由化し、民間が様々な事業に従事することを許可するようになった。

　ラオスも、国の発展にとって貧困という障害を抱えていた。年に5000万ドルを支援していたアメリカは、共産党がラオスの政権をとると支援をやめてしまった。このため外国からの援助は不足していた。またラオスは内陸国であるため、それが海外との貿易を困難にしていた。そのような状況の中、ラオスは1981年に第1次経済開発計画を策定し、輸出指向経済の開発と、内陸国のデメリットを解消することをめざした。ラオスは重要な貿易相手国であるタイとの商業の開発に努め、ラオス、タイ、オーストラリアの共同事業によりメコン川に架ける橋を建設した。また、ラオスのサヴァンナケートとベトナムのダナンを結ぶ国道9号線の建設計画を立て、ベトナムの海港を利用する方法を探りはじめた。

　一方カンボジアでは、クメール・ルージュが首都プノンペンを掌握した後、厳しい国民の管理をはじめた。人びとを都市から農村に移住させ、クメール・ルージュが国家の基盤とする農業に従事させた。また都市部の住民には「新しい政治教育を授ける」として、社会主義の遂行に慣れさせようとした。だが大規模な人びとの移住に対応しきれないという政策的欠陥を抱え、300万人もの人びとが処刑されたり、病や飢餓により亡くなった。1978年12月、クメール・ルージュはベトナム軍により撃退され、プノンペンを捨てて農村部に撤退した。その後ベトナムの支援を受けて1979年にヘン・サムリン（Heng Samrin）政権が樹立された。カンボジアは今もインドシナ諸国のなかで最も困難な状況に置かれている。主義主張の異なるそれぞれの派閥が、国家の発展のためにカンボジアをまとめ上げようと努力しているが、互いを受け入

れ合えるようになるまでにはまだ障壁が残っている。

　マレーシアは、外国の支配を長い間受けてきた国である。帝国主義時代には、ポルトガル、オランダ、イギリスがこの地を占領した。イギリス占領期には、多数の中国人やインド人のマレーシアへの移住が許されていた。このため現在のマレーシアは多民族国家となっている。最大民族はマレー人である。第2次大戦中には、日本による占領が一時期あった。大戦終結後、イギリスがこの地に入ると、現地の強い抵抗を受けて、1963年、独立を承認せざるをえなくなった[4]。イギリスによる植民地化の経験から、マレーシアは経済や政治の基盤がよく整っていた。だが独立後のマレーシアには大きな問題が二つ残っていた。一つは国家統合の問題、そしてタイやインドネシアといった国境を接した近隣諸国との関係である。

　国家統合の問題は、マレーシアが多民族国家であることによっている。現地人であるマレー人（ブミプトラ）、中国人やインド人は、互いに言語も文化も、習慣も宗教も異なる。シンガポールやサバ、ブルネイなどの島々にも多様な人びとが住む。

　マレーシア政府は、中国人系のUMNO[5]とインド人系のMICの二大政党からなる。両党とも、独立後から現在に至るまで、協力して国家運営に当たってきた。政府は様々な方法で異なる民族集団の利害を調整することによって、国家統合を目ざしてきた。時に不平等の問題が生じることもあったが、いまなお統合を維持している。

　マレーシアで起こった大きな分裂問題は、1965年のシンガポールと1984年のブルネイの分離独立[6]である。両地域は独立し、独自の国家を建設した。

　近隣諸国との関係の問題については、まずインドネシアとの領海権益に関するものがある。またサラワクとサバがあるボルネオ島は、南部がインドネシア領である。シンガポールとの関係では、政治的軍事的戦略の問題がある。タイとも国境を接している。だがこれらの国々とは、ASEANというグルー

プのなかで関係を改善することができた。

　現在マレーシアは議会制民主主義をとり、国王を国家元首とする。国内の民族対立による政治的問題が生じることもあるが、民主主義政治によってこれらの問題を解決しており、クーデターが勃発したことはない。

　シンガポールはかつてイギリスの植民地であり、独立後のマレーシアの一部であったが1965年に分離独立した。人口300万人の小さな島国であるが、東南アジアで最も重要な国でもある。その立地は、軍事や海上貿易における重要な拠点となるからである。イギリスの直接統治がはじまった1819年[7]から現在に至るまで、シンガポールの地位はゆるぎないものであった。

　シンガポールでは大統領が国家元首である。総理大臣が行政を主導し、国家の安定のために法律にのっとった最高権力を保持している。総理大臣は国家の安定に危害を加えようとする者を、審理することなしに逮捕、拘禁し、国外追放することができる権限を持つ。またあらゆる出版物の発行を禁止する権限も持つ。

　言語は、マレー語、標準中国語、タミル語であり、官用語は英語である。

　シンガポールは、世界的な貿易港であり、東南アジア地域にとっても重要な物資の輸送センターである。また、地域で最大の石油の精製、収集、輸送の中心地でもあり、世界で最も経済的に安定した国でもある。だが小さな島国であるため、末端労働力が不足し天然資源もないため、国の経済は主に貿易に依存している。

　このため、シンガポールはアメリカのみならず、ソ連や社会主義国なども含めた貿易相手国と、友好な関係を保つよう努めている。

　フィリピンは、東南アジアで唯一中国とインドの影響を受けなかった国である。フィリピン諸島の人種はマレー・インドネシア系である。西洋諸国は、香料や希少品を求めてフィリピンに進出し、スペインはここを200年以上も

統治した。19世紀以降、スペインはフィリピンのナショナリズム運動家による抵抗を受けるようになっていた。1898年、スペインはアメリカとの戦争に敗北し、フィリピンをアメリカに引きわたした。

アメリカの統治のもと、フィリピンは教育、法制、行政の基盤を整えていった。1946年、アメリカはフィリピンの独立を承認したが、1992年までフィリピン国内にアメリカの海軍基地と空軍基地を残存させた。フィリピンは民主主義政治を掲げ、大統領が国家元首となった。

だが、1972－1981年、フェルディナンド＝マルコス（Ferdinand Marcos）大統領により独裁体制が敷かれた。大統領は総括的権限を持ち、軍部と経済を支配する地主層がこれを支持した。だがマルコスは後に激しい抵抗を受け、国外逃亡を余儀なくされた。

フィリピンは急速に民主化を押し進めた。しかしたび重なる武装反乱のために政治的安定は得られなかった。軍部や財界、政治家らは、新政府のもとで得られる権益に満足できずにいた。このため政治抗争はフィリピン政治に今もなお残っている。

だが、フィリピン政治は国民が政治参加をするようになって、徐々に変わってきている。1992年の選挙に、それがよく表れている。だが政治構造は総じて、軍部や財界、大地主層が実権を握る以前の形から変化していない。

経済情勢は、政治状況を反映している。農業は、農民の多くが土地の所有権を持たず、土地改良や生産性の向上に関心を払わないため、開発が遅れている。土地改革は、1988年の政府の基本政策にも盛り込まれているように、しばしば重要事項として言及されているにもかかわらず、目に見える効果は得られていない。これは、地主層の政治的発言力が強いためである。国民の多くは貧困に苦しんでいる。様々な産業は一部の富裕層の手に握られ、経済的競争や連携の障害になっている。

そして経済開発の障壁になっている大きな問題は、国民を欺く政界の汚職の数々である。これが原因となって、政府や民間の様々な開発計画は充分な

効果を得られないのである。

　ブルネイは、1984年1月に建国を果たした国である。14世紀以来、スルタンが国家元首と宗教界の主管を兼ねている。ここでスルタンが国家元首であるということは、絶対王政の考えに基づきスルタンが直接行政権を握ることを意味する。
　ブルネイは小国であるが、石油と天然ガスという資源を抱え、鉱物や森林資源、海産物にも恵まれ、たいへん富裕でもある。
　ブルネイは、将来生産量が減少していく石油や天然ガスの代替産業を模索中である。代替産業は、製薬、セメント、アルミニウム、製鉄、化学、セラミック、ハイテク機器などに及ぶ。
　その他、限られた国土面積という問題を軽減するために、食用家畜の飼育や稲作のための土地を、オーストラリアに購入している。
　ブルネイは、シンガポール、マレーシア、日本、オーストラリア、タイなどとの関係を徐々に深めつつある。

　インドネシアは、大小13,677の島々からなり、国土と領海を合わせて500万平方キロメートルもの面積を抱える大きな国である。これは、アメリカ合衆国の100万平方キロメートルを大きく上回る広さである。人口は1億7700万人である。産出される天然資源は、石油、天然ガス、あらゆる鉱物資源、森林資源、豊かな海産物などに及ぶ。オランダの植民地であったが、第2次大戦中に日本の支援を得て独立を宣言した。日本が敗戦すると、オランダが再び進出してきたので、インドネシアはオランダを相手に何年にもわたって抗争を続けた。これには国連が調停に入り、インドネシアは民主主義政治を掲げて1949年に独立した。大統領が国家元首であり、憲法は政治の安定のために大統領に多大な権限を付与している。国家の理想をパンチャシラ五原則として定め、その内容を最高神への信仰、文化的人道主義、インドネシア

の団結、たゆまぬ民主主義の追求、社会的公正を掲げている。インドネシアには確固たる政治的自由があり、与党は何期にもわたって選挙により支持を得ている。集権的な中央政府があり、軍部が政府を支える重要な基盤となっているため、政府は軍事政権的な性格をも持っている。燃料資源は、インドネシア経済をおおいに発展させる要素であるが、質の高い労働力と事業遂行のための資本が不足しており、天然資源は充分活用されているとは言えない。このためインドネシアでは経済開発計画を策定し、日本や韓国、オーストラリアなど諸外国の資本を誘致して、事業拡大、技術移転、労働力の開発を目ざしている。また、海外の銀行がインドネシア経済に参入する機会を設け、外国資本の結集にも努めている。

東アジア

　中国は広大な国土を持ち、アジアの様々な地域に文化的影響を与えてきた。だが第1次大戦期初期、最後の王朝である清の時代に、勢力が衰えはじめた。

　清朝皇帝を頂く中央政府の衰退は、中国に混乱状態をもたらした。地方の実権を握る軍閥が、中央政府に対抗して次々蜂起した。1912年、孫文が最初の大総統に就任して、清王朝は滅んだ。

　だが、一部の軍閥が掃討されても、国内の主導権争いはとどまることはなかった。孫文の後継者で国民党を率いる蒋介石と、共産主義者の毛沢東との抗争によって、中国は両者の勢力圏ごとに分断された。ヨーロッパ諸国の支配下にある地域もあった。

　第2次大戦と日本の侵略は、国民党と共産党の対立を一時的に消滅させた。共通の敵、日本への抵抗がより重要であったためである。だが大戦終結後、両者は再び抗争を開始し、1946年には内戦にまで発展した。

　2年後、共産党は中国北部をおさえ、徐々に勢力範囲を拡大していった。そしてついに1949年に完全勝利した。国民党は台湾に逃れ、そこに居座った。

　毛沢東と共産党の指導のもと、中国は社会主義路線をまい進し大きく変化

した。政治と経済は中央集権的になり、そのなかで共産党は主要な装置となった。あらゆる事業やあらゆる生産施設は国有化された。生活水準の向上のための事業が遂行され、自立が重視された。

そして最終的に、世界の第3の大国へと変貌した。

当初中国は、ソビエトから技術援助や専門家の派遣などを受けていたが、イデオロギーの対立から2国間の関係は冷却化していった。国境紛争も起こり、1966年に関係は断絶した。

一方中国国内では、様々な派閥間の対立が恒常化していた。1966年8月、毛派は紅衛兵造反団を結集して「文化大革命」の名のもとに新しい社会の建設を目ざした。革命は翌年本格化しはじめた。

文化大革命は、疲弊しつつあった社会、経済、政治を毛沢東思想にそって復興させようとするものであった。同時に、紅衛兵造反団の強圧的な力によって、思想を異にする集団を排除しようというもくろみもあった。

1967年になって、内外で人気の高かった首相周恩来は、紅衛兵造反団や毛沢東グループによる強行的な革命の実行をおさえた。だが紅衛兵造反団の激しい革命遂行は、1976年9月9日の毛の死去まで続いた。

1973年、ベトナム戦争が終結に向かっていたころ、アメリカ大統領リチャード=ニクソン(Richard Nixon)が訪中を決意した。アメリカはベトナムへ圧力を強めたことを好機とし、アジア地域の共産主義拡大に対する封じ込め政策(containment policy)を緩和する姿勢を示そうとしたのであった。このことは中国にとって、理想追求に走るあまり、国内政策や外交政策に厳格になりすぎていたわが身を省みるための機会ともなった。

この路線は、毛沢東の死後ますます明確になっていった。華国鋒が首相となり、鄧小平が実権を握ると、中国は大きな変革への道へと導かれていった。

1980年、中国は近代化のための四つの政策を掲げた。農業・工業・軍事・科学技術の開発、革命路線の緩和、国民生活の規制の緩和、民間や外国人が国営事業を除く様々な事業への自由参加の許可と外国との友好関係の密接化、

である。そして中国は、今もなおアジア地域における、また世界における大国の地位を保持している。

　日本は、1867年、睦仁天皇が元号を繁栄を意味する明治と定めたとき、大きな改革がはじまり、近代化へと進んでいった。天皇は改革家たちの支持を得て高い地位に復帰した。それ以前は、徳川将軍家が何百年も実権を握っていた。

　実際、この改革は17世紀、日本が西洋から明治時代の改革の基盤となる様々な技術を学んでいたころに端を発している[8]。明治の改革は、大名たちの権力を天皇に集約し、国内の貨幣の統一、財政改革、庶民への教育の付与、西洋の科学技術や文化の受容、鉄道や西洋式蒸気船の建設、郵便・電報制度の敷設、外国製機械の輸入、民間産業への投資、綿織物業の開発などが進んだ。最も重要なのは、軍部の権力の増大である。

　軍部の増強を示す主なでき事は、黄海での中国との戦争（1894－1895年）に勝利し、台湾を植民地としたことである。そして、ロシアの軍艦とポート・アーサー[9]で戦い（1904－1905年）、日本が朝鮮、遼東半島、ポート・アーサー、満州鉄道の南部を所有することをロシアに認めさせたこと、である。

　中国とロシアに対する日本の勝利は、ヨーロッパの植民地下にあるアジアの国々に影響を与え、小さな国のアジア人も、白人の大国ヨーロッパに勝てるかもしれないという確信をもたらした。この勝利はアジア諸国に影響を与えただけでなく、日本は自国の威力に自信をつけた。

　第1次世界大戦はヨーロッパ諸国に侵略に対する憂慮をもたらしたが、日本にはさらなる発展の機会を与え、軍事に関係する鉄鋼業、軍需産業、造船業などの重工業が発展した。そのほかにも、綿織物業がイギリスの市場を奪うなど、戦争中の品不足にこたえうる様々な製造業が発展した。

　日本は戦争によって繁栄と安定を築いた。しかし、第1次大戦終結後間もなく、世界中が不景気に陥り、日本の経済システムもおおいに打撃を被った。

小規模の企業や銀行はこぞって資本不足の危機に陥り倒産していった。三井銀行、三菱銀行、住友銀行など大規模な企業や銀行だけが生き延びた。経済的集約が生じ、大規模工業や資本の系列化が生じた。これらの系列を財閥と呼んでいる。これらの系列が経済的権力を掌握し、政治にも大きな影響力を与えるようになった。財閥と軍部は第1次大戦後に力を持ち、国の膨張を押し進めるようになった。結果として朝鮮、中国、インドネシア、フィリピン、シンガポール、マレーシア、タイなどの土地を占領し、アジアにおける第2次世界大戦へとつながった。アメリカが1945年8月6日に広島に、9日に長崎に核爆弾を投下し、日本は敗戦した。

　戦争によって日本は国外の原料供給地である朝鮮と台湾を失い、植民地の日本人は国に戻された。国内では、食料不足、インフレ、国民の政府不信などの問題に直面し、アメリカが日本全土を占領した。

　日本は敗戦し、多くの人命を失い、経済システムは破壊されたが、急速な復興を遂げた。これには三つの理由がある。

　①アメリカが日本を占領し、新しい憲法にのっとった議会制政治の発展を押し進めたからである。これは日本が再び力を蓄えたり軍事に予算を費やせないようにし、充分な国家復興にまい進させることをねらいとしていた。

　②工場や会社、商店や住宅は破壊されたが、それ以前に長い時間をかけて発展してきた工業や商業の知識はまだ残っていた。平和な雰囲気のなかで、工業システムは1949年に復興し、翌年には好景気となって市場システムが再び機能しはじめた。アメリカが朝鮮戦争に参戦したことが主な要因である。アメリカはソビエトが影響力と共産主義を朝鮮北部を通じて南部にまで広めることを恐れた。このためアメリカは、ベトナム戦争中タイでしたのと同じように、日本を韓国での戦闘の後方支援基地にし、戦場から帰還するアメリカ兵の「休息所」として日本を利用した。政府とアメリカ軍の出費は、日本の経済システムを復興させることとなった。

　③アメリカは、アジア地域における共産主義拡大に対する安定維持に協力

することを日本に望んだ。そこで、土地改革、教育や労働力の開発、財閥の経済的独占の廃止、科学技術開発など、様々な面で日本へ援助をつぎ込んだ。日本はそれにより、合成繊維製造や鉄鋼業、パルプ産業、肥料製造、電子工学や宇宙工学の技術などを発展させた。そして徐々に科学技術の水準を高めていった。

　現在日本は世界的な工業大国の一つである。経済は安定し、第2次大戦以降持続的に成長している。国外では日本の経済的勢力が世界のほとんどすべてを覆っている。政治面では、天皇を元首とし、総理大臣、内閣、選挙で選ばれる衆参議員による議会制政治が安定を見せている。選挙は日本の議会制度の要である。そして国民には、右派であろうと左派であろうと自分の理想にしたがって政党をつくる機会が開かれている。現在に至るまで自由民主党が政府として選ばれている[10]。

　日本の第2次大戦後の民主主義制度の発展は、アメリカがその基礎をつくり、日本人の規律に対する厳格さとあいまって、この国をこの地域で最も安定した民主主義国家たらしめることとなった。

　朝鮮は、第2次大戦後から北緯38度線をもって北と南に分断されている。

　北朝鮮は社会主義国であり、あらゆる面でソビエトの支援を受けている。なかでも貿易は最も重要である。ソビエトは北朝鮮の工業や科学技術の開発を助け、軍事的支援も行っている。

　一方韓国は、経済開発から軍事援助に至るまでアメリカによる堅実な支援を受けている。アメリカは、北朝鮮侵攻に備えて韓国に基地を建設した。これらの支援により、韓国の経済は急速に発展し、この国を新興工業国に変化させた。

　だが、急速な経済開発は様々な問題を引き起こした。インフレが起こり、賃金は上昇し、農業部門と工業部門の間に格差が生じた。これらの問題の原因は経済システムそのものにあるが、不安定な政治にも要因があった。農民

は農産物価格の引き上げを激しく要求し、労働者は賃金の引き上げを求め、政府が民主化に不寛容なために学生たちは政治的権利を要求した。

　北朝鮮と韓国は、交渉を通じて統一への努力を重ねている。しかし、互いに不信感を抱いていることが大きな障壁となっている。韓国は北朝鮮の軍事力を恐れ、核兵器を製造する可能性があるのではないかと疑っている。一方北朝鮮は、いまだ韓国に駐留するアメリカの軍事力を恐れている。また韓国経済の堅調は、北朝鮮に不利益をもたらすのではないかとも考えている。

課題例

　１．西洋と東洋の政治的変容について、グループごとにテーマを決め学習させ、発表させる。例として、イギリスと民主主義、アメリカと民主主義の発展など。

　２．西洋と東洋の政治の方向性について、教師もまじえ議論する。議論の対象として、２、３の主な国を選ぶ。

　３．様々な国の民主主義の発展について、パネル発表をさせる。

章末問題

　１．古代西洋は、主にどのような統治システムをつくり上げたか。

　２．中世ヨーロッパの封建制（feudalism）は、どのような特徴を持つか。

　３．西洋民主主義の基盤となったものはなにか。

　４．東洋の国々が、なぜ西洋諸国のような民主主義体制を発展させることができなかったか、例をあげて説明せよ。

　５．東南アジアの政治社会の特徴はどのようなものか。地域内の対立は、どのような要因によって生じているか。

　６．南アジアのヒンドゥー教は、どのような社会構造をつくり上げるのに影響を持ったか。

7．南アジアのナショナリズムの力が独立をもたらしたという説明は、どのようなものであるか。

8．南アジアの国々は、独立後、どのような政治形態を持つようになったか。

9．東南アジアの国々は、独立後、どのような政治形態を持つようになったか。

【注】

(1) アメリカ合衆国憲法は1787年に草案が採択され、9州が批准すれば発効するとされた。翌1788年ニューハンプシャー州が9番目に批准、発効となった。原書の1789年は初代大統領ワシントン就任の年。

(2) フナンは1世紀から7世紀前半まで、カンボジアのメコン川デルタ地帯にあったクメール族の古代王国。インド文化の強い影響を受けた。チャンパは、現在のベトナム中部から南部において、2世紀末から17世紀まで存続したチャム族の王国。中国、ベトナム、クメールの相次ぐ圧迫を受けながら、ヒンドゥー教文化を柱に、興亡を繰り返した。真ろうは、メコン川中流域に盛えたクメール族の王国の中国名。6世紀に興り、7世紀にフナンを併合した。9世紀から13世紀にかけて、アンコール・トムを建設するなど隆盛を誇ったが、15世紀にタイのアユッタヤー王国に攻略される。シュリーヴィジャヤについては、p.78注2を参照。

(3) 1949年のラオスの独立はフランスの協同国としてのものであり、パテト・ラオによる反仏闘争を経て、1953年に完全独立した。また、カンボジアでナロドム＝シハヌークが全権掌握し完全独立を勝ち取ったのは1953年11月である。ベトナムでは、日本の敗戦直後にホー＝チ・ミンによって独立が宣言されたが、フランスがこれを認めず、54年のディエンビエンフーの戦いによってようやくフランス軍を撤退させた。

(4) イギリスの植民地であったマレー半島とボルネオ北西部が統合し、1948年に

マラヤ連邦として発足、57年に完全独立した。63年には首相アブドゥル・ラーマンの主導でマレー半島、シンガポール、サバ、サラワクを合わせたマレーシア連邦が成立した。

(5) UMNO は、当初イギリスの提示した独立案で既得権が侵害されることに抵抗して、マレー系住民が結成した「連合マレー人国民組織」。実際のマラヤ連邦は、イギリスがマレー系住民に譲歩したため非マレー系住民を差別する方針をとり、中国系住民がマラヤ共産党指導のもとこれに抵抗しゲリラ戦を展開。やがて対英協調を目的とする「マラヤ中国人協会（MCA）」が組織され、UMNO と連合協定を結んだ。

(6) ブルネイは1963年のマレーシア連邦結成の際、これに参加するよう強く求められたが、その目的がブルネイの領海で産出する天然資源であったためこれを拒否。1984年までイギリスの保護領であった。

(7) この年、当時スマトラの植民地行政官だったスタンフォード＝ラッフルズがシンガポールに到着。この地に港と商館を建設したのが、イギリスによるシンガポール支配のはじまりである。

(8) なにを指しているのか不明だが、南蛮貿易による西洋の文書や舶来品の流入などを指すと考えられる。

(9) 旅順（ロシア東洋艦隊の基地）。英国女皇の女婿であったアーサー親王に因んで名づけられた。

(10) 1993年の細川連立内閣に言及していないことから、初版以降、内容に加筆修正がなされていないものと考えられる。

第 8 章

近代における科学の進歩

学習目標　1．学問と科学の進歩が、政治、経済、社会の諸側面で人びとの関係と相互依存を築く際に重要であったことについて考える。
　2．自己、共同体、そして国家が、変化に適応し、さらに発展していくことの必要性について考える。

◇方針◇

　1．世界の主な学問と科学の進歩発展について、説明できるようにする。
　2．世界の主な学問と科学の進歩発展が、人間の生活にもたらした影響について、説明できるようにする。
　3．学問と科学の進歩発展が、政治、経済、社会の諸側面で人びとの関係と相互依存を築く際に影響をもたらしたことを理解する。
　4．学問と科学の変化と発展に、自己、共同体、そして国家が適応し、さらに発展していくことの必要性を説明できるようにする。

人類史において、近代西洋における（16世紀以降の）科学的知識の創造は、最も重要な進歩であるということができる。それは、西洋だけでなく世界のその他の地域においても、人間の発展に多大な影響をもたらしたからである。「知は力である（Knowledge is power）」の諺のとおり、科学的知識は西洋人に大きな力を授けた。それは生活の質の面から、恐るべき威力を持った武器製造技術の側面にまで及ぶ。その他の地域の人びとも西洋にならって、西洋と対等になるためにそれらの科学的知識を導入しようとしている。現在、西洋人がつくりだした科学技術や社会科学、人文科学は、世界のあらゆる場所に広まり普遍的知識となっている。なかでも重要な科学知の創出は、科学革命（scientific revolution）である。

科学革命

　近代以前は、西洋人の思想は宗教的なものに限られていた。人びとは、人間を含めたこの世のすべてのものは神の創造物であると信じさせられていた。神は、この世のありとあらゆる秩序や関係をあらかじめ定めたもうた存在であった。人間の務めは、神の定めを疑うことなく、ただ従い行動することであった。すべては、神の意のままになるとされた。

　近代への転換点ともなるべき時期（16世紀ごろ）、西洋人の世界観を一変させるようなでき事がいくつも起こった。前述の、ギリシャ・ローマの知の体系に立ち帰ろうとする人文科学の復興、宗教改革、新大陸の探査である。これらのでき事によって、知識人たちは、この世にはキリスト教が限定した以外にも知の体系があることに気づきはじめた。そして、その知識は人びとの生活にも多少なりとも役だつのではないか、とも考えるようになった。結果として知識人たちは、あらゆる事がらについて真実の探究をするようになり、様々な学識を備えた普遍者［phu ropru］（universal man）になることを望むようになった。それ以来、知の探究は科学という新しい思考の枠にそって行われるようになった。

　なかでも、最初に科学革命が起こったのは、天文学の分野であった。ニコラス＝コペルニクス（Nicholas Copernicus）は、中世以来信じられてきた世界が宇宙の中心であるという観念を打ち破った。彼が仮説を立て、追究し、研究を重ねて達した結論は、太陽が宇宙の中心であり、世界は太陽の周りを回っている丸い衛星にすぎない、というものであった。その後まもなく、ガリレオ＝ガリレイ（Galileo Galilei）もコペルニクスの発見を実証し、それは正しいという結論に達した。この太陽系の理論が、当時の人びとの思考にいかに衝撃を与えたかを想像することは容易である。この考えは、万物の創造

ガリレオ=ガリレイ

主は神であり、世界が宇宙の中心であるという、それまで千年以上もの間信じられてきたキリスト教の教えに反するばかりではなかった。一般の人びとが観念的・経験的に抱いていた、世界は平らで太陽は毎日その端から端へ移動している、という考えをも裏切るものだったのである。

17-18世紀、科学はさらに発展した。フランシス=ベーコン（Francis Bacon）は、実証こそ科学的方法の基盤であるとし、その大切さを強調した。それ以後、科学とは自然界のあらゆる物質に関する知識を、着想・仮定・度重なる実験を通じて追究し、因果関係を理論づけることだととらえられるようになった。ルネ=デカルト（Rene Descarts）は、このような考えを完成させた人物である。彼は、明確な因果関係と数学による計算こそが、真実に至るために重要な役割を果たす、と主張した。ベーコンやデカルトが築き上げた科学的方法は科学の発展に影響を及ぼし、現在もなお受け入れられている。

科学革命の絶頂期は、アイザック=ニュートン（Isaac Newton）が万有引力の法則を発見したころである。彼は、実証と計算を運用してある真実を証明することに成功した。その真実とは、宇宙に存在するあらゆる物は、機械のように固定的な秩序を保つ運動を行っているというものである。りんごであれ、太陽の周りを回る惑星であれ、みな同様に互いを引き合い縛り合っている、というのである。ニュートンの発見は、たいへん重要な意味を持っている。彼の発見によって、人間は実証と計算によって自然界の真実をすべて探究でき、人間が自然界のメカニズムを解明できれば、人間の利益のために自然を管理し変化させることができるようになる、という観念が生まれたのである。

農業革命

　農業革命とは、科学技術を導入して農業を改良し、生産性を高めることである。最初にこれが起こったのは、イギリスであった。

　農業革命の要因は、次の5点にまとめられる。
　①耕作方法の変化　　18世紀までのイギリスの農業では、一つの農村に開放的な農地が存在し（openfield system）、農民は誰も農地を所有してはいなかった。農地には柵による囲いもなかった。それぞれの区画には、放牧などのために農民が共同で使える土地も存在していた。
　このような状態のもとでは、農業は進歩するべくもなかった。また、土地を三分して一部を休耕地とし、毎年同じ作物を連作する古代農法も、農業の発展を妨げた。
　だが人口が増加し、食糧不足が生じると、伝統的農業における損益が見直されるようになっていった。1702－1797年の間、イギリス議会では農地を区分し、囲い込むことで所有権を発生させるための法律を公布した。
　②海外市場への対応　　新大陸の植民地は、食糧の供給を母国に依存していた。このため食糧をはじめとする農産物の価格は高騰し、農民はこの需要に応じるために食糧の生産に励んだ。
　③農業労働力の減少　　産業革命の後、農民のなかには都市に移入し工場で働く者も出てきた。このため農業人口が減少した。その一方で、食糧生産に対する需要は高いままだった。農民は、速く大量に生産する方法を模索し、耕作機械や肥料など、農業に科学を用いるようになった。
　④貴族から中産階級への土地所有の移行　　中産階級の土地所有は、投機的な性格のものであった。貴族たちは農業の効率をより高めることを目ざす

ようになった。複数の作物の輪作や、作物や家畜の品種の選別などの方法がとられた。

⑤農業技術の進歩　これによって、農業は大きく進歩することになった。チャールズ＝タウンゼント（Chaerles Townshend）は、輪作法を発明し、ジェトロ＝タル（Jethro Tull）は播種機を発明、ロバート＝ベイクウェル（Robert Bakewell）は家畜の品種改良を行った。

イギリスの農業革命の成功は他のヨーロッパ諸国の手本となり、イタリア、プロシア、フランス、ロシアなどでも同様のことが試みられるようになった。

産業革命

産業革命は、あらゆる商品生産システムをことごとく変貌させてしまった工業における大きな変革であった。人間や動物の労働力や簡素な器具による生産は、より複雑な器具や機械によるものに変化した。

産業革命の要因

①商業の拡大　16世紀以後の、航路と新大陸の発見によって、西洋の商業はおおいに拡大した。特に、新大陸が植民地となって原料供給地や商品の市場になると、商人たちは、加工のため、また効率よく生産量を増やすために、人間や動物の労働力に代わる器具や機械の開発資金を出しはじめた。

②人口の増加　ヨーロッパの人口が増すと、工業生産物への需要は高まった。このため人口増加も工業の発展の要因となった。

③資本　海外での商取引が拡大すると、資本家たちは、工業開発のために、より多くの資金を割くようになった。商業銀行の性能の向上もあいまって、工業への資本投下もより効率よく、安定したものになっていった。

④発明の進歩　科学革命によって、自然に勝利するため、人間の進歩に

役だてるための科学的開発への道が開かれたのである。

　産業革命が最初に起こったイギリスには、様々な条件が揃っていた。それは、商人や資本家、工業事業主らへの制限が少なかったという政治的条件や、安定した金融や財政、銀行、天然資源や労働力といった経済的条件にまで及ぶ。

　産業革命の状況は徐々に変化していった。それは以下の三つの局面に分けることができる。

第1期産業革命（1760－1860年）あるいは蒸気の時代

　この時期、スコットランドの発明家ジェイムス＝ワット（James Watt）によって蒸気を動力とする機械が開発された。この時期の産業革命の特徴は以下のようなものである。

　①発明家たちは趣味として実験や発明を行い、結果としてそれほど複雑ではない技術が開発された。

　②イギリスでは織物が主な輸出品だったため、開発された機械の多くは織物業関連のものだった。

　③様々な産業や交通事業の基盤となる鉄の生産がはじまり、鉄の時代の産業革命と呼ばれるようになった。

　④製品の多くは、海外市場向けのものであった。

第2期産業革命

　この時期の特徴は、以下のようなものであった。

　①化学工業、機械工業など新しい産業が起こった。

　②科学的研究の成果をいかして、産業はおおいに進歩した。

　③ガス、石油など石炭に代わる新たなエネルギーが導入され、動電気や静電気の開発も行われた。

　④鉄に代わって、鋼鉄の時代と呼ばれるようになった。

　⑤新たに工場における労働体制が整うようになった。

　⑥金融業者が、大株主として工業を管理する資本体制が確立した。

第3期産業革命あるいは電子の発見の時代

この時代の特徴は、以下のようなものである。

①人間の日常生活により関連の深い科学的進歩が生じた。マイケル＝ファラデー（Michael Faraday）による発電機の発明は、日常生活における電気使用を可能にしただけではなく、映画、テープ、ラジオなど娯楽に電気を役だてたり、様々な工場や乗り物にも電気を導入することを可能とした。

②電気の発明は、テレビ、電信、ラジオ、新聞など電気を必要とする通信の分野をも大きく切り開いた。これによって、世界は情報化社会（information society）へと発展していくことになる。

産業革命の効果

産業革命の経済的効果

産業革命の経済的なプラス効果としては、工場システムの発生、生産方式・品質・生産量の変化、国際的な商取引の確立があげられる。

①工場システム（factory system）の発生　　分業体制をとり、専門業務の分割を行った。工場主は、機械、原料、工場労働者の雇用などの生産の諸側面を管理した。

旧来、ヨーロッパの商品生産は家庭内の工芸技術によっていた。これを家内手工業と呼ぶ。実際、工場内労働は17世紀ごろからはじまっていた。フランスのアンリ4世は、刺繡カーテンの生産や織布の独占特許を与えた。これにより、職人が工場に集まり、資本家が生産器具を買いとって職人に分け与えるシステムができた。職人はそれぞれ特定の職能を持ち、分業によって生産を行った。これは、生産者が生産器具の所有者でもある職人制の生産システムとは異なるものであった。

産業革命以後、機械が生産過程において重要な役割を果たすようになった。機械の多くは大規模なもので、職人は家内で作業することができなくなった。また、機械は石炭などの燃料を必要とした。このため、工場という環境が生

産にふさわしいものとなり、職人は工場で作業するようになった。こうして、工業は工場システムという新しい方式をとるようになった。

　工場システムにおける作業は分業方式で、これにより生産にかかる時間を節減することができた。この生産方式では、工場主が機械から原料、労働者に至るすべての生産設備を所有した。このことは、人と土地の関係の分断をはっきりと示すものであった。かつての家内手工業では、工業生産に問題が生じた時でも、生産者は農業に従事することもできた。しかし工場システムのもとでは、職人は労働力以外のいかなる生産設備をも所有することはないのだった。

　②生産方式・品質・生産量の変化　　生産機械や省力機械の進歩により、手工業による生産は減少し、様々な製品の生産技術が導入されるようになった。製品の品質は統一され、市場の需要にこたえるために一度に大量に、迅速に生産することが可能になった。大量生産は、商品一つ当たりの生産コストの低下を促した。

　③国際的な商取引　　産業革命は、それぞれの国の経済的立場を異なったものにした。工業国は、農業国から農産物を買い、自分のための市場であり原料供給地でもある農業国を援助した。

　一方、農業国は工業国から工業製品を購入し、また工業国の科学技術を享受した。

　経済的なマイナス効果としては、経済的不平等、天然資源の枯渇があげられる。

　①経済的不平等　　産業革命は、工業国に産業の進歩をもたらし、農業国や資源の貧困な国に勝る経済的発展をもたらした。経済開発の能力がそれぞれの国で異なると、経済的不平等が生じた。発展途上国は、経済面での要求をする権限が小さくなっていった。また工業先進国でも、資本家と労働者の間での経済的不平等が生じた。

②天然資源の枯渇　　工業の発展により、燃料や食糧、建築資材や衣類に至るまで、様々な原料を消費するようになっていった。このため、鉱物、森林、天然水、水源などの天然資源が加工のために利用され、量が少なくなっていった。

産業革命の社会的効果

　産業革命の社会的なプラス効果としては、都市の成長、快適な日常生活、人口の増加があげられる。

　①都市の成長　　人口の増加は、農村から工業区域への人口流出を促し、工場労働者を増やした。これは、農業機械の開発で農業人口がそれほど必要でなくなったことと、農業革命により一部の農民が土地を失ったことに起因する。一方で工業の成長により、多数の人びとが工場労働者となり、イギリス国内の多くの工業地区は都市へと成長していった。工業都市は、大変な人口密集地となった。例えば、バーミンガムの1700年の人口は1万5000人であったが、1850年になると25万人にもなった。またドイツでは、1840年の時点で人口が10万を越える都市は2か所しかなかったが、1910年には48か所を数えるようになった。

　②快適な日常生活　　生産の進歩により生活はより快適になり、移動や仕事がより迅速に行えるようになった。

　③人口の増加　　科学の進歩により死亡率が低下した。また農業革命は、十分な食糧生産を可能にし、人びとは自然災害から免れられるようになった。その他、国どうしの戦争がなくなると、戦争で亡くなる人びとの割合も低下した。人びとは中世のような封建制（feudalism）に縛りつけられることなく、自由に職業選択ができるようになり、工場労働者として働くようになった。

　産業革命の社会的なマイナス効果としては、労働搾取の問題、新しい社会階級の発生、スラムの問題、社会的対立があげられる。

　①労働搾取の問題　　工場では老若男女が労働に従事していたが、労賃、

住まい、食事、労働時間、様々な福利厚生の面では公正さを欠いていた。

②新しい社会階級の発生　事業主、工場主、商人、実業家、銀行家などからなる中産階級（それ以前の中産階級は、商業の拡大から発生したものだった）、そして工場労働者層の発生を指す。工業の発展に伴い、労働者の数も増えていった。これら二つの集団は、互いに依存し合っていた。中産階級は、上流階級の特権を減じる役割を果たした。しかし社会がこのように階層化されていることは、階層間の不平等をもたらした。

③スラムの問題　工場労働に従事するために農村から都市へ移住した人びとは住宅問題に直面した。そしてこれが、さらにいくつもの社会問題を引き起こした。

④社会的対立　中産階級の資本家と搾取される労働者との間で、収入の格差が生じ、この格差が生活水準のちがいを生みだした。これにより労働者が資本家に要求を突きつけるための労働争議やストライキなど、社会的対立問題が発生した。

産業革命の政治的効果

産業革命の政治的なプラス効果としては、自由主義と社会主義の誕生、中産階級の政治参加、労働者階級の闘争があげられる。

①新しい経済と政治の指向　自由主義と社会主義の二つを指す。

自由主義（liberalism）　産業革命の初期、中産階級は急速に経済的安定を築き上げた。また、政府に圧力をかけ投資に便宜をはかった法律を公布させるなど、法律制定にも参加できる政治的立場をもつくり上げた。中産階級は、自分たちの安定した立場を説明できる経済理論を求めていた。

当時、説かれたいくつかの理論のなかで、自由経済理論（laissez faire）は最も説得力のある思想であった。この考え方は、アダム＝スミス（Adam Smith）の著書『諸国民の富（The Wealth of Nations）』からとられたもので、政府はいかなる経済活動にも介入すべきではない、と主張するものであった。政府の介入は、経済が公正さを欠いていた場合や、教育の開発、公衆衛生の改善、

人びとが契約や秩序にのっとって行動しているか見極めることなどのためになされるとした。このような経済運営は国家に富をもたらし、人びとの生活水準を向上させると言われた。この理論によって、資本家や工業実業家が生産・販売によって充分な利益を得る道が開かれた。この思想が、経済の資本主義化を促進したのである。

　社会主義（socialism）　産業革命により資本家層がおおいなる成功をおさめていた反面、雇用主から搾取される労働者たちは劣悪な状況に置かれていた。環境の整わない工場での労働やスラム街の住宅での生活を強いられ、生活水準は低かった。また生活に見合うだけの賃金を受けられず、女性や子どもも労働を強いられた。

　このような悲惨な状況を見て、一部の知識人は、社会の少数者が利益を得て他の大多数は損をするという、自由主義思想の社会論に反対するようになった。これらの知識人は、一部の人びとは多大な利益を得て、大部分は少しの利益しか受けられないこの社会の富の分配は、公正ではないと考えていた。彼らは、富の分配は平等であるべきで、少なくとも公正でなくてはならないと考えた。このような思想をもつ知識人では、アンリ＝ド・サン－シモン（Henri de Saint-Simon）、チャールズ＝フーリエ（Charles Fourier）、ロバート＝オーウェン（Robert Owen）らが知られている。

　サン－シモンは、すべての人びとは自分の能力に見合った仕事をする機会が開かれているべきで、それに応じた報酬を得るべきであると主張した。彼は、理論の原則に基づいた新しい社会の建設を主張し、国家行政の権力は生産者を管理するべきであると述べた。

　フーリエは、中間商人の悪行を示し、商業の自由放任は弱者を見放すとしてこれに反対した。彼は、人びとが共存し、能力に応じた仕事をし、財産を共有して、労働の対価を平等に受けることができる理想の社会の建設を夢見ていた。

　これらの社会主義者たちは、理想社会を追求していた人びとであるとされ

ている。彼らの思想は19世紀初頭に表面化したが、実現することはできなかった。当時の中産階級が断固として自由主義経済を支持していたため、彼ら社会主義者たちの思想はたいして関心を払われなかった。

産業革命後期、各国の労働者階級は、自分たちの利益を守るための闘争を実行に移し始めた。カール＝マルクス（Karl Marx）、フリードリヒ＝エンゲルス（Freiderich Engels）という知識人が、社会主義に大きな影響力をもたらす著書『共産党宣言（The Communist Manifesto）』と『資本論（Das Kapital）』を著した。

『共産党宣言』でマルクスは、全世界の労働者層は、資本家に搾取されており、労働者は団結してこの搾取制度を打倒しなければならない、と主張した。またマルクスは、階級差がなく、あらゆる人びとは平等で私的財産を持たなければ、真の平等社会になるとして、新しい社会像を提示した。

このようにマルクスの著作は、労働者階級が自分たちの利益を守るための団結を促すものであった。そして、社会革命思想にも影響をもたらしたのである。1917年、ロシアでレーニン（Lenin）が起こした革命が、その例である。

②中産階級の政治参加　各国の初期の民主主義政治では、政府に税を納めることによって政治に参加する権利を与えていた。収入の少ない労働者階級は、まだ直接政治に参加する権利を持たなかった。中産階級は、政治参加権を持つことで議会を通じて自分たちの利益を守ることができるようになった。中産階級は、政府に働きかけて産業投資を保護し、これに便宜をはかるための法律を制定させるため、政治に介入できるようになったのである。またこれによって、競争相手を牽制するための独占の承認や、事業に問題が生じたときに政府が処理することも望めるようになった。

③労働者階級の闘争　中産階級の搾取を受けていた労働者階級は、資本家に対抗し、自分たちの利益を守るために行動するようになった。労働者の利益を守るための政党の結成がその例である。イギリスでは、20世紀初頭に労働党がストライキの合法化を政府に認めさせた。また、労働者の権利要求

のための労働組合の結成も合法化された。

　産業革命の政治的なマイナス効果としては、帝国主義の台頭、労働者階級の福祉の要求、軍事力競争、イデオロギーの対立があげられる。
　①帝国主義の台頭　　帝国主義は、西洋諸国が世界のほぼ全域を奪い合うことによって生じた。西洋人が15世紀に新航路を発見してから、海洋交易はおおいに拡大した。そして原料供給地であり製品の市場でもある植民地の獲得は、必須のことであった。産業革命は製品の生産量を増大させ、新たな市場と原料供給地の発掘を促した。これによって植民地獲得の思想は急速に高まり、西洋諸国はこぞって様々な土地を植民地に変えていった。また商業の安全性を高めるため、他の国との同じ土地での競争を牽制する必要が生じ、軍事力をもって植民地を直接占領する政策もとられるようになった。あるいは、不平等条約によって原料供給地と市場を独占することで、弱小国の経済に介入するようになった。また、弱小国の指導者とかけ合って、経済的軍事的に重要な土地を租借するなどの権益を得ることもした。
　18世紀からはじまる西洋諸国の帝国主義政策によって、アジア、ラテンアメリカ、アフリカなどの世界のほぼ全域が、植民地として西洋諸国の間で分割されることになった。このことが、20世紀初頭には第１次世界大戦を誘発することになる。
　②労働者階級の福祉の要求　　公共の制度の貧困さから、労働者階級は資本家の利益に打撃を与えて自分たちの利益を要求する方法をとるようになった。ストライキや労働争議、工場内の食糧を破棄するなどの方法がとられた。
　③軍事力競争　　産業の発展により、軍需産業も成長を遂げた。破壊の効率も高まり、戦争が起これば従来よりも大きな損失を生むようになった。
　④イデオロギーの対立　　自由主義と社会主義の間のイデオロギーの対立は、50年以上も世界を冷戦状態に陥らせた。自由主義大国と社会主義大国との対立は、世界を核戦争の脅威にさらすまでになっている。

主な科学的進歩

　産業革命以後今日に至るまでに、科学技術の開発と応用によって科学は急速な発展を遂げる。これは人間の生活水準の改善を目的としたものだった。また、科学的手法が社会科学や人文科学の分野にも応用されるようになり、社会や人間に関する研究も、より広く深いものになっていった。

科学の進歩

　物理学は、物質とエネルギーに関する学問である。当初はニュートンが、力と物質、速度の関連などを解き明かして力学の基礎を築き、様々な省力機械の開発を可能にした。後に物質そのものの内部の構造にも関心が持たれるようになり、物質は分子と呼ばれるもので構成されていることが発見された。またさらに詳しい研究が進むと、原子の存在が明らかになった。最終的には、最も小さな物質の構成物と信じられていた原子も、さらに細かなプロトン、ニュートロン、エレクトロンなどによって構成されているということがわかってきた。

　エネルギーの分野では、光や音、熱など様々なものが解明された。熱力学（thermodynamics）は様々なエネルギーの形態によるちがいを示したものである。熱エネルギーは他の形態のエネルギーとの変換関係を持たず、分子を微妙に振動させることによって生じるものであることがわかった。現在、物理学におけるエネルギーの知識は放射能という驚くべきものの発見にまで到達している。ラジウム、ウランなどのある種の物質は、自身の質量を減らすことによってエネルギーの粒子である放射線を放出する。この発見によって、物質とエネルギーの境界線は、考えられていたような固定的なものではないということがわかった。この研究成果は最終的に、アルバート＝アインシュ

タイン（Albert Einstein）が相対性理論、E=mc^2（エネルギーは物質の質量と光速度の二乗をかけたものに等しい）という法則として完成させた。この法則によって、人類は新しく膨大なエネルギーを開発することができた。平和に利用することもできれば恐るべき破壊力をも持つ、核エネルギーである。相対性理論（theory of relativity）とは、時間・場所・速度・質量はそれのみによって完結しているのではなく、移動している物質が移動の速度に応じて質量を増加させているように、すべてが関係し合っている、という理論である。

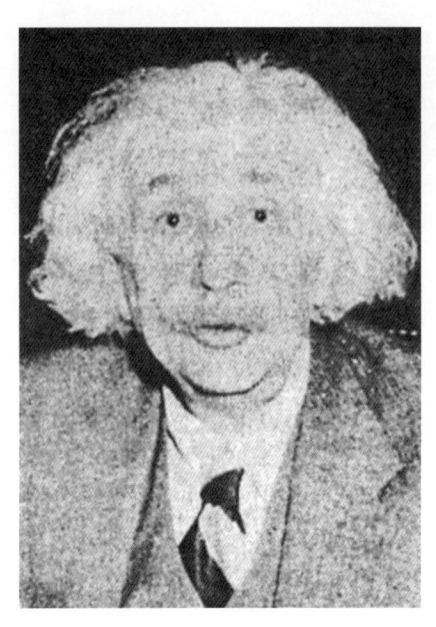

アルバート＝アインシュタイン

化学の分野の知識は、かつての錬金術から発展し、様々な物質の秩序を示す学問的財産にまでなったものである。それは、物質を分離して、純粋な基礎的物質をとりだそうとすることからはじまった。このことから、水が水素と酸素からできていることが発見された。その後、様々な物質が組み合わさり、新たな物質を合成する化学反応の研究も行われた。また、有機物の構造を研究する有機化学（organic chemistry）の研究もはじまり、炭素が物質の基礎的な構成物であることが発見された。そして新たに、化学が生物学と結びつき生化学（biochemistry）が生まれた。生化学は、生物の身体の内部における分子レベルの化学反応の研究である。例えば、アミノ酸から様々なタンパク質が合成されることや、DNAを重要な柱とする遺伝子（gene）の働きなどに関する研究である。現在、生化学は医療技術の分野において重要な役割を担っている。

細胞とその構成物を詳細に研究することから、生物学がはじまった。次に、生物が世代交替を行う際の形態的特徴、遺伝に関する研究が開始された。これによって、遺伝的特徴は時間や環境とともに変化するということが発見された。チャールズ＝ダーウィン（Charles Darwin）は、生物の進化について次のような理論を提唱した。いかなる生物の種も、時間とともに環境に適応していく。最終的には強いものだけが生き残るのである。この理論に影響を受けて、中産階級は社会で最も強い階級だから社会的成功をおさめられるのだと主張し、中産階級の理想を追求する指導者も現れた。

技術の進歩

産業技術は、製品の生産に役だてるためになされる科学的発明や応用のことである。産業革命の初段階には、紡績、織物、蒸気機関などの重要な発明がなされた。19世紀には電気という新たなエネルギーが開発され、生産物は増え、電気を使って生活に便利さをもたらす機械や製品が開発された。また、鋼鉄やコンクリートなどの新しい材質、プラスチックなどの合成製品も開発された。現在の産業界では、レーザー光線、食品の保存、コンピューターなど、高い水準の学問的研究成果を技術として導入している。一部の大企業は、大学での科学的研究に資金を出し、学問と産業の協力体制を築こうとしている。

交通や通信の技術は、産業と切り離すことができない。産業社会においては、製品や人、思想や情報の移動が不可欠だからである。産業革命の初期においては、蒸気機関が蒸気船や蒸気機関車に利用された。19世紀末には自動車も開発された。航空機の出現は、最も重要な交通分野の発展である。気球とグライダーが20世紀初頭にはプロペラ機となり、後に高速ジェット飛行機にまで発展する。このことによって、遠距離の移動時間が大きく短縮された。

通信も交通とともに発展した。最初に電報が発明され、次に電話となり、現在はファクシミリにまで進歩した。またマス・コミュニケーションの分野

では、20世紀初頭にラジオがそれまでの新聞とともに重要な役割を果たすようになった。そして現在の社会で大きな影響力を持っているのは、テレビである。テレビは、人びとが最も簡単に、また最も多くの人びとが享受できる通信システムである。このため、視聴者、特に子どもたちの思想や価値観を限定してしまうほどの影響力を持っている。テレビを見すぎると、利那的な娯楽によって物事を知ることに慣れてしまう。

医療分野で最も重要な進歩は、19世紀に開発された様々な病気の予防法である。例えば、低温殺菌法（Pasteurization）、種痘による天然痘の予防、血清の精製法、様々な伝染病予防のためのワクチンの開発などである。またその後、様々な細菌に感染することによって生じる炎症を治療する抗生物質の開発もなされた。また現在は、ガン細胞を駆除するための放射線治療も行われている。手術も、心臓、眼球、腎臓などの臓器移植や、整形外科手術がなされるまでに進歩した。これらの科学技術によって人は生活の質を改善し、死亡率を低減させて寿命を伸ばすことができるようになった。

社会科学と人文科学の進歩

政治学、経済学、社会学などの社会科学の学問は、哲学から派生したものである。19世紀、科学的手法を導入することによって本格的な学問体系となった。一方、言語学、文学、歴史学、哲学などの人文科学は、古代に源を発する古い学問である。これらも科学的手法をとり入れることで急速に発展し、心理学という新しい学問を発生させた。

社会科学

政治学は政治哲学から派生した学問であるが、政治哲学が政治の理想やあるべき姿を追究するものであるのに対し、政治学はより現実的な政治を研究

するものとなった。当初、政治学の内容は、権力や統治者の権力行使に関するものに重点が置かれていた。やがて、統治される側の権利や利益に関心が移っていった。民主主義政治が発達してくると、いかにすれば政治や国家行政は人びとに最大の利益をもたらすことができるか、が研究の対象となるようになった。

　経済学は、資源の利用法、雇用、所得の分散、税制、財政など、国民国家の生産システムや、経済的可能性について研究する学問である。近代経済学は、数学や統計を多く用いるようになった。

　社会学は科学的手法を用いて、大きな社会を形づくって共存する人間の行動について研究する学問である。社会学者は、社会は伝統、信仰、価値観、模倣の傾向などの個人の行動パターンをつくりだす力を持ち、人びとを集団として結びつけるものであるということを見いだした。

人文科学

　言語学は近代に入り、言語を学ぶだけではなく言語のメカニズムを科学的手法で説き明かそうとする学問となった。音声の特徴、ことばの性質、文の構造や、人間どうしの意思伝達の手段としての言語の持つ様々な意味などが分析された。また、その言語を使う社会の人びとが、信仰や価値観、理想を表現する際に、言語がどのように使われているかなどの研究もなされるようになった。

　現在、文学の研究はより秩序だったものになっており、作品の創造に対する政治や社会の影響も研究対象となった。また、それぞれの作品の構成やスタイル、内容や文体の分析をすることで、より正確で公正な作品の評価ができるようになった。

　歴史学は、過去に関する史料の本格的収集や史料の適切な評価、偏見を排した分析と結論づけなどをすることで、古くから学問体系として発展を続けてきた学問である。これらはみな、過去のことを可能な限り完全に説明でき

るようにするためであった。

　心理学は、19世紀に哲学から派生した新しい学問である。当初心理学は、本能的な人間の行動や性格、社会によるパターンや個人の認識などについて論じていた。やがてシグマント＝フロイト（Sigmund Freud）が、次のような指摘を行った。人間の精神には潜在意識というもう一つの精神があって、幼児期の抑圧や希望が既存の社会的価値観と摩擦を起こす。このような抑圧が穏やかならない方法で放出されると、様々な精神病などの形で人格的不安定を生じさせる。

　現在の哲学は、他の学問的分野からの影響をおおいに受けている。もちろん、この世の真実、善、美、知とはなにか、いかにして正しい生活を送ることができるかといった哲学の基礎的問題についても、探究され続けている。だが、科学、政治学、心理学、言語学、現代社会の問題といった知識に関して思考を深めることも、哲学の仕事に含まれるようになってきた。

　これまで述べてきたことから、近代の学問はより広範な域に及ぶようになり、専門化（specialization）が進んだ様々な分野に分かれてきたことがわかった。アインシュタインの相対性理論や、フロイトの潜在意識のメカニズムなど、一般人の常識では理解しつくせないような、複雑な知識を備えた学問もある。だが、現代の西洋社会は学問知を用いて集団や公共の利益のために役だてようと努めてきた。科学は応用されて産業技術となり、生活の便宜のために消費を重視する社会を生みだした。だが消費社会は、精神の質の問題や自然環境の破壊、道徳を無視して他者から搾取するために知恵を使うことなどの問題を引き起こした。20世紀半ば以降現在までの教育の拡大によって、西洋世界の大部分の人びとは教育を得て、知識と批判力を持つようになった。このようにして

シグマント＝フロイト

西洋の人びとは、近代社会の様々な欠陥を批判する精神を備えつつ、身の回りの様々な変化に常に関心を持ち、遅きに失する前に問題解決の道を探ろうと自身を鼓舞しているのである。

科学の進歩の生活への影響

　科学の探究や新しい科学的知識は、様々な科学を発展させ、人類を文化的にも思想的にも新たな時代へと前進させた。近代の科学は、人間の日常生活において大きな役割を果たすようになった。それは、住居、職業、食事、教育、通信やテレコミュニケーション、医療などにまで及ぶ。また農業、工業、商業などの経済活動にも、先進的な科学が各方面で取り入れられている。通信やテレコミュニケーションの進歩は、外国との距離を縮め、世界中の人びとが互いをよく知ることができるようにし、世界中のでき事を短時間で知ることを可能にした。このことによって発展の方向性や思想が流動的になった。

　その他、近代の科学は国家の防衛にも重要な役割を果たすようになった。効率性の高い新兵器の開発競争のために、多くの国家が莫大な資源を注ぎ込むようになった。

　これまで述べてきたような科学の進歩は、以下のように様々な問題をもたらしもした。

　①核エネルギーの使用は人類や環境に危害を及ぼす放射能の問題を引き起こす。また、害虫駆除のための農薬は、直接的間接的に人体、水、土壌、利益をもたらす動物などに悪影響を及ぼして、自然の均衡を破壊する。現在、科学者たちも核エネルギーの使用により生じる危険性について憂慮するようになった。1960年、アメリカ、ソ連、イギリス、インド、日本、中国、東西ヨーロッパ諸国などの国々から集まった科学者たちが会議を催し、核エネルギー使用に伴い起こる問題の防止と解決を議論し合った。同様の会議は次々と開

かれた。アメリカ科学進歩協会（American Association for the Advancement of Science）は1967年に会議を催し、無責任な科学の利用から生じる深刻な問題について議論し、科学者たちはより責任感を持つよう訴えた。

②科学の進歩は経済力や軍事力の基盤となる。現在の世界には、今なお先進国と発展途上国の間に格差がある。科学の進歩が、常に新たなギャップを生みだしている。先進国には研究を支えるのに充分な資源があり、それがさらに発展を促している。発展途上国はそれに追従できず、常に後進的な立場にある。世界の大部分の人びとは、先進地域に住む少数の人びとに遠く劣った立場に立たされている。このことは、国家間の相互理解と関係の安定にとって大きな問題となっている。

③通信技術の進歩、宇宙空間の利用、海洋資源の探査と発掘が日々進むことで、国際問題が生じている。例えば、海産物に恵まれていたり、鉱物資源や石油などの海洋資源が埋蔵されている海域の所有権をめぐる領海問題がそうである。また、周辺国家の気象にも影響を及ぼしかねない人口雨の散布などには、気象管理の点で国際問題が生じる恐れがある。

④人口についても問題が生じている。医療や衛生面の進歩、栄養学の進歩は、人類の衛生状態を改善し、寿命を伸ばした。伝染病による大量死も撲滅した。これによって世界の人口増加は憂慮すべき域にまで達し、もし世界が人口増加を支えられなければ、厄介な問題が生じるであろうとの危惧もなされるようになった。

⑤オートメーションシステムやコンピューターの導入によって、人間の代わりに常に仕事をする機械が用いられるようになった。これによって失業問題が生じる可能性も出てきた。オートメーションシステムは、多くの人間がする仕事をこなすことができるからである（アメリカの電話会社の試算によると、もし現在使用されているオートメーションシステムを使わない場合は、何千万人ものオペレーターを雇用しなければならなくなるという）。

⑥科学の急速な進歩に、多くの人間の知能は追従できずにいる。もし現在

の科学者が自分の専門の狭い学問分野に閉じこもっていれば、他の分野の知識にはついていけなくなる。もしわれわれが「科学者」のみを信頼し続けていると、しまいにはそれらの「科学者」をコントロールできなくなる。そうして生まれたのが、「テクノクラット（technocrat）」という、重要な用件についての決定権をゆだねられた、拘束のきかない専門家たちなのである。

科学の進歩がタイにもたらしたもの

　タイは仏暦21世紀ごろから西洋人との交流を続けていたが、関係は上流階級に限られていた[1]。西洋の科学を享受できたのは、王室という狭い範囲に限られていたのである。ナーラーイ王の時代には、西洋の建築や土木に関する知識が導入され、ロップブリーの宮殿の建設に役だてられた。また、アユッタヤー時代からラッタナコーシン時代にかけて、西洋からの武器の輸入を王室が独占していたこともある。これらの事がらも、タイ社会における西洋の知識の需要が、限界のあるものであったことを物語っている。

　当時の西洋との交流は、タイ社会に総じて影響を及ぼすということはなかった。西洋の影響力や普遍的知識は、上流階級と王室に限ってもたらされた。

　1855年、タイが自由貿易を開始した後、西洋の影響力は次の2点において顕著に表れた。

　①指導者層の新世代にあたる人びと（ラーマ4世期以後）は、西洋世界の観念、価値観、科学などを受容し、インドや中国の文明と結びついた伝統的な信仰や知識をすべて捨て去ろうとした。指導者層は、タイを西洋的な発展の道、西洋化（Westernization）へと方向づけようと努力した。また、西洋的になることを近代的である、文明的であるとみなした。西洋の知識をタイ社会にもたらし、普及させようとしたのは、指導者層だったのである。

②経済システムの変容によって、西洋に中心を置く資本主義システムがもたらされた。これによってタイ社会は、都市から農村に至るまで一つの世界経済の結びつきのなかにとり込まれることになった。タイ社会は、常に国外の変化に応じて自分を適応させなければならなくなった。

ロップリーにあるナーラーイ王の宮殿。アユッタヤー時代の西洋建築。

19世紀後半にはじまったタイ社会の変化は、広範でかつ社会の深部に及び、様々な次元を包括するものであった。その変化の様子は、次のように分けて考えることができる。

農業の進歩

西洋の学問の進歩が物質的な面にもたらした本質的な変化は、科学の進歩によって人間の労働力を省く機械が発明されたことである。この技術はタイ社会へ、特に農業分野に導入された。タイは輸出農産物の生産国へと変わり、生産性や生産量の向上に努めていたのである。

華人の労働者などに依存していた運河の掘削にも、機械は導入された。政府が、耕地拡大を進めるために、ランシット運河掘削を担当するシャム運河水路掘削会社［Borisat Khut Khlong lae Khuna Sayam］に、掘削機械の使用を許可したのである[2]。

タイの農民は、かつては耕作に鋤(すき)を使っていた。鋤は、土が乾燥していると使えないという問題があり、それが耕作にかかる時間を増やしていた。仏暦2452年、シャム掘削会社はアメリカに鉄製の鋤を注文し、試験的に使用し

た。鉄製の鋤は強く、乾燥した土壌での使用にも耐えた。だが問題はその重量で、耕作牛はその重さに耐えられなかった。また雨が降り土が柔らかくなると、鋤は土中に埋もれてしまった。このような問題に対し、指導者層は家畜の労力に代わる耕作機械の導入を検討しはじめた。これには、耕作の重要な手段である牛の価格が、日に日に上がっていたためもある。牛の盗難事件が日常的に起こり、稼働できる牛の数を減少させていた。また、人間や動物の労働力に依存していると、耕作は遅れがちになった。もし機械を導入すれば作業は迅速に進み、米市場で拡大する受容に応えることができる。このため仏暦2434－2435年にサムットプラーカーン[3]のニヨムヤートラーで耕運機の使用がはじまった。だが様々な問題が生じたため、あまり普及しなかった。

　ラーマ5世期末、シャム農業会社［Borisat Kasikam Sayam］が、ランシットにおいてオーストリア－ハンガリー製の耕運機を試験的に導入した。結果は上々だったが、機械は高価であった。また、タイの風土に適合させるために改造せねばならず、普及しなかった。

　自由経済へ参入したばかりのころ、米の取引きは大きく増大した。機械という西洋の技術の導入に努めたことが、耕作を支えた。だが成功を見なかった理由は、試験的に導入された機械がタイとは異なる環境で作製されたものだったため、タイでの使用では効果が上げられなかったことであると言える。また、タイの農民には機械利用のメリットが理解できず、彼らは伝統的に改良されてきた農法に固執した。このため当初は、農民の間で機械はたいして普及しなかった。

　第2次大戦以降、農耕機械の導入は成功をおさめはじめた。特に、政府が国民の収入を上げるために国家経済開発計画を策定し、生産促進をはじめてから、農耕機械は本格的に使用されるようになった。またトラクターも導入され、効果を上げはじめた。こうして現在に至るまで、農耕機械は普及を遂げたのである。

　だが、これらの技術は外国製であるため高価であった。生産の速度は上が

タイ・ラーマ5世期の農耕の様子。人間と動物の労働力を用い、自然に依存した農法であった。

り、自然に依存する必要は少なくなった。だが、農民の出費も増え、タイの農民自身の生産技術は発展をやめ、外国製の知識に依存するようになった。

農業分野で重要な役割を果たしたもう一つの機械は、精米機械である。昔から家庭での精米に使われていたのは、木製の大型臼、杵などの単純な道具であった。臼と杵の摩擦によって、籾殻をはがした。このような古典的な精米法も、石臼を土に埋めたり、精米石を使うなどの形に発展してきた。これらはみな、人間の労働力を使う精米法であった。

19紀後半の米輸出の拡大は、精米法も同時に進歩させた。当初、米は籾つきで輸出されていた。だが精米法が進歩すると、精白米や玄米の形での輸出が可能になった。仏暦2401年、機械による精米所がはじめて設立された。これはバンコクに住むアメリカ人が経営していたものだった。当時、政府の精米所も含めた一般の精米所は、すべて人の手により稼働していた。

初期の機械精米の種類を分類すると、蒸気精米機、エンジン式精米機、電気精米機の3種類になる。

機械による精米は、石炭燃料に依存していた。石炭は高価で、大きな事業資金が必要だった。やがて、籾殻を燃料とする方法が開発され、成功をおさめた。この方法は費用が少なくすんだので、タイ人の精米所に普及した。

まとめると、輸出向け生産はタイ経済の根幹となり、効率性の高い生産法が編み出されていった。このため西洋の技術の模倣は、タイの農業において大きな役割を果たすようになった。

産業の進歩

　西洋の科学の受容によって影響を受けたタイの産業は、鉱業と林業の二つであった。

　かつて鉱業は、納税のための農作業を終えた後にするものにすぎなかった。鉱物の採集も、鉱物の選り分けのために簡単に作られた道具によるものだった。鉱物をふるい分けるのには、器や鍋、リアン［liang］と呼ばれる持ち手のない鍋のような木製や鉄製の容器だった。

　産業革命後、特に缶詰という空気が入らないようにした食品保存の方法が発明されてからは、錫の需要が高まった。缶は錆び止めのために鉛でメッキした鉄であり、鉛の精製のために錫が必要だったのである。缶詰の発明によって高まった錫への需要は、タイ南部やマレー半島西部にある錫の産地に影響した。

　輸出向け錫産業は、当初中国人の手に握られていた。鉱山事業は、主に人間の労働力に依存していた。鉱山の形態には、グランド・スルーシング（ground slucing）と露天採掘（opencast mining）があった。この２種類の採掘法のために、華人資本家たちは大勢の華人労働者を呼び寄せた。グランド・スルーシングには60人から1000人の労働力を必要とした。一方、露天採掘は少ない人数ですんだので、大部分の鉱山は露天採掘であった。

　西洋人も、錫鉱山業に投資をしていた。しかし彼らは大勢の労働者を得ることができなかったた

簡素な道具による選鉱作業。写真で使用しているのはリアン。

め、採掘機械の開発をはかることになった。初期の段階では、イギリスで用いられていた水力噴射法が使われていた。これは水を高い位置にくみ上げ、パイプを通して流し落とし、土壌や鉱脈を崩壊させる方法であった。しかしこの方法は、ポンプを購入したり堰を建設したりするための初期投資が必要だった。しかも水力噴射法は高地で行う必要があったため、タイ南部、特に平地であるプーケットには適さなかった。このため、水力噴射法は普及しなかった。

水力噴射坑。

やがて、トンカ・ハーバー錫産業社（Tongka Harbour Tin Trading Company）によってドレッジャー採掘法（bucket dredge）が導入された。これは地上と海中の両方で利用できる採掘法であった。その上、鉱石の洗浄、ろ過、選鉱などを一度に行うことができ、労働力の節減にも役だった。この技術によって西洋人は鉱業に成功し、ドレッジャー採掘法はその後長きにわたって主要な採掘法となった。

かつて林業は、カム族、ビルマ人、タイ・ヤイ族、華人などの地元の住民を使って小規模に営まれていた産業であった。やがて西洋人が林業の重要性に着目しはじめ、タイ政府から伐採権を獲得しようとしてきた。仏暦2432年にはボルネオ社、仏暦2435年にはボンベイ・バーマー社が伐採権を獲

近代的なバケット船。仏暦2475年後は西洋の採掘法が導入され、後の鉱業のモデルとなった。

得し、シャム・フォーレスト社もこれに参入した。

　林業は、伐採権を獲得し、機械を購入して労働者を雇い、運送にかかる費用も出費しなければならなかったので、高いコストがかかった。また、木材の加工には新しい知識と技術を必要とした。林業は、ほとんどが外国企業の独占するところとなっていたと言える。タイ政府もこの産業の重要性を理解しており、林業の知識をタイ人にも教え込もうとした。仏暦2458年、はじめて林業技術を教える学校が開設された。しかし生徒が集まらず、2年で閉校した。当時のタイ人は、林業にさしたる関心を寄せていなかったと言える。やがて仏暦2475年の立憲革命後、仏暦2478年にプレー県に再び林業学校が設立され、林業技術の理論の教授と実習が行われた。

プレーに仏暦2478年に設立された林業学校の生徒たち。

交通・通信の進歩

　ラーマ5世期の、国家を西洋並みに近代化するための改革で、王は交通・通信システムの開発を重視した。これらは国家を統一して治めるための道具であり、交通・通信が発達していることは経済的進歩ともみなせるからだった。また、農村・都市間の運送の便宜をはかるためのものでもあった。

　バンコクにおける最初の車両用道路は、ラーマ4世期に建設された。主な道路は、チャルーンクルン、バムルンムアン、フアンナコーンなどである。またラーマ5世期には、ラーチャダムヌーン通りが建設された。道路の建設によって都市部は拡大し、道路の両側には店舗が立ち並んだ。

　ラーマ5世期には、政府は地方との連絡道路の建設が経済的にも政治的に

も重要と考えるようになった。こうして、東北部、北部、南部などの地方とバンコクを結ぶ鉄道の建設計画が立ち上がった。当初、政府は鉄道建設の政治的側面を重視していた。仏暦2445年、東北部で土着信仰を基盤とした反乱が起こり、また北部のプレーではタイ・ヤイ族の反乱が生じたからである。また南部でも7か所で、イスラム教徒の反乱が起こった[4]。近代的な交通システムの建設によって、政府は中央からの鎮圧軍の派遣をより簡単に行うことができる

ラーマ5世期のバムルンムアン通りの商店と交通の様子。

と考えたのだった。つまりタイ政府は、技術が政治的安定に果たす役割について考えていたのだった。しかし鉄道建設は、政府に多額の出費を強いた。

　政府が電信と電話をはじめて敷設したのもこの時代だった。これらの交通・通信システムは、タイの指導者層にとって国民国家 [rat chat] の建設を成功に導くものであった。

技術の進歩

　ここでいう技術とは、西洋における発展を受け、また徐々に一般化していく教育施設を通じて普及されるようになった、知識や学問の方法のことである。

初期の鉄道。政治的にも経済的にも利益をもたらした。

旧来のタイ社会では、

農耕、被服、工芸、読み書きなどの知識は、家庭において教えられた。役人の家庭などでは、自宅で教師を雇い、また寺に子供を送って教育を施した。体系的な、社会の大部分の人びとが学ぶための教育システムは存在しなかった。

タイの指導者層が、帝国主義に対抗するための国家改革を開始したとき、人びとに一つの統一された国家という認識を持たせることを必要とした。こうして一般の人びとのための教育が開始された。これは、社会の人びとに母国への共通の結びつきという感覚を持たせるために、彼らを啓蒙し、政府の思想を植えつけるためのものであった。人びとへの共通認識の植えつけは、学校制度による社会性の植えつけの過程を通じて行われた。これは、形式においても内容においても、西洋の教育制度を模倣したものであった。

多くの学問的知識は、原則と理論に基礎を置く、西洋における研究成果の影響を受けていた。実験と証明によって科学的知識ができ上がっていったのである。

社会の基礎部分における教育制度が、西洋の教育制度の模倣であっただけではなく、ラーマ6世期には最初の大学、チュラーロンコーン大学［Chulalongkon Mahawitthayalai］（仏暦2459年）が設立されるなど、高等教育の面でも教育制度の模倣は行われた。立憲革命後には、法政大学［Mahawitthayalai Thammmasat lae Kanmuang］（仏暦2476年）、シンラパコーン大学［Mahawitthayalai Sinlapakon］（仏暦2486年）、カセートサート大学［Mahawitthayalai Kasetsat］（仏暦2486年）も設立された。当時の大学における教育の形式と内容は、実質的には高等職業訓練学校であった。このような教育システムが、第2次大戦以前のタイの社会状況には適していたのだった。しかし仏暦2500年以後、タイが経済的社会的な国家開発への道を進むようになると、従来の教育システムは、新しい経済的状況に適合しなくなった。このころタイの大学は、重要な転換期を迎えた。つまり、専門的技能を持つ人材を育成する場所である必要が生じたのである。そして自然科学、社会科学、

人文科学の3分野から成る研究分野の新しい区分にしたがって、専攻を区分する必要が出てきた。

国家経済社会開発計画策定以後の大学は、あらゆる分野の専攻を備えた総合大学の形態をとるようになった。

チュラーロンコーン大学。ラーマ6世期に設立されたタイで最初の大学。

大学とは、先進国から学問的支援という形で伝えられた知識を、集積する場所なのである。

　西洋社会に源を発する知識や技術は、タイの研究・教育においても本質的なものとなった。そして学問的進歩の指標にもなった。だが、タイ社会の現状や問題には適合しない部分も、数多く存在する。

課題例

　1．グループごとに科学の進歩について議論し、自分の出身地や学校において用いられている例を示させる。

　2．様々な学問の進歩についてのスライドやビデオを鑑賞させ、レポートにまとめさせる。

　3．現代のタイ社会における新しい学問的進歩について報道するテレビやラジオの番組を視聴させ、教室で報告させる。

　4．通信や交通など、様々な科学の進歩発展についてのパネル発表をさせる。

　5．グループごとに主な発明品について学習させ、教室で発表させる。

章末問題

1．タイ社会は、古代から外国と交流していた。しかし、西洋との交流が、仏暦24世紀末になってタイ社会に多大な変化をもたらしたのは、なぜか。

2．ラーマ4世以降のタイの指導者たちは、進歩した西洋の科学と技術をおおいにとり入れるようにしていた。指導者たちは、それらの科学を受容することはタイ人社会に総合的に影響をもたらすと考えたのか。また、どのような影響をもたらすと考えたか。

3．仏暦24世紀末以降の西洋科学の受容は、経済、社会、政治をどのように変化させたか。例をあげて説明せよ。

【注】

(1) 16世紀初頭、ポルトガルが最初の西洋国としてアユッタヤー王朝に交易を求めた。ポルトガルから手に入れた武器は、16世紀末のビルマとの戦争で活躍した。17世紀には、中国や日本からの交易船に加えてオランダやイギリスがアユッタヤーを交易拠点とし、王室貿易を行っていた王朝はおおいに繁栄した。ナーラーイ王と使節を交換したフランスからも、多くの宣教師や職人たちが訪れた。本書にも述べられたように、王都には諸外国人の居住区が確保された。ラッタナコーシン朝における西洋との関係は、本書第4章を参照。

(2) ランシット運河はバンコクの北方46キロメートルのパトゥムターニー県でチャオプラヤー川に接し、そこから東方のナコーンナーヨック県まで55キロメートルあまり延びる運河。1891年に着工し97年完成。チャオプラヤーデルタの広大な土地が期限つきで政府から下賜され、王族貴族や特権商人が運河代金を前払いした。後にランシット運河の北側と南側に1本ずつ平行する運河が掘られ、これら3本の幹線運河とまじわる南北の支線運河が、多数掘られた。

(3) サムットプラーカーンはバンコクに南接するチャオプラヤー河口にある県。

(4) 東北部、北部、南部の3か所の地方反乱は、ともに同じ年に発生したことか

ら「ラッタナコーシン暦121年の反乱」などと呼ばれている。東北部では常に発展が遅れがちであったため社会に不満が高じ、「プー・ミー・ブン」と呼ばれる超能力者が終末思想である弥勒菩薩信仰を説き、民衆の支持を集めて政府権力への反抗を主導した。北部では、公共事業に従事させられていたタイ・ヤイ族が当地の役人を襲った。この反乱には、それまで当地を支配していた土地の有力者が陰で関与していたと言われる。南部では、やはり土地のイスラム領主たちが、バンコク政府への権力移行に抵抗し反乱を起こした。

第9章

国家間の協力と相互依存

学習目標 人類は、倫理・道徳に基づき、科学の進歩を活用し、様々な利害の調整をしながら、世界の安定と平和のために協力し合わなければならないということについて考える。

◇方針◇

1．世界の諸地域における主な対立問題の例をあげて理解し、解決方法を説明できるようにする。

2．国際協力と相互依存について理解し、説明できるようにする。

3．現代世界における問題解決のために、科学の進歩を活用し、相互に利害調整をしながら、協力し依存し合うことの必要性について考える。

4．倫理的道徳的原理、科学と技術の活用、利害調整による問題解決の方法を、日常生活における問題解決に役だてられるようにする。

ロビンソン＝クルーソーは、ダニエル＝デフォー（Daniel Defoe）の書いた物語の登場人物である。彼は航海の最中に船が沈没し、一命をとりとめた。そして、ある島に泳ぎついて、一人で自然のままに生活しはじめるのである。ロビンソン＝クルーソーの物語は、人間がこの世にたった一人になったら、どのようにしなければならないかに思いをはせなければならない、と我々に告げている。この物語は、300年近く前の1719年に書かれた。現実には、人間は大昔から集団で暮らしてきた。そして現在も、この物語のように、人間がたった一人で生きてゆくという状態は、起こりにくい。大きな人間集団であろうと、小さな集団であろうと、人間集団は政治、商業、文化、通信などの様々な手段によって、互いに結びつこうとしているのである。

　人間がこのように互いに密接にかかわりながら暮らしているということは、二つの関係性を生じさせている。一つは競争と対立、もう一つは協力と相互依存である。「人類の進歩の歴史は、すべて戦争と平和で語ることができる」ということばで総括した人もいるくらいである。しかしこのことばは、人類の未来は暗く常に戦争に向かって突き進むものである、ということを言わんとしているのではない。このことばの意味するものは、我々は過去の戦争から、人類が共に被ってきた損害、不幸、悲劇について学び、さらに平和を築き、維持することに関心を持たねばならない、ということなのである。

対立と戦争

　ロシアの哲学者リオ＝トルストイ（Leo Tolstoy）は、19世紀に戦争に関してこのように問うた。
　「広大な土地は放置され、鍬も鋤も、家屋も焼き尽くされた。商売は形を変えてしまった。何百万という人びとが貧困に苦しんでいるのに、金持ちになった人もいる。どこかへ移り住んでしまった人もいる。隣人への愛を固く守っていた多くのキリスト教徒は、逆に殺し合うようになった。これはいったいどうしたことだろうか。なぜこのようなことが起こるのか。なにが人びとを、家を焼き、同じ人間を殺すようにし向けるのであろうか。なにがこれらの原因なのだろうか。権力が、人間にこのような行いをさせているのであろうか」
　このような問いは現在にも当てはまる。人間どうしの対立は、これまでに何度も国家レベルの対立にまで発展した。そしてこのような対立が適切に解決できなければ、最悪の状態、対立の最終的な形態である戦争にまで発展した。
　過去をふり返れば、中世から第2次大戦に至るまで、人類はおよそ300回近くも戦争を繰り返してきた。このうち大部分は範囲を限定した侵略の形をとった。例えば、土地の領有や権益を主張したり、相手に自国の要求を認めさせるために圧力をかけようとしたりして、相手国の領土を占領するなどである。この種の戦争を、「部分戦争（limited war）」と呼んでいる。また、いかなる条件もなくあらゆる側面における完全勝利のための侵略行為は、「全面戦争（absolute war）」と呼ばれる。
　戦争の激しさと長さは、場合によって異なる。数日で終わる二つの小国間の小競り合いから、いくつもの国家が参入し、何年もかけて、特定地域から

世界レベルにかけての範囲で戦われるものもある。

ナポレオン戦争（1805-1815年）以後、自由主義と国家主義がヨーロッパ中に広まった。人びとの政治的権利と自由を要求する運動が、広い範囲で起こった。なかでも、1830年と1848年の運動は有名である。19世紀半ば、国家主義はイタリアとドイツにも広まった。ヨーロッパ諸国の、政治的経済的競争は高まっていった。そしてヨーロッパは、世界のリーダーの地位に上った。しかし、20世紀前半、ヨーロッパの列強、特に西ヨーロッパ諸国は、第1次世界大戦と第2次世界大戦という二つの大きなでき事に直面した。

第1次世界大戦（1914-1918年）

第1次世界大戦はヨーロッパで勃発した。イギリス、フランス、ロシアからなる連合軍には、後にヨーロッパ内外の諸国が参入することになった。もう一方の同盟軍は、ドイツ、オーストリアーハンガリー、ブルガリア、トルコから成っていた。また、中立を維持したヨーロッパ諸国は、アイスランド、ノルウェー、デンマーク、オランダ、スイス、アルバニア、スペインであった。

第1次大戦の要因

第1次大戦の原因は、経済競争、植民地争い、軍事的競争と相互不信にもとを発する列強の対立であった。そして、ヨーロッパのすべての民族は、列強の支配を逃れて独立した国家を築かねばならない、という国家主義的な感情も広まった。このため20世紀初頭、ヨーロッパや関連地域は緊張関係に陥った。経済的にも政治的にも、妥協の余地はなかった。この対立が、様々な地域での危機の勃発を招き、利害を共にする国々を同盟させ、共同の陸海軍を結成させた。

①バルカン半島問題　　第1次大戦以前、バルカン半島はトルコ帝国の一部であった。バルカン半島問題の原因は、オーストリア－ハンガリー帝国とロシア帝国の勢力争いであった。ロシアはバルカン半島を、ダーダネルス－ボスフォラス海峡周辺の南方の海上へ抜ける通路にしようとしていた。そして、バルカンにおける同じスラブ民族の指導者たろうとしていた。一方オーストリア－ハンガリーは、ボスニア－ヘルツェゴビナのスラブ民族を支配していた。そしてセルビア、ブルガリア、ギリシャはバルカンにおける独立国家で、ロシアの支援を得てオーストリア－ハンガリーに対抗していた。この争いが、第1次大戦以前に、何度も危機的状態をつくりだしていた。

②国家主義の問題　　第1次大戦前、国家主義は列強同士の対立を引き起こす主な要因であった。特に、ドイツを盟主とし、ゲルマン民族のオーストリア－ハンガリーを支えるパン＝ゲルマン主義と、ロシアを盟主とし、トルコ帝国のスラブ民族を支援してこれをとり込もうとするパン＝スラブ主義の対立は激しいものであった。ちょうど、トルコとオーストリア－ハンガリーの支配下にあったスラブ民族は独立を欲し、宗主国の権力に対し抵抗を図っていた。この対立に、大国がそれぞれの後ろ楯を買ってでたために、最終的に大きな戦争が引き起こされたのである。第1次大戦の一つの要因は、スラブ民族とゲルマン民族の対立であった。

③植民地獲得競争　　産業革命以後、西洋諸国は商品を放出する市場と原料の供給地を求めるようになった。これが帝国主義を生じさせた。工業先進国である列強は、こぞって植民地を求めるか海外に土地を所有するようになり、これが時に摩擦や衝突を引き起こしたのである。

④軍事競争　　軍事競争も、列強間の政治的経済的な対立、そして植民地争いにもとを発する。対立は、諸国に効率的な兵力と軍事力を備えることを促した。より優れた兵力と武器を持つと、それが外交交渉と植民地獲得を成功裏におさめることができた。対立が激化すると列強はますます軍事競争に力を入れ、自国の軍事力を頼んで妥協しなくなった。

⑤列強の分裂　　第1次大戦前に、ヨーロッパの列強は二つのグループに分かれた。一つは三国同盟（Triple Alliance）で、ドイツ、オーストリア-ハンガリー、イタリアから成る。もう一つは三国協商（Triple Entente）で、イギリス、フランス、ロシアから成る。それぞれのグループでは、それぞれの利害と協力関係を保つことへの同意を確認し合った。こうして、どこか一つの国が戦争状態に入ると、それぞれの国は自分の同盟国側について参戦することになった。戦争が勃発すると、それが二国間に限定されずに世界戦争に発展したわけは、この同盟関係に原因があったのである。

　1914年6月28日、オーストリア-ハンガリー領ボスニアのサラエボ（Sarajevo）を訪問していたオーストリア皇太子フランツ＝フェルディナンド（Archduke Francis Ferdinand）が、ガフリオ＝プリンチップ（Gafrio Princip）という名のボスニア人に暗殺された。この事件は、民族主義の衝突とオーストリア-ハンガリー帝国の拡大への対抗を如実に示している。この事件は、バルカン半島をめぐるドイツとロシアの対立を投影したものであった。さらにこの事件こそが、第1次大戦勃発の導火線となったのである。

　サラエボ事件の後、ドイツはオーストリア-ハンガリーに荷担し、ドイツが定めた規定どおりに行動するようにとの最後通牒を突きつけた。これは、セルビアを支援するロシアにとっては受け入れられないものであった。この対立が、それぞれに同盟を結んだ二つの勢力を対立させた。

　セルビアがドイツの要求を拒むと、オーストリア-ハンガリーはセルビアに宣戦布告した。

暗殺直前、ボスニアのサラエボを訪れた、オーストリアーハンガリーの皇太子フランツ＝フェルディナンドと皇太子妃。

第 1 次大戦の経過

　第 1 次大戦における侵攻で、ドイツはシュリーフェン計画（Schliffen Plan）によって軍事行動を起こした。これは、イギリスの挙兵の前にフランスよりも防御のゆるいベルギーを通過し、フランスを攻撃する計画であり、オーストリア－ハンガリーにはロシアの東方を攻撃させるものであった。こうしてドイツは大戦勃発当初には勝利をおさめた。同盟国側の侵攻は激しさを増し、主に二つの方向へと進んでいった。一つは近東方面で、軍事的要衝であるかつてのメソポタミアや、ダーダネルス海峡周辺である。もう一つはベルギーとフランス北部であった。

　大戦末期、ドイツは潜水艦を使いイギリスに無条件攻撃をしかけたが、効果は上げられなかった。1918年 5 月にアメリカが参戦し、同年 8 月にはドイツはすべての戦線から後退しはじめた。ドイツ内部では皇帝が倒され、共和政治が宣言されていた。第 1 次大戦は協商国側を勝者として、1918年11月11日に終結した。

第 1 次大戦のもたらしたもの

　多くの国家がこの戦争に参加したことで、戦いの激しさは増し、多くの人命が失われ、多額の損失がもたらされた。戦車がはじめて使われたほか、潜水艦、戦闘機、長射程用の大砲、機関銃、爆弾、毒ガスなど、あらゆる種類の武器が使用された。戦争の結果、ドイツ、オーストリア－ハンガリー、ロシア、トルコなどかつての大帝国は崩れ去った。2000万とも言われる人命が失われ、物質的損害も大きかった。戦争による死傷者のほか、伝染病や食糧不足で亡くなる人も多かった。この戦争は人類が経験してきたなかで一番大きな戦争であったので、大戦争（great war）、第 1 次世界大戦の名で知られるようになった。その他、アメリカが大国の地位に躍りでて、イギリスとフランスは弱体化した。ポーランド、チェコスロバキア、リトアニア、エスト

ニア、フィンランドなど、新興国も現れた。そして、国際連盟が発足した。

第1次大戦後の講和条約は、戦勝国側がそれぞれの敗戦国と別個に締結する形で、以下の5条約が結ばれた。

①ドイツと締結された　ヴェルサイユ条約（Treaty of Versailles）

②オーストリアと締結された　サン・ジェルマン条約（Treaty of St. Germain）

③ブルガリアと締結された　ヌイイ条約（Treaty of Neuilly）

④ハンガリーと締結された　トリアノン条約（Treaty of Trianon）

⑤トルコと締結された　セーヴル条約（Treaty of Servres）　セーヴル条約は、1923年のムスタファ＝ケマル（Mustafa Kemal）の革命のあと破棄された。そして新たに、ヨーロッパの支配を脱し完全独立を保証するローザンヌ条約（Treaty of Lausanne）を締結した。

第1次大戦後に最も重要な条約となったのは、ヴェルサイユ条約であった。この条約は、ドイツの領地変更、ドイツの軍事力削減、賠償金支払いの義務、国際連盟の発足などの内容からなった。このためこの条約によってドイツは大きな損失を強いられ、次の第2次大戦へと導く要因となった。

タイについては、大戦の初期、領土の安全と安定のために、ラーマ6世が中立政策を宣言した[1]。これは、戦闘地域がヨーロッパに限定されていたからであった。1917年7月22日、タイは同盟側に宣戦布告した。この参戦によって、タイは同盟国がタイ国内で保持していた治外法権を撤廃させることに成功し、戦争賠償金も手に入れた。さら

第1次大戦後、ヴェルサイユ宮殿の鏡の間でのヴェルサイユ条約調印の様子（出典：Chronique du 20 Siecle, p.260.）。

にパリ和平条約の調印国に名を連ねることができ、国際連盟の加盟国にもなった。こうして、協商国と結んでいた不平等条約を解消することもできたのであった。

第2次世界大戦（1939-1945年）

第1次大戦の大破壊は、世界中に二つの影響をもたらした。一つは世界大恐慌、そして世界中で繰り広げられた列強の植民地をめぐる紛争である。

第2次大戦の要因

第2次大戦は、第1次大戦のわずか21年後に勃発した。戦場はヨーロッパ、アフリカ、アジア、大西洋、太平洋に及んだ。これには数々の複雑な要因が絡み合っていた。

①第1次大戦後の講和条約の不備　第1次大戦の戦勝国も敗戦国も、条約の内容に満足していなかった。敗戦国は権益を損なうことに、戦勝国は受けとる権益に不満を感じていた。いずれも、条約の改定を要求していた。特に、ヴェルサイユ条約に束縛されることをよしとしないドイツは、領土や権益、損なわれた栄誉を回復しようとしていた。また新興国家は、それぞれ侵略の危機感を抱いていた。このような状態のなかで、ヨーロッパ各国は不安と相互不信に陥っていた。

②政治的イデオロギーの対立　民主主義政治と独裁体制の対立を指す。ヨーロッパの多くの国々は民主主義体制であったが、第1次大戦後の政治的経済的混乱から、国内問題を解決するために独裁体制を敷いた国も少なくなかった。ドイツとイタリアでは極右政権、すなわちファシズム（facism）政権が誕生し、ロシアでは極左、すなわち共産主義（communism）が台頭した。このイデオロギー対立により、同様の政治体制を持つ国同士が同盟を結んで、

そのことが第2次大戦を引き起こす要因となった。同様に独裁体制を敷くドイツとイタリアの同盟などが、第1次大戦以前のような国家の集団分けを生じさせた。

　③民族主義　　ドイツを厳しく罰するベルサイユ条約の不平等に、ドイツ国民は激しく怒り、ナチ党（NAZI）の党首アドルフ・ヒトラー（Adolf Hitler）を支持するようになった。彼の主な政策は、ヴェルサイユ条約を破棄し、ドイツを統合するというものであった。ヒトラーは首相に就任し、ドイツを頑強な第三帝国に発展させた。彼にとって、戦争は党の政策を遂行する手段であった。ヨーロッパの様々な地域に侵攻して、ドイツに統合させようとしたのである。第2次大戦直前、ドイツはライン地方を侵攻してオーストリアを併合、ズデーデン地方とスロバキアを手に入れた。さらにポーランドを侵攻し、第2次大戦の火ぶたを切った。イタリアと日本も、同様に侵攻を繰り返した。イタリアは、かつてのローマ帝国の範囲の領土を手に入れ、地中海をイタリアの領海にしようとした。そしてアフリカ北部へ侵攻し、リビアとエチオピアを併合した。一方日本は、大東亜共栄圏を確立しようとし、中国の満州などへ侵攻した。これらはみな、民族主義にもとを発する、自国の権威を築き上げようとする行為であった。

　④軍国主義　　軍事力の効率化のための軍備拡張は、国家間に緊張と相互不信をもたらした。戦争のための新しい技術や近代的な武器が、開発されていった。軍隊の侵攻が成功すると、軍国主義はますますほめたたえられた。

　⑤宥和政策（appeasement policy）　　イギリスの宥和政策を指す。列強のなかでもイギリスは、ドイツには一目を置いていた。しかし第1次大戦後の経済的政治的問題に直面したあと、ドイツは軍事力を

アドルフ＝ヒトラー。ドイツ第三帝国を打ち立てたドイツの指導者。

増強し、様々な地域に侵攻するなど、ヴェルサイユ条約を破棄する態勢に出た。イギリスは敗者ドイツの心情をくみとって、平穏を保つために宥和政策をとることにした。ドイツによる侵攻の危険があるにもかかわらず、イギリスにならってフランスも同様の政策をとらねばならなかった。このためドイツとその同盟国は、ますます侵略を繰り返した。

⑥国際連盟の弱体化　国際連盟の軍隊は、権威も実行力も持たなかった。その上、第1次大戦後に大国の仲間入りをしたアメリカが、国際連盟に加盟していなかった。このため、国連は戦勝国が敗戦国を罰するための政治的舞台と化し、独裁政権の侵略行為をとめる力を持てなかった。

第2次大戦の経過

第2次大戦は、連合軍と枢軸軍との二つに分かれて戦われた。前者はイギリス、フランス、ポーランド、アイスランド、ソビエト連邦、オランダ、ベルギー、ルクセンブルク、ギリシャ、ユーゴスラビアのヨーロッパ諸国と、重要戦力としてのアメリカから成っていた。後者は、ドイツ、イタリア、ブルガリア、ハンガリー、ルーマニア、フィンランド、アルバニアのヨーロッパ諸国と、日本で構成された。中立を守ったのは、スイス、トルコ、スウェーデン、ポルトガル、スペイン、アイルランドなどであった。

1939年9月3日にドイツがポーランドを攻撃し、第2次大戦の火ぶたが切って落とされた。ポーランドは、港市ダンチヒを要求するドイツを拒み、侵攻を妨害した。ポーランドの独立を保証する条約を結んでいた英仏は、ドイツのポーランドからの撤退を要求する最後通牒を突きつけた。しかしヒトラーは従わなかった。こうして英仏が同日ドイツに宣戦布告し、第2次大戦の勃発となった。主な戦場は、ヨーロッパ、北部アフリカ、太平洋であった。侵略は残酷を極め、先の大戦よりも多くの土地が被害を被った。一般の市民も困難に直面した。個人は政府に奉仕させられ、労働力も厳密に管理された。経済生活も困難を極めた。軍事戦術は、人力よりもテクノロジーによるもの

であった。封鎖して爆弾を落としたり、宣伝政策に頼るよりも、威力的な武器の使用に重点を置くようになった。近距離ミサイル発射機能のある戦闘機や、無人戦闘機、そして史上初の核爆弾が使用された。

　戦争開始後、資源や兵力に限りのあるドイツは、迅速な勝利を目標に電撃戦（Blitzkrieg, lightening war）を展開した。そしてポーランド、オランダ、ベルギー、デンマーク、ノルウェー、フランスに対し次々勝利をおさめた。1940年8月から10月にかけての史上最大の航空戦とも言われる戦いにおいて、ドイツはイギリス空軍を撃退した。1941年6月にはソ連に侵攻した。大戦初期（1939-1941年）には、連合軍は各地で敗北を喫した。

　大戦開始当初は、アメリカは中立を保持していた。しかしヨーロッパで連合軍が劣勢に立つと、アメリカはイギリスを支援しはじめた。1941年12月7日、日本がアメリカの太平洋における基地である真珠湾を攻撃すると、アメリカも参戦した。アメリカの参戦は、連合軍に兵力、武器、軍需物資、食糧などをもたらし、その勢いを回復させた。1942年半ば以降、連合軍は勝利をおさめはじめた。

　ドイツは、ソ連のスターリングラードで最初の敗北を喫した。その後、連合軍がフランスのノルマンディーに上陸すると、ドイツは西方と東方を封鎖された。そして1945年5月7日に降伏し、ヨーロッパにおける第2次大戦は終結した。

　一方太平洋では、日本が東南アジア地域を勢力下におさめていた。主な対戦相手は、アメリカであった。ヨーロッパでの戦争が終結すると、連合軍は日本の広島と長崎に核爆弾を投下することで、太平洋戦線の侵攻に終止符を打った。1945年8月14日、日本は降伏した。

　タイは、枢軸軍の同盟国であった日本に、1941年12月8日侵攻された。プレーク＝ピブーンソンクラーム率いるタイ政府は、日本軍がタイ領を通過しビルマとマレーへ向かうことを認めざるをえなかった。タイは、日本に対抗するだけの充分な力を持たなかったのである。

第9章　国家間の協力と相互依存 — 305

　そしてタイは、自己防衛のために日本と同盟を結んだ。当時、東南アジア全域は、あまねく日本の勢力下に置かれていたのである。また、1942年1月25日には英米に宣戦布告をした。このため、タイも連合軍の攻撃対象となった。

　政府のこの決断によって、タイの一部の官僚、政治家、一般市民は国内外で反政府運動を開始した。この運動を、自由タイ運動［Khabuankan Seri Thai］（Free Thai Movement）という。この運動は、タイの独立を守り、英米が戦争に勝利してもタイが損害を被ることを防ぐことを目的としていた。

　日本が降伏すると、摂政プリディー＝パノムヨンは、英米への宣戦布告は無効であると宣言した。しかしイギリスはこれを認めず、タイがイギリスに対し米150万トンを送り、150万ポンドの賠償金を支払うこと、さらに死の鉄道[2]を買いとることで、両国間の交渉は成立した。またその後、さらにイギリスとインドに対する522万4220ポンドの賠償金が追加された。

プレーク＝ピブーンソンクラーム。枢軸国側にくみし、第2次大戦に参戦した際のタイの首相。

プリディー＝パノムヨン。第2次大戦中、ラーマ8世の摂政を務めた。

第2次大戦のもたらしたもの

　大戦後の6年間は、世界はこれまでにないほど荒廃していた。戦争で死亡した兵士は、1700万人、民間人の死亡者数もこれに近い数字であった。戦闘や爆撃による死者のほかに、多くの人びとが強制収容所で殺害され、虐待を受けた。特にユダヤ人、ポーランド人、チェコ人、ロシア人は、ナチによって数百万人も殺された。広範囲に及ぶ戦闘と航空機による爆撃によって、街や家が破壊され、想像を絶する額の損害が出た。

　また、政治も経済も、社会も激変した。西ヨーロッパは戦災で荒廃し、アメリカとソ連が、ヨーロッパ諸国に代わって大国の地位に躍りでた。そして国際連合が発足し、世界の安定を守る役割を担うこととなった。

　第2次大戦が世界政治にもたらしたものは、冷戦（Cold War）の開始であった。冷戦は、自由主義諸国を代表するアメリカと、共産主義諸国の指導者ソ連という、二つの超大国の間に生じた政治的イデオロギーのちがいがもたらす対立である。最初にソ連が、東ヨーロッパなどの諸国の統治に介入することで、共産主義の拡大政策を遂行した。これに対しアメリカは、世界中の共産主義勢力を封鎖してこれらに対抗する政策をとり、ソ連の政策を阻止する姿勢をとった。

　冷戦は、2大超大国の軍事競争のみに体現されただけではなかった。世界中の様々な地域に、米ソの軍隊が派遣され、駐屯基地が築かれた。のみならず、発展途上国への勢力拡大競争も行われた。米ソは途上国に対し金や武器、技術の支援を行い、自ら志願して出かけて働き、見返りを要求しなかった。

　2大超大国の競争は、世界中のあらゆる地域に影響をもたらした。そして国家間の緊張が紛争を引き起こし、それがさらに大きな戦争に発展することが繰り返された。

第2次世界大戦以降

インドシナ戦争

　インドシナと呼ばれる地域は、ベトナム、カンボジア、ラオスの3国からなり、19世紀半ば以降はフランスの保護国であった。第2次大戦終結後、独立を目的とした救国運動［khabuankan ku chat］が起こった。1945年、ベトナム民族運動の指導者ホー・チ・ミンが独立を宣言し、ベトナム北部のハノイに新政権を立てた。しかしベトナム南部では、フランスの支持を得たバオダイ帝が、やはり政権を樹立した。双方の対立は拡大し、武力闘争が、外部の大国の支援を得て激化した。北部はソ連と中国、南部はフランス、イギリス、アメリカから支援を得ていた。

　ベトナムの内戦は大規模なものとなり、世界の2陣営の諸大国、つまり自由主義陣営のアメリカと共産主義陣営のソ連と中国の直接対立となった。この戦争はラオスとカンボジアにも進入し、インドシナ全域を巻き込んだものとなった。インドシナ戦争は、第2次大戦後に勃発した紛争のなかでも最も熾烈を極めたものであったと言える。ついに1975年、アメリカはベトナムから撤退、共産主義政権の勝利に終わった。長きにわたる戦争による損害と荒廃により、ラオス、カンボジア、ベトナムのインドシナ3国は、復興に際して多くの問題を抱えることとなった。

ホー・チ・ミン。ベトナム民族主義運動の指導者。

バオダイ帝。ベトナム最後の皇帝。

朝鮮戦争

　第2次大戦の終結後、朝鮮は他の多くの国と同様、大国による統治を受けた。1945年、北部朝鮮ではソ連の統治が、一方南部ではアメリカによる統治がはじまった。しかし1948年、北部と南部は北緯38度線により分断され、双方は独立した国家となった。しかし両陣営への大国の影響力は続いていた。

　1950－1953年の間、ソ連と中国の支援を受けた北朝鮮と、アメリカと国連軍の支援を得た韓国との間には、何度も衝突が起こった。1953年7月27日、板門店での休戦協定の調印によって武力衝突に幕が下ろされ、朝鮮は永久的に分断されることとなった。相互のわだかまりは残ったままであるが、統合への努力もはじまっている。

中東戦争

　西南アジアの一部である中東地域は、大国が勢力争いを繰り広げる戦略的な地域であるばかりでなく、重要な軍需物資である石油資源に恵まれた土地であった。

　イスラエルが建国を宣言した1948年、この地域に戦争が勃発した。戦争はアラブ諸国とイスラエルとに分かれて戦われた。この地域の戦争は断続的であった。1967年には6日間だけの戦争があった。また1979年にエジプトとイスラエルの間で平和条約が締結されたが、戦闘は続き、この地域の住民に困難と憎しみをもたらした。そのほかに、中東は同じイスラム教国どうしの対

立の問題も抱えている。イランとイラクの戦争や、イラクとクウェートの戦争などである。イラクがクウェートに侵攻すると、アメリカがイラクを撃退し、1991年にクウェートを占領した。この戦争は、第3次世界大戦の勃発の危機であった。

アフリカ

第2次大戦の終結後、西側諸国から解放されたアフリカには、弱く遅れた、しかし資源の豊かな独立国が生まれていた。そのためにアフリカは、様々な対立問題から生じる困難に直面することになった。例えば、南アフリカの人種隔離の問題は、現大統領フレデリク＝デ・クラークの政権が改善を図っている。黒人どうしの部族間の対立は、内戦を勃発させている。例えば、ナイジェリアでは1967年にビアフラ共和国の分離問題が起こった。また、大国の勢力争いにもさらされている。例えば、アンゴラ・ザイール問題は、アメリカとソ連の対立から生じた。しかし、現在では世界情勢も変化し、対立問題は緩和されつつある。そのほか、ソマリアとエチオピアの間のオガデンをめぐる国境問題などが起こった。

上記のような国際的対立に加えて、現在では国内の対立問題も散見される。これは、民主主義政治を要求する学生の政治運動によるものである。例えば、韓国、中国、ビルマなどでは、政府が軍部や警察を使い、力で自国の学生運動を激しく弾圧した。また、1990年のソ連における政治的経済的変化によって、ソ連から様々な共和国が独立した。こうして、冷戦状態は終結した。

協力、依存、平和

平和維持の思想

　大規模戦争によって人類は、戦争の危険性は当事者どうしのみならず、共同体全体に及ぶのだという教訓を得た。そして、世界平和の維持は、すべての国々の共通の責務であり、国々は協力して、将来の武力行使を抑止していかねばならない、ということになった。このような世界平和の考えかたは、19世紀の初頭にすでに生まれていた。この時代にはナポレオン戦争という悲惨な戦争の経験があったからである。この世界平和の考えかたには、次のような四つの柱がある。

　①武力削減（disarmament）　武力削減によって、国家間の武力闘争を阻止しようとする考えである。これにはいくつかの段階があって、特定の武力の削減、総合的な武器の量の削減、武力の質的削減、そして最も本格的な、武力の完全放棄などがある。

　②集団安全保障（collective security）　複数の国が協力体制を組み、そのなかの一国が危機に脅かされた場合、協力体制にある国々が共通の行動基準をもって、その脅威を解消させるよう努めるとするものである。しかし、この行動基準は、次のようなときに限り有効である。

　・協力体制は、侵害からの防御のために常に強固なものである必要がある。

　・協力体制にあるそれぞれの国々は、安全体制における真の共同の利益を理解していなければならない。

　・協力体制にある国は、いかなる場合にせよ共同の利益を守るためには、自国の政治的利益を放棄しなければならない。

　③国際法廷の設置　国家間の対立が戦争につながるのは、その対立を解

消するメカニズムが欠如しているからである、とする考えによる。19世紀末から、国家間の裁判を担当する組織を設置する努力がなされるようになった。1898年には仲裁裁判所（Permanent Court of Arbitration）、1919年には常設国際司法裁判所（Permanent Court of International Justice）、そして1946年には国際司法裁判所（International Court of Justice）が設置された。しかし、国際法廷は、国家間の対立を解消できるだけの効率性を持っているとは言い難い。いずれの国も、国際法廷の重要性を理解する以前に、各国の利害を先に考慮してしまうからである。

④平和的手段による変革　この考えは、国家間の対立は平和的方法により解決できるとする信念によるものである。しかし、それぞれの国が平和的に対立を解消させようとするには、次の三つのような条件が必要である。

・各国では、一般世論が自由に形成されていなければならない。

・各国は、一般世論の圧力に応じることのできる政治的経済的組織を備えていなければならない。

・各国では、暴力に訴えることなき社会的圧力の発現がもたらすものを、管理、抑止しなければならない。

以上の四つの考え方は、完全に実現させることは難しい理想である。それぞれの国は妥協して上のような考えかたを容認するよりも、まず自国の利権を保護しようとするからである。しかしこのような考えかたは、ある一定のレベルでは国家間の対立を解消するのに役だつ、基本的なものなのである。

世界平和保持のための組織の形態

上記の4項目の原則以外にも、世界平和保持のための具体的な媒体組織を設置する提案がなされている。

①国際政府（international government）　諸々の公共の法や秩序の維持のために、普遍的公正を司る機関として世界各国から特権をゆだねられた組織である。このような考えかたは、19世紀のナポレオン戦争後に結成された神

聖同盟（Holy Alliance）、第1次大戦後の国際連盟（League of Nations）、そして第2次大戦後にできた国際連合（United Nations）などに示されている。

②世界政府（World Government）　世界の各国が、自国の主権（sovereignty）を中央政府にゆだねるという、世界共同体の最も完全な形態である。

世界政府は、以下のような三つの原則を備えたものである必要がある。

・部分的な利益よりも、総合的な利益や必要性を重く見なければならない。

・人びとは、中央政府の理論と公正さを信頼し、共存しなければならない。

・世界政府は、平和を維持し対立を排除するために強制力を行使する際の基準を持たなければならない。

実際に世界政府を実現させるに当たっては、世界のあらゆる国が承認できる最高法規を制定することからはじめなければならない。

しかし、世界政府が発足するとすれば、それは普遍的に人権が確保された状況が整うときでなければならない、とする考え方もある。つまり、衛生状態を改善し、生産性を向上させその利益がすべてにゆきわたるようにしなければならない、とする。そして各国が分断されず、団結しており公共の利益を重んじていれば、最終的に世界政府のための重要な基盤となる、としている。人権の確保のための環境は、これに責任を持つ機関がなければならない。このような機関は、これまでに国際連盟や国際連合として設立されてきた。

国際連盟（League of Nations）

第1次大戦は、世界と人類に数えきれない損失を与え、世界各国に平和のための協力が必要であることを理解させた。しかし、各国は何人も犯すことのできない主権を持っている。このため、平和維持と国際的安定という目的達成のために、適切な実行力を持つ組織を設立する必要があった。このような考えから、1919年に国際連盟が発足した[3]。

当初、国際連盟の呼称はごく限られた数の人びとの間で使われていたにすぎなかった。国際連盟という考えかたを認め、本格的に発足させようとして

いたのは、ごく数人の政治家だけだったのである。この人びとのなかには、アメリカのウィリアム・H＝タフト大統領（William H. Taft）、イギリスのエドワード＝グレイ（Edward Grey）、ロバート＝セシル（Robert Cecil）らがいた。

1918年、アメリカ大統領ウードロウ＝ウィルソン（Woodrow Wilson）が14か条を提案し、協商側の国々の同意を得ていた。14か条のなかには、「世界各国の政治的主権を相互に保証し、大小の国々の平等な国土復興を尊重するための、国際機関」を設立する旨が示されていた。フランスとイギリスも、この機関設立のための準備委員会を設置した。

ウードロウ＝ウィルソン米大統領。第１次大戦を終結させるための14か条の提唱者。

南アフリカの政治家Ｊ・Ｃ＝スマッツ（J. C. Smuts）も、国際連盟設立に当たって重要な役割を果たした。彼は著書『国際連盟 実践的提案（The League of Nations: A Practical Suggestion）』を1918年に出版し、そのなかで、国際連盟は戦時における和平使節よりも重要な役割を果たすだけでなく、「平時における平和維持のための重要な機関」でなければならない、と述べた。その後長い時間をかけて、国際機関の主な役割は、人びとの生活状態を改善し、恒久平和を保証することであるとされるようになった。

国際連盟は、ウィルソン大統領が第１次大戦末期にドイツに対し提示した、14か条の規定に基づく理念にしたがって、世界平和を維持することを目的として発足した。そして、加盟国の政治的独立と国土復興の保護と、武力削減を実現するための柱となった。これは、復興と平和維持のために各国が協力し、世界レベルの機関を設立させた最初のでき事であった。前述のように、いくつもの国が大戦によって大きな損害を被ったからである。

国際連盟は、スイスのジュネーヴに本部が置かれ、次のような主な部局が設けられた。

　①総会　　すべての加盟国の代表からなる本会議である。各国の代表は、それぞれ一票を有する。

　②理事会　　常任理事国のイギリス、フランス、イタリア、日本、ドイツ（1926年に加盟）、ソ連からなる。アメリカも理事会入りが期待されていたが、国内の政治問題のため、結局理事会入りはなされなかった。また、総会で選出される交替制の第2種理事国もあった。当初は4か国だけだったが、1922年には6か国、1926年には9か国に増えた。

　③事務局　　ジュネーヴにて事務を執行する。

　④国際司法裁判所　　オランダのハーグに置かれた。総会で選出される15人の裁判官から成り、加盟国間の紛争を審議する任務についた。

　そのほかにも国際連盟は、紛争の平和的解決や経済、社会面での協力を促すための専門的業務を執行する、数多くの部局を備えていた。

　しかし、国際連盟に与えられた予算は、年にたった550万米ドルでしかなかった。これは、特に裕福な加盟国が、様々な面で出費をおさえようとしていたからであった。

　1920年、最初の加盟国42か国を得て、国際連盟は初の総会を開催した。この加盟国は、第1次大戦における協商側諸国と中立国、そして第1回総会に招待された国々であった。その後、敗戦国と加盟を希望する小さな国々を加えて、18か国が新たに加盟した。

　国際連盟の業務は、社会的問題の解決においては成功をおさめていた。一方政治的問題に関しては、小国どうしの紛争の抑止には成功したものの、大国どうしの対立問題の解決には力が及ばなかった。国際連盟の平和問題に関する業務執行が成功しなかった主な原因は、次のようなことである。

　①戦勝国と敗戦国とでは精神状態が異なっていたため、互いに激しく非難し合った。イギリスとフランスは、ドイツに対する激しい制裁を希望してい

た。またドイツは、制裁は度を越えた報復と虐待であるとして、これを非難した。

　②大戦後の経済状態のひどさは、限界に達していた。このため各国はわれ先にと復興にまい進しており、妥協し合うことは難しかった。

　③各国は自国の主権をあまりに固く防護しており、国際連盟が平和維持のための政治的手段を打開することを阻んだ。

　④アメリカの議会がヴェルサイユ条約の批准を拒んだため、アメリカは提唱者にもかかわらず、ヴェルサイユ条約の一部である国際連盟に加盟できなくなった。このため国際連盟は、アメリカからの経済的軍事的支援を得ることができなくなった。また、発足当初は国内統治のイデオロギー的問題を抱えたソ連と、敗戦国ドイツも加盟していなかった。

　また、規約に違反した国に対する制裁基準も、絶対的なものではなかった。このため加盟国は、連盟に不信を抱き、連盟の決議に従わなくなった。1931－1932年の日本の満州侵略や、1935年のイタリアのエチオピア侵略の後、両国とも連盟が抗議するとこれから脱退した。ドイツも、軍備拡張を急いで連盟から脱退した。

　国際連盟は、スペイン内戦、日本の中国侵略、オーストリア・チェコスロバキア・アルバニアの枢軸側への併合などが進むにつれ、第2次大戦前までに徐々に弱体化していった。第2次大戦末期、連合側の指導者たちは新たな国際機関を発足させることを決め、1945年10月、国際連合が成立した。国際連盟は6か月間存続し、1946年4月19日に解体した。国際連盟は、世界規模の平和構築のための、人類の努力の発現であった。連盟の理念と目標は、その後の国家対立の問題の解決と予防の役割を担う国際連合に受け継がれることになった。

国際連合（United Nations）

　1945年4月25日、アメリカのカリフォルニア州サンフランシスコで開かれ

アメリカ・ニューヨークにある国際連合本部。

た国際会議において、中国、ソ連、イギリス、アメリカが示した提案から、国際連合憲章が採択された。この憲章には上記4か国のほか、フランスほか46か国による批准を得、同年10月24日の会議でも多数票を集めた。この日を国際連合発足の日としている。

国連の理念と加盟国

　国際連盟の理念を受け継ぎ、最も大きな基本的目標として、世界の安定と平和を維持し、様々な国家どうしの友好関係を促進することを掲げている。この目標の基盤となるものは、経済、社会、文化などの面での国際問題を解決するための世界共同体という協力関係を築く上で、各国は対等であり、自主的な政策決定を行うものである、という考えである。

　国連は各加盟国の主権を尊重し、いかなる対立も平和的な同意のもとに解決する努力をしなければならない。加盟国は、問題解決のために武力に訴えたり、武力を用いるようけしかけたりしてはいけない（これは国連憲章にも記された基本事項である）。また国連では、いかなる国家の治安維持にも介入してはならないと言明している。また、国連憲章には非加盟国の権利の付与に関する項目もあり、非加盟国への権利付与も世界平和と世界共同体の安定について必要であると述べてある。

主な国連の組織

　主な組織には、総会、安全保障理事会、経済社会理事会、信託統治理事会、国際司法裁判所、事務局の六つがある。

　①総会（General Assembly）　　総会は、すべての加盟国の代表から成る会

議である。代表は各国5名である（ただし1国1票）。いかなる議題の決議についても、議題の重要度に応じて、多数決か全会の3分の2の票数を必要とする。

　総会は、国連の業務の方向を決定する場である。具体的には、上記の国際裁判所以外の四つの理事会から様々な件に関する報告書を受けて、これらの組織の意思決定と執務実行の指令を行う。総会では、国連の予算の管理と、経済社会理事会、安全保障理事会、信託統治理事会の各理事国の選出を行う。

　総会には、安全保障理事会とともに事務総長や国際司法裁判所の裁判官を選出する。また、総会と安全保障理事会は、国連憲章を改定する権限を持つ。

　毎年定期総会があるほか、臨時総会も召集される。また効率的な組織運営のために、手続委員会、特設委員会、機能委員会、専門委員会などいくつもの委員会を設ける。

　②安全保障理事会（Security Council）　国連憲章に基づき、安全保障理事会は世界平和と国家の直接的関係の安定維持のための役割を果たすとされている。理事会の会員は、中国、フランス、イギリス、ソ連、アメリカの常任理事国と、総会から選出され任期が2年間の非常任理事国6か国から成っていた。非常任理事国は、選出に際して地理的に分散させることを原則とし、また政情が安定していることを条件としている。

　国連の加盟国は増え続けたので、加盟国間での任務の割り当てについて問題が生じるようになってきた。このため、現在非常任理事国の数は10か国にまで増加した。安全保障理事会は、世界の安定と平和を脅かしかねない国家に介入し違反事項の調査をする権限があり、また加盟国に対して違反した国に経済制裁を加えるよう要請することができる。また、紛争抑止のために軍事的手段を講じる決定をする権限さえある。

　このような決議を行う場合、安全保障理事会では、常任理事国5か国を含む9か国の賛成を必要としている。

　安全保障理事会の議長は、毎月交替制である。

③経済社会理事会（Economic and Social Council）　国連加盟国すべてに関し、経済、社会、文化、人権などにおける協力体制を司り、連携を図る任務を持つ。

経済社会理事会は、27か国からなる。総会において毎年9か国が選出され、それぞれ任期は3年である。年に少なくとも2回の会議があり、特別会議が召集されることもある。

経済社会理事会は、任務や地域に応じて分けられた小委員会を有する。ヨーロッパ、アジアおよび極東、ラテンアメリカに分けられている。任務は、これらの地域レベルに応じて社会的経済的問題を研究し、助言を与えたり実務を遂行したりすることである。

④信託統治理事会（Trusteeship Council）　信託統治を受けている地域の行政に関する助言を与える権限を持つ（国連は、ある地域について、そこの人びとが将来的に自治を行えるように、様々な国にその地域の統治を委任している）。

信託統治理事会は、信託統治を委任されている国、安全保障理事会の会員（信託統治は委任されていない）、および総会から選出される国（任期は3年）から成る。信託統治領に向けて調査団を派遣し、その地域に助言を与える権限を持つ。ただし毎年総会において業務報告をしなければならない。

⑤国際司法裁判所（International Court of Justice）　国連の法を司る機関で、安全保障理事会を含む総会において選出する15人の裁判官から成る。裁判官の出身国は重複してはならず、任期は9年であるが、おおよそ再選されている。

任務は、次の二つである。
・様々な規約や条約に則し、法的違反行為を審理し、各国に警告を与える。
・総会、安全保障理事会、その他国連の部局の要請に応じて、法律に則した助言を与える。

⑥事務局（Secretariat）　事務総長は、安全保障理事会の推薦に応じて総

会で選出され、任期は5年である。現在の事務局長は、1992年に就任したエジプト出身のブトロス＝ガリ（Butros Gali）である。事務局の任務は、世界平和に関するあらゆる政治的問題やその他の問題にかかわることである。事務局は、国連の様々な組織の執務や業務の柱となっている。

　以上の6機関のほか、国連は専門事項に応じる特別機関を有する。国連難民高等弁務官（United Nations High Commissioner for Refugees, UNHCR）、国連開発計画（United Nations Development Project, UNDP）などである。
　特別専門機関は、国連が各国の国民の生活と福祉の向上のために、協力して国際的業務を展開し、専門的実務を遂行するよう設立したものである。特別専門機関には、国連の経済社会理事会が参加し、様々な部局を通過してきた問題に関心を払って、政治的任務以外の国連組織の任務を連携させる。このような機関には、次のようなものがある。
　まず、国際金融基金（International Money Fund, IMF）、国際復興開発銀行（International Bank for Reconstruction and Development, IBRD）、世界銀行（World Bank）、関税と貿易に関する一般協定（General Agreement on Tariffs and Trade, GATT）がある。
　上の3機関は、第2次大戦後、戦災からの迅速な復興のために経済面での協力体制を築くことをはかって発足した。その後これらの機関は、最貧国に対する援助という面で任務を守り続けている。
　政治経済的機関のほか、国連には社会経済面での業務を行う機関も有する。国連経済社会理事会（Economic and Social Council of the United Nations, ECOSCO）は、さらにその下に、世界の人びとの保健衛生水準の向上を目ざす世界保健機構（World Health Organization, WHO）、農業と一般庶民の食糧事情の改善を目ざす国連食糧農業機関（Food and Agriculture Organization of the United Nations, FAO）、教育と文化を特に重視する国連教育科学文化機関（United Nations Educational Scientific and Cultural Organization, UNESCO）

などを持つ。

国連の成功と問題

　第2次大戦後、国連は数多くの国家間対立の問題を解決してきた。例えば、1961年のキプロス問題への介入などがあげられる。南アフリカのアパルトヘイトに対する抵抗として、南アフリカへの武器輸出を停止することを要請した。また中東のイスラエルとアラブ諸国との戦争抑止と、和平のための基盤づくりにも役割を果たした。

　しかし現実には、紛争当事国どうしが紛争の中止を希望したときにこそ、国連は交渉の仲介者としての役割を果たすことができるが、国連は対立そのものをおさえることができない、ということがわかる。

　次に、完全な平和の達成を阻む、国連が抱える問題について述べる。

　①国連安全保障理事会の紛争抑止権の行使についての問題　安全保障理事会は、常任理事国5か国のうち、過半数の同意を得た際には、常任理事国に特別な紛争抑止権を授けている。しかし、常任理事国が自国の直接の利権保護のためにこの抑止権の行使の是非を左右することが可能になるため、様々な対立の解決が困難になっている。現在、大国の抑止権に対する批判と撤廃要求が出ているが、国連はまだこれらの加盟国の要請にはこたえていない。

　②平和維持業務のための出費の問題　国連の収入は、加盟国がその経済的状況に応じて支払う分担金によっている。しかし、国連が武力介入して問題解決に当たらなければならないような緊急時には、経費を賄いきれない。例えば1956年のイスラエル・アラブ紛争では、アメリカが1年に1500万ドルもの出費を強いられた。総会では、債権や加盟国からの資金援助に依存せざるをえなくなった。そのほかにも、加盟国の分担金の支払いは不定期になっていた。国連規約第19条は、分担金を2年間滞納すると議決権を喪失すると明言している。しかし、加盟国の脱退を危惧してこの条項が行使されたことはなかった。このため、世界平和のための業務は充分に機能せず、万が一の

場合大国が脱退するようなことがあれば、国連は機能しなくなってしまう。
　③絶対的強制権の欠如　　国連は世界の対立問題解決のために各国の同意のもとに発足した国際機関であるが、現実には、いかなる国家よりも勝る権力を持っているわけではない。このため、いずれかの国が自国の利益のために国連の決議に反することをした場合にも、国連はこの国の行動を拘束する権限を持たない。加盟国が分担金の支払いを拒んだとしても、国連は支払いを要請することしかできないのである。
　④業務範囲の限界　　国連はいかなる国であれ国内事情に介入することはできない。しかし現実の国際社会では、どこかの国の国内事情や内紛が、近隣諸国や世界中にさえも影響を及ぼすということが常なのである。このため、このように国連の権限に限界があることは、世界平和を維持するための業務執行権を持たないことと同様なのである。
　現在、ある国が別の国を侵攻する場合には、第三者の介入をけん制するために「内的事情である」という主張をすることが多い。例えば、1979年のベトナムのカンボジア侵攻、同年のソ連のアフガニスタン侵攻では、ベトナムもソ連も、カンボジア政府、もしくはアフガニスタン政府の要請を受けてのことであると主張した。このため国連は介入する権限を持てなかった。国連に可能だったことは、ベトナムやソ連の行動に対する見解を表明し、カンボジアやアフガニスタンから軍を撤退するよう提案することのみであった。ソ連は当然これを拒否した。
　最終的には国連は、避難民の大規模な救済という末端の業務にしか参入できなかった。
　⑤大国の介入　　大国は安全保障理事会における紛争抑止権行使という特権を持っているばかりではなく、自国の利益のために様々な機関に介入しようともしている。例えば、世界銀行に最も多額の資金援助をしているアメリカは、世界銀行がどの加盟国に資金援助をするかを審議する際、自国の判断を主に通そうとする。さらに、アメリカと対立関係にあったり共産主義に傾

いているような発展途上国に、資金援助がなされようとすると、アメリカは世界銀行への援助を断絶しようともする。

またあるときは、途上国が提出した計画書に応じて世界銀行の資金援助が許可される場合、世界銀行はアメリカの意見に基づいて計画書を改善するよう途上国に求めることになる。すると、ある程度アメリカの利害を反映した開発計画が策定される途上国も出てくる。非難を受けたアメリカが世界銀行での役割を減じさせているとはいえ、このような問題はまだ解決できていない。

その他の協力機構

国際平和の維持を目的とする機関、国際連合のほかにも平和と安定を目ざす地域レベルの国際機関が結成されている。例えばアフリカ統一機構（Organization of African Unity, OAU）には、アフリカ大陸の50か国が参加し、政治面や経済面での協力を目的としている。また非同盟運動（Non-Aligned Movement, NAM）は、アメリカ陣営にもソ連陣営にも、またヨーロッパ評議会にもくみさない発展途上国間の協力を掲げている。目的は人権擁護、ヨーロッパ地域のより密接な協力体制建設の促進、ヨーロッパ諸国の政治的経済的意見の表明などである。そのほか民間組織にも、世界の平和維持や人びとの対立の抑止を、国を問わず働きかけることを目的としているものがある。例えば世界赦免機構[4]は、政治犯の解放や世界の様々な国での人権侵害の調査などに重点を置いた活動をしている。

現在（1992年）の情勢下においては、学習すべき重要な役割を持つ協力機構には次のようなものがある。

ヨーロッパ共同体（European Community, EC）

ヨーロッパ共同体は、次の三つの条約をたどって発足したものである。

①パリ条約　1951年4月18日に調印され、ヨーロッパ石炭鉄鋼共同体（European Coal and Steel Community-ECSC）が発足。

②ローマ条約 1　1957年3月25日に調印され、ヨーロッパ原子力共同体（European Atomic Energy Community-EURATOM）が発足。

③ローマ条約 2　1957年3月25日に調印され、ヨーロッパ経済共同体（European Economic Community-EEC）が発足。

ヨーロッパ共同体には、ベルギー、デンマーク、フランス、ドイツ、ギリシャ、アイルランド、イタリア、ルクセンブルク、オランダ、スペイン、ポルトガル、イギリスの12か国が加盟している。

共同体の目的としては、戦争の影響による衰退から脱し、ヨーロッパを総合的に発展させるため、経済や技術の側面での協力を深めることが掲げられている。

これらの加盟国のなかでも経済のちがいが協力の足かせとなっていることがある。しかしヨーロッパ共同体では、ヨーロッパ外の諸国との揺るぎない貿易関係構築のため、1992年12月以内には、ヨーロッパを一つの市場にすることを目ざしている[5]。

東南アジア諸国連合（Association of Southeast Asian Nations, ASEAN）

ASEANは、東南アジア諸国のインドネシア、マレーシア、フィリピン、シンガポール、タイが結成した連合体である（後にブルネイも参加）[6]。ASEANはバンコク宣言（Bangkok Declaration of 1967）により発足した。目的として掲げられたのは、政治、経済、文化、社会開発における協力、特に国家間の政治的問題の解決であった。

だがその後、これらの国々の経済的関係が徐々に重要性を増すようになった。1977年、ASEAN蔵相会議（ASEAN Economic Ministers）が発足し、次のような相互の経済的協力を促進する様々な計画が策定された。

①ASEAN工業計画（ASEAN Industrial Project, AIP）　1976年に策定され、加盟国の工業化促進を目標とした。インドネシア尿素肥料計画、マレーシア尿素肥料計画、タイ塩化物肥料計画、フィリピン銅工業計画など。

②ASEAN特恵貿易取決め（ASEAN Preferential Trading Agreement, APTA）

1977年に成立し、加盟国間の輸入税率の削減における特恵を目的としている。

③ASEAN工業補完計画（ASEAN Industrial Complementation Scheme, AIC）

1981年に開始。自動車部品の生産業の整備と、それぞれの加盟国における自動車部品市場の均衡をはかることを目的とした。これにはトヨタ、三菱、日産、ボルボ、ベンツ、デフ[7]、ルノーなどの民間企業が計画の遂行に参加した。

④ASEAN共同工業投資（ASEAN Industrial Joint Venture, AIJV）　加盟国における民間企業の共同投資促進を目的とし、1988年に開始。協力国どうしの貿易関税の特別減税などを盛り込んだ。

⑤ASEAN自由貿易圏（ASEAN Free Trade Area, AFTA）　ASEAN諸国は、上述のようなAPTAの特別税措置など、地域での経済協力を重視した計画を策定してきた。しかし、このような本格的な協力体制も効果を上げることはできなかった。このため1991年、タイ政府は、アナン＝パンヤラチュン首相のもとで、ASEAN自由貿易圏の設定を押し進めた。この提案は、1992年1月27－28日のシンガポールでのASEAN首脳会議において、ASEAN諸国政府の同意を得た。

AFTAは、ASEAN地域内での自由貿易振興を目的としている。相互に関税率を最低レベルまで引き下げる一方、様々な貿易障壁を設けようとした。また自由商業区域は、外国の投資家のASEAN地域への投資誘致、そして、ASEAN地域を自由主義的な世界経済の情勢に対応できる地域にすることを目的としていた。

AFTAは、1999年（開始から7年後）までに関税率を0～5％にまで引き下げるという、明確な行動計画を打ちだしていた。そしてより具体的な効果を得るために、7年の間に他に先駆けて減税をする15種類の品目を次のように規定していた。

タイの提案した減税対象品は、①セメント、②肥料、③皮革製品、④パル

プ、⑤繊維製品、⑥宝飾品、⑦電器製品およびエレクトロニクス製品、⑧木製および籐製家具。

　他のASEAN諸国の提案したものでは、⑨植物油（マレーシア）、⑩ゴム製品（マレーシア）、⑪化学製品（シンガポール）、⑫医薬品（シンガポール）、⑬プラスチック（シンガポール）、⑭セラミック製品（インドネシア）およびガラス製品（フィリピン）、⑮銅製電極（フィリピン）。

　さらに農業製品は、低い税率におさえたり関税を免除したりして保護することとなった。これは、脆弱で自由競争に太刀打ちできない各国の農業を、自由貿易の打撃から保護するためであった。

　自由商業区域の設定は、次のようなプラスの面とマイナスの面での効果がもたらされると考えられる。

　プラスの面では、次のようなことが考えられる。

　①各国の小さな国内市場の拡大、②投資の拡大、③競争力の向上と新興工業の開発、④ASEANの商業保証力の向上、⑤生産と商業における競争による、消費者の利益の維持。

　マイナスの面では、次のようになる。

　①生産や商業の競争によって、ある種の産業は衰退し、他の産業に変わってしまうかもしれない、②生産の拡大と自由競争により、原料不足が発生しかねない。

　しかし、プラス面とマイナス面を見比べてみると、自由商業区域の設定によっては、ASEAN諸国にもたらされる利益の方が大きいであろうということがわかる。

太平洋経済協力会議（Pacific Economic Cooperation Conference, PECC）

　日本とオーストラリアの実業家たちが、商業や投資の調査や官民の協力促進のための経済評議会として発足させた太平洋経済協力委員会（Pacific Basin Economic Council, PBEC）をもととして、1980年に発足した。

　PECCは、学者や実業家、政府関係者による個別事業における協力を目的

としたものではなく、経済を中心とした地域の問題を議論するための会議として位置づけられた。アメリカ、カナダ、日本、オーストラリア、ニュージーランド、韓国、台湾、香港、タイ、インドネシア、フィリピン、シンガポール、マレーシア、ブルネイ、チリ、ペルーの16か国からなる。

アジア太平洋経済協力会議（Asia-Pacific Economic Cooperation Conference, APEC）

　オーストラリア首相ボブ＝ホークの提案を受けて、PECCを基盤として1989年11月に発足した。アジア太平洋における経済的協力の促進を主な目的として掲げる。具体的には、関税障壁の削減、貿易制限や多国間自由貿易のための国家連合結成の保護などを行う。

　加盟国は、ASEAN加盟国、アメリカ、カナダ、オーストラリア、ニュージーランド、日本、韓国の12か国であった。最初の会議は、1989年11月6－7日にオーストラリアのキャンベラで開かれた。

　アメリカとカナダは、アジア太平洋地域における経済的利益に関心を持っていた。世界人口の半分を抱え、安い労働力が手に入り、天然資源が豊富なため、重要な市場となると見ていたからである。

　一方オーストラリアとニュージーランドは、やはり経済的利益を見越してこの地域に参入し、この地域との結びつきを強めることを目的としていた。

　アジア諸国は、地域の団結を重視していた。世界各地における経済的団結が本格化し、アジアがまとまらなければ経済的影響力を失うからである。

　上のような目的を達成させるため、APECは個別計画を立て、次のような側面における10プロジェクトを打ちだした。

　①貿易促進、②貿易と投資に関する資料審理、③地域内の投資と技術移転、④人材の育成、⑤エネルギー協力、⑥海洋資源の保護、⑦テレコミュニケーション、⑧輸送、⑨観光、⑩漁業。

　1991年、APECは中国、台湾、香港の3か国の加入を経て15か国となった[8]。これは中国と台湾の間での妥協を表し、APECは政治や経済の制度的相違による制限を持たないこととなった。

1992年9月10、11日、タイはAPEC外相会議の議長を務めた。この会議においてシンガポールにAPECの事務局を置くこと、およびAPECの業務方針に関する同意が得られた。

まとめ

　上に見たように、人類は、世界共同体の平和と安定を築くため、公的な国際機関を設けて国家間対立を抑止しようと努力してきた。しかしこのような国際機関の問題として、各国とも独立国の立場から自国の主権に固執し、公共の原理と利益よりも自国の利益を優先しがちである。さらに大国の影響力が強大で、国際機関は充分に役割を成し遂げることはできない。

　このため、上に述べたような公的な国際機関を設立するだけでなく、国家間対立の根本的問題に目を向ける必要が生じている。つまり、戦争、貧困、社会の非公正さなど、公的なレベル以外での問題の解決が求められているのである。

　現代の世の中では、近代的技術、通信、交通、様々な形での情報の流通（映画、テレビ、ビデオ、出版物など）が、世界各地域の人びとが似通った価値観、信仰、趣味、思想を持つことを可能にしている。このような様々なものを利用することで、より大きな利益がもたらされるようになった。

　世界レベルの文化がおおいなる発展を遂げて創造され、上述の国際機関の仕事を監査しようとする世論となりつつある。

　世界政府をつくるべきか否かという問題は、将来それほど重要なものではなくなるだろう。真の問題は、効率性の高い中央機関をどのように設立すべきか、ということである。そのような中央機関は、公共の平和と人類全体の生活を保護することを基本的政策として掲げるべきなのである。

|課題例|

1．現在に至るまでの世界の諸地域の対立問題について質問し、板書させる。

2．現代の諸地域の対立問題と解決方法について、一つ例をあげてグループごとにレポートにまとめさせ、教室で発表させる。

3．架空の対立問題を想定し、理論的に科学的方法を用いて、また仏教的概念を用いて、教師の規定にしたがい解決方法を探らせる。

4．世界レベル・地域レベルの国際協力機構について、それらの機構における対立問題の解決方法も含め、パネル発表をさせる。

5．国際対立とそのもたらすもの、平和構築の努力や、様々な民族の協力と相互依存の必要性について、教師もまじえ議論する。

|章末問題|

1．現代においては、個人、集団、国家の各レベルにおいて、単独で存在することができるか、否か。

2．第1次世界大戦と第2次世界大戦の原因を比較し、説明せよ。

3．ヴェルサイユ条約が第2次世界大戦の原因となったという説明に、あなたは同意するか。

4．平和のための協力には、どのような作業があるか。また平和を構築するどのような方法があるか。

5．国際連盟のどのような欠点によって、世界は恒久平和を達成することができなかったのか。

6．冷戦とは何か。何が原因であったのか。世界にどのような影響をもたらしているのか。

7．現代世界における国際協力について、意見を述べよ。

【注】

(1) このころ、英国留学経験のある国王ラーマ 6 世自身が先頭に立って国の軍事力強化をはかり、国内の参戦ムードも高まっていた。

(2) 第 2 次大戦中に、日本軍がビルマ・インド侵攻のために建設した鉄道で、通称泰緬鉄道として知られる。1942年 6 月に着工した後、約415キロメートルの距離をわずか 1 年 4 か月で開通にまでこぎつけさせた。工事には、主に東南アジア日本軍占領地から徴用連行された労務者と連合軍捕虜が投入された。その数40万人を超すと見られている。ジャングル地帯での酷使と伝染病の蔓延によって、最終的には人員の半数近くが未帰還という大惨事となり、世界史に日本軍の悪名をとどめる事件の一つとなっている。

(3) 国際連盟が正式に成立したのは1920年。1919年は国際連盟第 1 回総会が開かれた年。

(4) 英語名は不明。タイ語では 'ongkan nirathotkam sakon' とある。

(5) 1993年、欧州連合条約（Treaty on European Union）によって、ECはEU（欧州連合）と改称。1999年 1 月に共通通貨ユーロが正式に発足し、欧州の経済的な一体感は強まった。文中の12か国に加え、スウェーデン、フィンランド、オーストリアが加盟し、現在15か国となっている。欧州連合発足までの歴史は、欧州の政治的統合の深化の過程でもあるが、本書では経済的統合の側面を重視した記述をしている。

(6) 1995年にベトナム、1997年にビルマ、ラオスが加盟して現在は 9 か国。カンボジアとパプアニューギニアはオブザーバーとして参加。

(7) デーウー（Daewoo）の誤りか。

(8) 1993年にパプアニューギニア、メキシコ、1994年にチリ、1998年にペルー、ベトナム、ロシアが参加して、現在は21か国。

あとがき

　本書は、タイの中等教育課程6年生用歴史教科書『S605　社会科』(So.605 Sangkhomsuksa, Chanwit Kasetsiri et.al. Thai Watthana Phanit, 1994) の翻訳である。

　タイの歴史教科書の翻訳にあたって本書を選出したのは、いくつかの理由による。訳者の入手しうる歴史教科書のなかで最も新しいもののうちの1冊であったこと、発行部数が比較的多く、民間の教科書出版社のなかでも大手とみなせる出版社の発行したものであること、タイ史にあまりなじみのない日本の読者にも、読み物として親しめる内容と思われたこと、などである。

　本あとがきでは、タイの学校教育と教科書の一般事情について簡単に紹介した上で、本文の解説をまじえながら、翻訳を通じて見えてきたタイ歴史教育の目的について考察する。

● 教育カリキュラムに見る社会科

　タイの学制は、わが国と同じ小学校6年、中学校3年、高校3年である。通常、中学校は中等教育1-3年、高校普通課程は中等教育4-6年と呼ばれる。本書は、日本風に言えば高校3年生用の教科書となる。

　現在、義務教育は小学校と中学校の9年間である。近年は高校進学者が激増し、1998年のタイ文部省の発表によると、小学校就学者の50.2%が高校を卒業しているという[1]。

　これらの学校での社会科教科の学習は、どのようなものなのであろうか。タイ文部省の作成した教育カリキュラムをもとに見てみよう。

　タイでは1999年に国レベルの教育基準を定めたはじめての法律「仏暦2542年国家教育法 [Phraratchaban'yat Kansuksa haeng Chat Pho.So.2542]」が告示され、これにともない新カリキュラムの作成が進んでいる[2]。ただし、新カリキュラム等については情報が少ないこと、また原書は1994年に出版され

たものであることから、ここでは原書の執筆基準となった当時のカリキュラムを紹介する。

教育カリキュラム［laksut］は、文部省内の部局である学術局［Krom Wichakan; Department of Curricurum and Instruction Development］によって作成される。小・中学校は1978年に施行されたカリキュラム、高校は1981年に施行されたカリキュラムをそれぞれ1990年に改訂し、これまで使用してきた。これによって、教育課程や教科が全国単位で規定されてきた。

小学校では、社会科と理科の指導は統合的になされ、授業は教師が教え込んだ知識を機械的に暗記するのではなく、自然や人間環境について自ら学び、自ら体験することによって知識を獲得していくことを目指しているという[3]。学習は自由研究や教師が独自に課題を与えることなどが中心になっていると想像され、教科書に多くを依存しない学習形態であると考えられる。

中学校の社会科は必修科目の一つである。1年生はタイの地理、宗教、タイ史概略、スコータイ時代史など、2年生はアジア地域の地理、国際関係、アユッタヤー時代史など、3年生は世界地理、国際関係、トンブリー時代以降現代までの歴史、行政、法律、宗教を学習する。カリキュラムからは、1年次で自分たちの国についての身近な事象と基礎的な知識を学び、2年次では視野をアジアへ、3年次ではさらに世界へと広げ、自国と世界との現代に至るまでのかかわりを認識するという発展性を読みとることができる。

教科の目標［chut prashong］のなかで歴史科目に関連しそうなものは、「過去のでき事に関する知識と理解を得、分析できるようにする。さらに過去のタイ民族［chonchat thai］がつくり上げてきた結果であるところの現在の社会、文化、経済、政治の状況についても学ぶ」「真実を探究し、分析する方法を知る。またタイ史に関する史料を集められるようにする」である[4]。

高校の社会科も必修科目である。1年次で社会学基礎、政治学基礎、タイの政治、法律、2年次でタイの地理、環境保護、経済学基礎、タイの経済、3年次でタイ史、世界史、総合社会科の学習が義務づけられている。

本書は、上にあげた必修科目のうちタイ史および世界史用の教科書となる。この科目についてカリキュラムに示された目標は、「問題解決と社会発展の過程を理解できるようにする」とある。そして科目の説明として、「タイや世界において広く知られた過去の事実を事例として、文化的・経済的・政治的変化について学習する。道徳や思想による問題解決の方法や、日常生活に影響を及ぼした科学の発展、あるいは協力や強調の事例を指摘し、問題の原因や要因を理解できるように指導する。問題解決や社会発展の方向性を理解し、人類が問題解決や社会発展のために熟慮と努力をもって貢献したことの価値を理解する。そして、人類の自己革新と協力、社会発展の重要性を理解する」となっている。

カリキュラムでは、歴史科目に関しては、中学・高校ともに学習者が歴史的知識を得、史実の因果関係などを分析できるようにすること、過去の問題解決にいかされてきた人類の知力が、今後の社会にどう生きていくかを考えようとすることなどを目標としてあげている。具体的な事象についてなにを教え、どのように解釈するかなどの点には触れてはおらず、指導の方向性を指示するにとどめている。

●教科書に関する制度

次に、教科書作成の原則的な流れを見てみよう。

教科書は文部省作成のものと民間出版社作成のものがあり、小学校では英語と歴史以外、中学校と高校ではタイ語以外の教科で民間の参入が認められている[5]。教科書の発行部数から推測して、文部省作成のものを使用する学校が多数派であるようだ。

教科書の作成は、文部省による作成の場合、各教科ごとに委員会が設けられ、作成される教科書の教科領域などを検討し、執筆を行う。この委員会は、専門家・教員・文部省学術局の職員などから構成されている。民間出版社による作成の場合、カリキュラムの研究がなされた後、各出版社が大学教員な

どに執筆を依頼して原稿を作成する。また民間の場合は、文部省のカリキュラム開発に携わった専門家が、執筆された教科書原稿を校閲する場合もあるいう。

　執筆が完了した段階で、文部省作成の場合は、前述の委員会によって内容の点検・修正が行われる。民間作成の場合も、この段階で教科書原稿を同委員会に提出し、審査が行われる。点検・修正・審査の観点として、内容のカリキュラムとの一致（学問的整合性、難易度などにおいて）、記述の適切さ（事例、表現のしかたなどにおいて）、教科書としての体裁（文字の大きさ、見やすさなどにおいて）、価格の適切さ、などがあげられている。

　これらの段階を経て、各教科書は文部省によって教科書としての出版許可を与えられる。文部省作成の教科書は、準国立の出版機関であるタイ国教員協会販売部（Ongkankha khong Khurusapha）から出版される。出版された教科書には、その裏表紙に文部省による出版許可証の写しが印刷されている。その他の副読本や参考書、問題集などの教材は、特に審査を受ける必要はないようである。

　日本の教科書検定制度では、内容に細かな「検定意見」がつくことが知られている。一方タイの教科書審査の過程においては、記述内容の解釈や事例の取捨選択に対し、審査する側がどの程度の処断を下すのかは明らかではない。民間出版の場合、上述のような観点による審査のほか、さらに内容を詳しく審査される段階があるともいう。

　ただし一つ言えることがある。手元にある本書と同じ学年用の歴史教科書数冊と比較してみると、章だてや章題の用語、記述量の配分がよく似通っていた。このことは、一般的な歴史教科書がとるべき形式についての基準あるいは制限のようなものが、執筆の段階で、あるいは審査の段階で存在していたからではないか、ということを推測させる。いずれにせよこの件に関しては、新たな資料をまじえた上で考察しなければならない。

　出版の認可を得たものは、文部省が教科書として使用すべきものとしてリ

あとがき ─── 335

ストにまとめ、発布する。原則として一つの科目に対し教科書は1冊であるが、どの出版社の教科書を選択するかという決定は、学校や県の教育委員会に任せられていたと考えられる。

教科書については、今後、審査基準がゆるやかになる可能性もある。新カリキュラム施行後の教科書の出版動向を見守る必要がある。

● **本書**について

ここで、本書の内容をふり返ってみよう。

1章から7章で、タイと西洋・東洋それぞれの社会史、芸術文化史、経済史、政治史を扱う。各章でそれぞれの分野の古代から現代までの通史を概観する形をとっている。8、9章は、おもに近現代史である。

タイ史の記述の特徴として一つあげられるのが、19世紀半ばの西洋との接触以後の変化に、記述の多くを割いていることである。

本教科書の歴史学習の目的は、タイ史における変化の因果関係を理解することであるとされている。序章では、タイ史を形づくってきた様々な変化のなかでもとりわけ、19世紀半ばの西洋との接触に影響を受けてはじまった社会変化が、統治の形態や人びとの考えかたを大きく変えていったと述べている。さらに当時のタイの指導者たちが、西洋諸国の脅威に抗するためにより強固な統治形態、すなわち「国民国家としての形態をとる近代社会」を目ざしたことを指摘している（p.19）。

また1章では「伝統時代」、「近代」という二つの節によって時代区分を示し、変化の基点を明確にし、さらにタイの「近代社会」への変化を具体的に説明している。ラーマ5世期の改革によって、王都による諸ムアンの点の支配から、法と中央政府が領土を平面的に統治する国家の支配へと変わった。身分制度は解体されたが、人びとは一律に調査によって状況を把握され、教育を施されて国民となる仕組みができた。

またタイの経済的変容を扱った3章では、西洋に促された経済の門戸開放

を発端として、農村を基盤とする自給経済が、貨幣経済・資本主義経済へと移行する過程を追っている。さらにタイ経済は、投資により効率化・産業化することで世界経済とのつながりを強め、そのことは現在にいたるまで社会状況にも大きな影響を及ぼしている。このため19世紀半ばにはじまる経済構造の変化、産業の変化は、その背景とともに学ぶべき対象とされている。

4章では、19世紀以前についての記述が比較的多い。ただしここで注目したいのは、仏暦2475年革命以前のタイで、民主主義実現の議論が高まりつつあったことに着目している点である。本書は、国民国家形成以後にも政治的課題は残されていたとみなしている。すなわちそれは民主主義の実現であった。現代史の部分も、民主化についての記述で埋め尽くされている。

このように、本書のタイ史の部分では、西洋との関係（もしくは国際化とも言えよう）のなかで当時のタイに否応なく流れ込んできた概念、すなわち国民国家形成、資本主義化、産業化、民主化といった概念が、タイ社会をどのように変容させたか、もしくはタイはどのように西洋にならおうとしてきたか、という関心が重要な位置を占めている。

この関心は、6、7、8章の西洋史・東洋史の叙述にそのまま反映している。この部分の内容は、当時タイがならおうとしてきた近代西洋の様々なシステムはどのような背景をもって成立したものであったのか、そして他の東洋の国々はいかにしてタイと同様に西洋と同じシステムを実現させようとしてきたか、という観点に集約できると言っても過言ではない。

例えば7章の政治的変容については、ヨーロッパのルネサンス以降の民主主義の思想的基盤や社会的背景を分析した上で、民主主義制度の西洋世界への広まりに具体的に言及している。古代や中世の部分には、日本の世界史教科書ほどの分量を割いてはいない。このことは、個人意識と民主主義の成立・発展を理解することに、大きな意味が置かれていることを示している。

章の後半の東洋史の部分を読むと、近現代における国民国家の成り立ちについての説明がほとんどを占めていることがわかる。東南アジア諸国に関す

る記述が最も詳しく、各国が独立後、内戦や政治的混乱を経てどのように今日のような国家を建設したのかを、詳しく説明している。日本については明治維新にも関心を寄せており、明治憲法の制定を、同時代のタイでは実現できなかった立憲君主制のもとでの憲法制定として、評価している[6]。

7章では、東洋史と西洋史の政治史的側面に対する関心は近現代に集中し、やはり国民国家や民主化というテーマを追っていると言える。

一方経済史的側面についてはどうであろうか。6章では、西洋史では近代以降の資本主義経済の発展についての説明がもっとも詳しい。その節の最後の部分には、世界中に恩恵をもたらした西洋発祥の産業技術と、それを生みだした精神的土壌を見習おうとする、教訓めいた記述も見られる。また東洋についても、20世紀に入ってからの産業化の説明がほとんどである。

また8章は産業革命の基盤となった学問から説明をはじめ、農業や工業の大規模産業化の功罪両面の影響、社会・政治への影響、人びとの生活への影響をつぶさに分析している。タイについても農業や工業の産業化への歩みを細かな知識にも触れてまとめている。この章の冒頭には知識の追究が近代西洋の力と発展の源であり、他の地域の人びとも負けじとこれにならおうとしたと述べられている。ここでは、西洋人の生みだした合理性、効率性といった概念は近代化の基盤となるものであったのだ、というメッセージを見ることもできる。

このように、国民国家、民主化、産業化といったテーマは、タイと西洋・東洋の歴史記述の、いわばペースメーカーになっていることがわかる。とはいえ本書は、完全なる西洋礼賛、産業資本主義礼賛に終始しているわけではない。8章では、農業や工業の大規模産業化が影響を及ぼした功罪両方のでき事、労働問題や階層などの社会問題、植民地主義の問題へも言及し、学習する者の問題意識を喚起している。

しかしこれらも、いささか言及が不十分という印象を免れえない。20世紀初頭のタイの外交問題についての記述、また東洋の経済や政治についての記

述では、状況説明を優先するあまり、西洋の植民地主義が地域に強烈な影響をもたらし、それが現在にまで影響を残していることに対する問題意識が、欠落したままになっている。また近現代の国際関係に触れた9章でも、現在先進諸国の政策や産業が、エネルギーや環境、食糧等に対する地球規模の問題を引き起こす一因をつくっていたり、20世紀前半の日本の軍国主義が現代にも禍根を残していることなどに目をつむっている。

近代化の成果を強調し、その精神を称揚する本書からは、理想は西洋である、西洋にならって発展してきた日本などの国々を参考にすべきである、といったスタンスが読みとれる。少なくとも歴史学習の場では、近代化というテーマは（実際はグローバル化という概念に形を変えて）、社会がなおもとり組むべき課題として扱われているようである。

西洋化あるいは近代化重視の見かたは、この教科書を形づくる大きな流れである。しかし読み込んでいくと、別の側面も見えてくる。

タイ史を扱った本書の前半で気がつくのは、先に見た本書全体のテーマとは別に、タイ史を語る上でのいくつかのスタンスがあることである。

その一つが、伝統の継続である。このことがまず明確に表れているのが、1章の最後の部分である。そこには、人間関係に関する伝統的な概念が現代社会になおも影響を及ぼしているとある。その概念とは、保護システムと呼ばれるものだという。保護システムは元来、身分制社会下での支配者と被支配者の関係であるが、本文では、身分制がなくなった現代でもタイ社会は常にこのような人間関係の概念と対にあった、とも述べている。

1章にはまた、このような表現もある。「王国と国民国家は、ムラやムアンを超えて人びとを結びつけるものをつくることができる……それは、血縁、共通の信仰の対象、統治者に対する信頼と忠誠心である（p.27）」。王国時代、統治者の頂点に立つのは王であった。王国時代の王は、タイ人だけではなく周辺や海外からタイの地を訪れる諸外国人を「庇護」し、信頼と忠誠を

寄せられる人物であった、とされる。

　王の人物像の描きかたには、多分に今日的な要素が含まれている。現在タイは、国民が国王に対し非常に厚い敬意と親しみを寄せる国として知られている。それは国王がすべての国民に等しく慈愛を垂れ、これを善導する存在とされているからである。本書は、このような現象がタイの王家の伝統として王国時代から続いてきたことを示そうとしている。つまり社会の仕組みが西洋化していく過程を追いながら、一方で王政の威信、正統性が連続してきたことを、歴史叙述の前提としているのである。

　伝統というものを最も具体的かつ体系的に示しているのが、2章の芸術文化史である。この章では、先史時代の石器、土器、壁画などの説明に続いて、タイ族の王国時代の芸術を、伝統主義芸術と位置づけ説明している。伝統主義芸術とは、主にインドやスリランカから伝来し、タイで発展を遂げていく仏教美術である。タイ族以前にモン族やクメール族がこの地に居住し、それぞれ独自の仏教文化を栄えさせ、あとからこの地にやってきたタイ族も、これらの文化を受け継いできたことにも触れている。

　しかし本文では、厳密にはタイ族が主要な担い手とは言えないタワーラワディー文化やクメール文化の遺物も、タイ国内に残っているものはタイの文化的遺産である、とみなしている。これら先住の他民族の築いた文明は、実際は後世のタイ文化とはいく分性格を異にしていたはずであるが、そのような意識は希薄だ。むしろ、先住民の文化はタイのルーツとなるものでタイにとっては貴重なものである。タイ国やタイ国民という範疇が存在しなかった時代に焼かれた土器も、現在のタイ国内にあればタイのものである。つまりここで言うタイ史とは、現在のタイ国の領土内で起こった昔からのでき事の集積である。さらに仏教美術や独特の王権思想が現代にも生きていることを示し、タイの歴史的一貫性としてみなそうとしている。現在ある国家タイの姿を、歴史を語る上での前提とする姿勢が、古代からのタイ国家の連続性を錯覚させる。そこには、強いタイ・ナショナリズムが垣間見える。

ここに、もうひとつのスタンスが見えてくる。つまり歴史における国家や政治権力の存在の重視という傾向である。19世紀以前の古い時代は外国との交流が限られたため、タイ史の史料は元来外から見たものが少ない。また被支配者側が残した文字史料も皆無に等しく、歴史研究は支配階級の残した年代記などに大きく依存せざるをえない。そのため、歴史は支配者の施政の記録として、また支配者側の理想とした統治がどの程度実現したか、といったいわばオフィシャル・ヒストリーの視点で語られがちである。本書も、その傾向から免れてはいない。

　タイ経済が世界に開かれていく様子を描いた3章は、一方で、強力な中央政府をつくるため指導者層が財政改革にとり組んでいたことを示し、この時期の指導者層が近代国家建設を目標としていたことを強く意識させる。灌漑用水路の掘削事業などを政府が主導して、経済を活性化させた側面も指摘されている。

　近代化以降の記述も、絶対王政期の財政改革、戦争前後のナショナリズム経済、1950年代からの国家経済計画の策定など、経済の変化において政治権力の果たした役割を中心としている。サリットの軍政時代は、実際は軍部の不正蓄財や言論弾圧、反目者の粛清など負の面も多かった。しかし本文はそれらの具体的事実には一切触れず、この時代に国家開発が進んだことを前面に出している（反面、民主化を現代の理想とする4章では、軍事独裁期は忌むべき時代とされているのだが）。

　政治権力の存在を前面に出しているのが、4章のスコータイ時代とアユッタヤー時代における、王権思想と人間管理のシステムを詳述した部分である。王権思想の解説は、自然の原理を超えた宗教教理に基づいており、読む者を圧倒する。また当時の統治システムは、一見揺るぎのないものであるかのようだ。しかし本文には詳しくは記されていないものの、王国も王家も、実際はその内外に常に多くの不安定要素を抱えていたはずである。ラッタナコーシン朝初期には人間管理のシステムは強化されたと述べているが、王政が理

想としていた統治が実際行われたのかどうかは、明らかにはされていない。また一般の人びとは王政の人間管理をどのように受けとめ、生活していたのか、という観点からの記述は一切ない。

19世紀末、植民地化の脅威から逃れるため、王政は西洋を模範とする国民国家の建設を目ざす。そのなかでは、王が伝統的な王権思想を一部保持しつつ、重要なリーダーシップを担う必要があったとしている。この王政の指導性によってタイは植民地化を免れ、数々の外交努力を経て一つの国家として国際的に承認されたことが、示されている。前述したような、西洋にならうための改革、王をはじめとするエリート層による行政改革の正当性が強調されているのである。

4章で、国民国家形成に次ぐ政治的課題を民主主義としてとらえていることは、先に記した。ここで注目したいのは、仏暦2475年の立憲革命直前につくられた憲法草案の全文が載せられていることである。この草案は立憲君主制への強い指向を表したものである。実際革命を起こした人民党の施政方針の原文ではなくこの草案を優先させた本書の構成は、民主主義における国王の役割を重く見ていることの表れではないだろうか。4章では全般に、国家の、なかでも国王が頂点に立つそれとしての意義に着目しているように見える。そして国王という独自の伝統的存在が、タイのオフィシャル・ヒストリーの重要な柱の一つであることに、読者は気づかせられるのだ。

本書におけるタイ史の流れは、大きな変化としての西洋化の過程を追っているということは見てきたとおりである。そして、西洋や東洋の歴史を通じて、近代化や西洋化の普遍性や合理性を描きだそうとしていることも、また述べた通りである。

しかし本書の本当の意図は、近代化・西洋化の重要性を指摘した上で、様々な曲折を経ながらそれを果たしてきた自国の指導者層の業績を描くことにあった。結果として今日、西洋諸国と対等な国民国家が実現した。国民国

家はタイの地に盛衰してきた数々の社会単位のうち最新の型であるが、社会単位の中心にいるのは今も昔も変わらぬ王である。本書はこのようなメッセージによって、自国の歴史に対する誇りと国王への信頼の大切さ、国の発展を受け継ぐ者としての責務を、伝えようとしているのである。

●タイ歴史教育の目的

　本書を通じて、歴史を学習する者が自国や歴史に対してどのような認識を持つことを期待されているかが、垣間見えたことと思う。

　近年のタイでは、高校教育が一部の生徒のみに対するエリート教育の基礎部分を担っていたかつての時代とは異なって進学者数も激増し、高校卒業程度の教養を持つことは、かなり一般的なことになりつつある。本書で見てきたような歴史の知識がどの程度タイの人びとが一般に共有するものであるのかを知るには別の調査が必要であるが、今後はさらに広まっていくことにまちがいはないだろう。

　『国家教育法』では、高校までの教育を「基礎教育」と見なし、ますます多くの人びとをその対象に据えることを目的としている。そして学習者が、自分自身とそれをとり囲む社会、国家について、その歴史や現在の制度に関する知識を身につけることが、国の教育方針の一つとされている。教育の目標には、「タイ人であることに誇りをもつこと」「公衆と国家の利益を守ること」などがあり、いわば国の利益や発展に自覚的なタイ国民を育成することが、視野に入れられていると言えよう[7]。

　このような、国家による教育の定義（もちろん一部ではあるが）を歴史教育について言い替えれば、タイの歴史教育に期待されていることは、今後ますます進む地域間の交流や国際化を前提として、国家・民族としての独自性・一貫性や王室や文化に代表されるプライドを諸外国との融和のなかで維持していこうとする学習者の意識を育むことだと言える。今後、カリキュラムの改編に基づき教科書のありかたが変化するとしても、また現代の「近代

化」とも言えるグローバル化に対する問題意識が高まることはあっても、教科書において自国の歴史や文化への誇りや敬意を強調するトーンが薄れることはないであろう。

　翻訳にあたって、大勢の方々のご尽力をいただいた。中央大学政策文化総合研究所の方々はこの仕事を紹介して下さり、タイ史と向き合う機会を与えて下さった。東京外国語大学の恩師、ウィチャイ＝ピアンヌコチョン先生と宇戸清治先生、小泉順子先生には、訳文を見ていただき貴重な示唆をいただいた。また明石書店編集部の大江道雅さんと大澤義生さん、みち書房の大谷尚子さんには、監訳者との間をとり持つなど様々な労を費やしていただいた。そして、夫でありタイ地域研究を専攻する柿崎一郎には、翻訳や資料のアドバイスをはじめ幼児を抱えながらの翻訳作業の様々な段階で大きな支えになってもらった。記してお礼申し上げたい。

【注】
(1) 1989年の同学齢人口の高校就学率は25.4％であった。ちがう指標なので厳密な比較はできないが、89年における小学校就学率が99.0％であったことを加味すると、10年あまりで高校へ進学する人口はおよそ倍増したことになる。
(2) 新カリキュラムの概要は、2001年2月に発表された。02年度より小学校1年、4年、中等教育1年、4年の4学年から施行を開始し、年度を追って施行範囲を全学年に広げる。新カリキュラムでは旧カリキュラムと比較して科目数が減り、評価には試験だけでなく普段の学習の様子も考慮されるようになり、校外授業の時間数が増えているという。各学校は、自主的に学習計画や時間割、教材を決めることができるとしている。これらの方針には、教室で同じ教科書を一斉に学ぶという、従来の画一的な学習方式を避け、学習者が自分で問題を発見し自分で解決する力を培うことを重視する意味が込められている。今後、教科書の重要性も大きく変化すると予想される。

(3) 小学校のカリキュラムと教科書については、教科書研究センター編『東南アジア教科書制度に関する調査研究（1989年度）』（教科書研究センター、1990年、pp.7－18）によった。本あとがきの教科書制度に関する内容も、同調査記録を参照した。

(4) 訳者の手元には文部省発行の教師向けのカリキュラムガイドのみしかなく、カリキュラムそのものは見ることができなかった。このため、中学校のカリキュラムに関しては主にガイドブックを参照し、学習目標の部分は改訂前の1978年度版によった。

(5) Bangkok Post, 16/5/2000.

(6) 本翻訳の原書と同時期に出版されたある高校用歴史教科書では、世界史の部分でイギリス産業革命、フランス革命、中国辛亥革命と並んで明治維新を取り上げ、これに1つの章を割いて詳しく説明している（Supsaen Pharahombun et.al., So.605 Sangkhomsuksa, Pho.So.2537, Akson Charoen That.）。

(7) 『国家教育法』の文面は、平田利文、森下稔の同法の翻訳（非売品）によった。

参考文献

● タイ史

赤木攻『タイの政治文化　剛と柔』1989年、勁草書房

石井米雄監修、石井米雄、吉川利治編『タイの事典』1993年、同朋舎出版

石井米雄ほか監修『東南アジアを知る事典』1986年、平凡社

石井米雄『タイ近世史研究序説』1999年、岩波書店

荻原弘明、和田久徳、生田滋『東南アジア現代史Ⅳ　ビルマ・タイ』1983年、山川出版社

末廣昭『タイ　開発と民主主義』1993年、岩波書店

田中忠治『タイ　歴史と文化　保護 ― 被保護関係と倫理』1989年、日中出版

富田竹次郎編『タイ日辞典　改訂版』1990年、養徳社

K.プラモート、C.プーミサック著、田中忠治編訳『タイのこころ』1975年、文遊社

吉川利治『近現代史のなかの日本と東南アジア』1992年、東京書籍

David K. Wyatt, Thailand; A Short History. 1989, Yale University Press.

● タイ以外の地域の歴史

岩波書店編集部編『岩波西洋人名辞典　増補版』1981年、岩波書店

辛島昇ほか監修『南アジアを知る事典』1992年、平凡社

京都大学西洋史辞典編纂会編『新編西洋史辞典　改訂増補版』1993年、東京創元社

大学教育社編『現代政治学事典』1994年、おうふう

孟慶遠主編、小島晋治ほか訳『中国歴史文化事典』1998年、新潮社

監修
中央大学政策文化総合研究所
〒192-0393　東京都八王子東中野742-1

訳者紹介
柿崎千代（かきざき　ちよ）
1973年、東京生まれ。1997-98年、タイ国立シーナカリンウィロート大学社会学部に留学。1999年、東京外国語大学大学院博士前期課程修了。修士論文「絶対王政期タイの近代教育と国家統合──北部タイの事例を中心に──」

世界の教科書シリーズ⑥
タイの歴史
──タイ高校社会科教科書

2002年3月31日　初版第1刷発行
2017年4月10日　初版第4刷発行

訳　者　　　柿　崎　千　代
発行者　　　石　井　昭　男
発行所　　　株式会社　明石書店
　　　　〒101-0021　東京都千代田区外神田6-9-5
　　　　　　電　話　03（5818）1171
　　　　　　ＦＡＸ　03（5818）1174
　　　　　　振　替　00100-7-24505
　　　　　　http://www.akashi.co.jp

編集協力　　株式会社みち書房
装丁　　　　上野かおる
組版　　　　明石書店デザイン室
印刷　　　　株式会社文化カラー印刷
製本　　　　協栄製本株式会社

（定価はカバーに表示してあります）　ISBN978-4-7503-1555-3

◆ 世界の教科書シリーズ ◆

❶ 新版 韓国の歴史
国定韓国高等学校歴史教科書
大槻健・君島和彦・中釜寛 訳
◎2900円

❷ わかりやすい 中国の歴史
国定小学校社会教科書
小島晋治 監訳　大沼正博 訳
◎1800円

❸ わかりやすい 韓国の歴史【新装版】
国定韓国小学校社会科教科書
石渡延男 監訳　三橋ひさ子・三橋広夫・李彦叔 訳
◎1400円

❹ 入門 韓国の歴史【新装版】
国定韓国中学校国史教科書
石渡延男 監訳　三橋広夫 共訳
◎2800円

❺ 入門 中国の歴史
中国中学校歴史教科書
小島晋治 監訳　並木頼寿・大里浩秋・川上哲正・小松原伴子・杉山文彦 訳
◎3900円

❻ タイの歴史
タイ高校社会科教科書
中央大学政策文化総合研究所 監修　柿崎千代 訳
◎2800円

❼ ブラジルの歴史
ブラジル高校歴史教科書
C・アレンカール、L・カルピ、M・V・リベイロ 著
東明彦、アンジェロ・イシ、鈴木茂 訳
◎4800円

❽ ロシア沿海地方の歴史
ロシア沿海地方高校歴史教科書
ロシア科学アカデミー極東支部 歴史・考古・民族学研究所 編　村上昌敬 訳
◎3800円

❾ 概説 韓国の歴史
韓国放送通信大学校歴史教科書
宋讚燮、洪淳権 著　藤井正昭 訳
◎4300円

❿ 躍動する韓国の歴史
民間版代案韓国歴史教科書
全国歴史教師の会 編　日韓教育実践研究会 訳
◎4800円

⓫ 中国の歴史
中国高等学校歴史教科書
人民教育出版社歴史室 編著　小島晋治、大沼正博、川上哲正、白川知多 訳
◎6800円

⓬ ポーランドの高校歴史教科書【現代史】
アンジェイ・ガルリツキ 著
渡辺克義、田口雅弘、吉岡潤 訳
◎8000円

⓭ 韓国の中学校歴史教科書
中学校国定国史
三橋広夫 訳
◎2800円

⓮ ドイツの歴史【現代史】
ドイツ高校歴史教科書
W・イェーガー、C・カイツ 編著
小倉正宏、永末和子 訳　中尾光延 監訳
◎6800円

⓯ 韓国の高校歴史教科書
高等学校国定国史
三橋広夫 訳
◎3300円

⓰ コスタリカの歴史
コスタリカ高校歴史教科書
イバン・モリーナ、スティーヴン・パーマー 著
国本伊代、小澤卓也 訳
◎2800円

⓱ 韓国の小学校歴史教科書
初等学校国定社会・社会科探究
三橋広夫 訳
◎2000円

〈価格は本体価格です〉

◆ 世界の教科書シリーズ ◆

⑱ **ブータンの歴史**
ブータン王国教育省教育部 編
平山修 監訳/大久保ひとみ 訳
◎3800円

⑲ **イタリアの歴史**【現代史】
ロザリオ・ヴィッラリ 著
村上義和・阪上眞千子 訳
◎4800円

⑳ **インドネシアの歴史**
インドネシア高校歴史教科書
イ・ワヤン・バドリカ 著
石井和子 監訳/菅原由美・田中正臣・山本肇 訳
◎4500円

㉑ **ベトナムの歴史**
ベトナム中学高校歴史教科書
ファン・ゴク・リエン 監修
今井昭夫 監訳/伊藤悦子・小川有子・坪井未来子 訳
◎5800円

㉒ **イランのシーア派イスラーム学教科書**
イラン高校国定宗教教科書
富田健次 訳
◎4000円

㉓ **ドイツ・フランス共通歴史教科書**【現代史】
1945年以後のヨーロッパと世界
ペーター・ガイス、ギヨーム・ル・カントレック 監修
福井憲彦、近藤孝弘 監訳
◎4800円

㉔ **韓国近現代の歴史**
検定韓国高等学校近現代史教科書
韓哲昊、金基承 ほか著
三橋広夫 訳
◎3800円

㉕ **メキシコの歴史**
メキシコ高校歴史教科書
ホセ=デ=ヘスス=ニエト=ロペス ほか著
国本伊代 監訳/島津寛 共訳
◎6800円

㉖ **中国の歴史と社会**
中国中学校新設課程歴史教科書
課程教材研究所、綜合文科課程教材研究開発中心 編
並木頼寿 監訳
◎4800円

㉗ **スイスの歴史**
スイス高校現代史教科書〈中立国とナチズム〉
バルバラ・ボンハーゲ、ペーター・ガウチ ほか著
スイス文学研究会 訳
◎3800円

㉘ **キューバの歴史**
キューバ中学校歴史教科書
先史時代から現代まで
キューバ教育省 編
後藤政子 訳
◎4800円

㉙ **フィンランド中学校現代社会教科書**
15歳 市民社会へのたびだち
タルヤ=ホンカネン ほか著
ペトリ=エメラ、藤井エメラみどり 訳
◎4000円

㉚ **フランスの歴史**【近現代史】
フランス高校歴史教科書
19世紀中頃から現代まで
マリエル・シュヴァリエ、ギヨーム・ブレル 監修
福井憲彦 監訳/遠藤ゆかり、藤田真利子 訳
◎9500円

㉛ **ロシアの歴史**【上】古代から19世紀前半まで
ロシア中学・高校歴史教科書
Aダニロフ ほか著
吉田宏一、Aクラフツェヴィチ 監修
◎6300円

㉜ **ロシアの歴史**【下】19世紀後半から現代まで
ロシア中学・高校歴史教科書
Aダニロフ ほか著
吉田宏一、Aクラフツェヴィチ 監修
◎6800円

〈価格は本体価格です〉

◆ 世界の教科書シリーズ ◆

㉝ 世界史のなかのフィンランドの歴史
フィンランド中学校近現代史教科書
ハッリ・リンタ=アホ、マルヤーナ・ニエミ ほか著
百瀬宏 監訳　石野裕子、髙瀬愛 訳
◎5800円

㉞ イギリスの歴史【帝国の衝撃】
イギリス中学校歴史教科書
ジェイミー・バイロン ほか著
前川一郎 訳
◎2400円

㉟ チベットの歴史と宗教
チベット中央政権文部省 著
石濱裕美子、福田洋一 訳
◎3800円

㊱ イランのシーア派イスラーム学教科書Ⅱ
イラン高校国定宗教教科書【3・4年次版】
富田健次 訳
◎4000円

㊲ バルカンの歴史
バルカン近現代史の共通教材
クリスティナ・クルリ 総括責任
南東欧における民主主義と和解のためのセンター(CDRSEE) 企画
柴宜弘 監訳
◎6800円

㊳ デンマークの歴史教科書
デンマーク中学校歴史教科書
古代から現代の国際社会まで
イェンス・オーイェポールセン 著
銭本隆行 訳
◎3800円

㊴ 検定版 高等学校韓国史
イインソク、チョンヨル、パクチュンヒョン、パクポミ、キムサンギュ、イムヘンマン 著
三橋広夫、三橋尚子 訳
◎4600円

㊵ オーストリアの歴史
ギムナジウム高学年歴史教科書【第二次世界大戦終結から現代まで】
アンドレ・ヴァルト・エドゥアルト・シタディンガー・アロイス・シャイベル、ヨーゼフ・シャイブル 著
中尾光延 訳
◎4800円

㊶ スペインの歴史
スペイン高校歴史教科書
J・アロステギ・サンチェス、M・ガルシア・セバスティアン、C・ガテル・アリモント、J・パラフォクス・ガミル、M・リスケス・コルベーリャ 著
立石博高 監訳　竹下和亮、内村俊太、久木正雄 訳
◎5800円

　　　　　　　　　　◆以下続刊

㊷ 東アジアの歴史
韓国高等学校歴史教科書
アンビョンウ、キムヒョンジョン、シンソンゴン、ハムドンジュ、キムジョンイン、パクチュンヒョン、チョンヨン、ファンジクス 著
三橋広夫、三橋尚子 訳
◎3800円

㊸ ドイツ・フランス共通歴史教科書【近現代史】
ウィーン会議から1945年までのヨーロッパと世界
ペーター・ガイス、ギヨーム・ル・カントレック 監修
福井憲彦、近藤孝弘 訳
◎5400円

㊹ ポルトガルの歴史
小学校歴史教科書
アナ・ロドリゲス・オリヴェイラ、アリンダ・ロドリゲス、フランシスコ・カンタニェデ、A・H・デ・オリヴェイラ・マルケス 校閲
東明彦 訳
◎5800円

〈価格は本体価格です〉

エリア・スタディーズ 30 **タイを知るための72章【第2版】** 綾部真雄編著 ●2000円

エリア・スタディーズ 113 **現代インドネシアを知るための60章** 村井吉敬、佐伯奈津子、間瀬朋子編著 ●2000円

エリア・スタディーズ 154 **フィリピンを知るための64章** 大野拓司、鈴木伸隆、日下渉編著 ●2000円

エリア・スタディーズ 39 **現代ベトナムを知るための60章【第2版】** 今井昭夫、岩井美佐紀編著 ●2000円

エリア・スタディーズ 85 **ラオスを知るための60章** 菊池陽子、鈴木玲子、阿部健一編著 ●2000円

エリア・スタディーズ 56 **カンボジアを知るための62章【第2版】** 上田広美、岡田和子編著 ●2000円

エリア・スタディーズ 17 **シンガポールを知るための65章【第4版】** 田村慶子編著 ●2000円

エリア・スタディーズ 125 **ミャンマーを知るための60章** 田村克己、松田正彦編著 ●2000円

エリア・スタディーズ 38 **チベットを知るための50章** 石濱裕美子編著 ●2000円

エリア・スタディーズ 9 **ネパールを知るための60章** 日本ネパール協会編 ●2000円

エリア・スタディーズ 47 **現代ブータンを知るための60章** 平山修一 ●2000円

エリア・スタディーズ 108 **現代インドを知るための60章** 広瀬崇子、近藤正規、井上恭子、南埜猛編著 ●2000円

エリア・スタディーズ 67 **カーストから現代インドを知るための30章** 金基淑編著 ●2000円

エリア・スタディーズ 32 **バングラデシュを知るための60章【第2版】** 大橋正明、村山真弓編著 ●2000円

エリア・スタディーズ 31 **パキスタンを知るための60章** 広瀬崇子、山根聡、小田尚也編著 ●2000円

エリア・スタディーズ 117 **スリランカを知るための58章** 杉本良男、高桑史子、鈴木晋介編著 ●2000円

〈価格は本体価格です〉

エリア・スタディーズ 53	北朝鮮を知るための51章	石坂浩一 編著	●2000円
エリア・スタディーズ 65	韓国の歴史を知るための66章	金両基 編著	●2000円
エリア・スタディーズ 112	現代韓国を知るための60章【第2版】	石坂浩一、福島みのり 編著	●2000円
エリア・スタディーズ 6	韓国の暮らしと文化を知るための70章	舘野 晳 編著	●2000円
エリア・スタディーズ 147	台湾を知るための60章	赤松美和子、若松大祐 編著	●2000円
エリア・スタディーズ 34	現代台湾を知るための60章【第2版】	亜洲奈みづほ	●2000円
エリア・スタディーズ 87	中国の歴史を知るための60章	並木頼壽、杉山文彦 編著	●2000円
エリア・スタディーズ 8	現代中国を知るための44章【第5版】	藤野彰、曽根康雄 編著	●2000円
エリア・スタディーズ 46	中国の暮らしと文化を知るための40章	東洋文化研究会 編	●2000円
エリア・スタディーズ 106	中国のムスリムを知るための60章	中国ムスリム研究会 編	●2000円
エリア・スタディーズ 142	香港を知るための60章	吉川雅之、倉田 徹 編	●2000円
エリア・スタディーズ 129	東南アジアを知るための50章	今井昭夫 編集代表 東京外国語大学東南アジア課程 編	●2000円
エリア・スタディーズ 139	ASEANを知るための50章	黒柳米司、金子芳樹、吉野文雄 編著	●2000円
	地図がつくったタイ 国民国家誕生の歴史	トンチャイ・ウィニッチャクン 著 石井米雄 訳	●3980円
明石ライブラリー 58	平和と共生をめざす東アジア共通教材 歴史教科書・アジア共同体・平和的共存	山口剛史 編著	●3800円
	思想戦 大日本帝国のプロパガンダ	バラク・クシュナー 著 井形 彬 訳	●3700円

〈価格は本体価格です〉